时光管网记忆

Shiguang Guanwang Jiyi

国家管网集团西部管道公司 编

石油工业出版社

图书在版编目（CIP）数据

时光管网记忆 / 国家管网集团西部管道公司编 . —
北京：石油工业出版社，2024.6. -- ISBN 978-7-5183-
6766-5

Ⅰ . F426.22

中国国家版本馆 CIP 数据核字第 2024FB1168 号

出版发行：石油工业出版社
　　　　（北京安定门外安华里 2 区 1 号　100011）
　　　　　网　　址：www.petropub.com
　　　　　编辑部：（010）64523537　　图书营销中心：（010）64523633
经　　销：全国新华书店
印　　刷：北京中石油彩色印刷有限责任公司

2024 年 6 月第 1 版　2024 年 6 月第 1 次印刷
710×1000 毫米　开本：1/16　印张：23
字数：300 千字

定价：220.00 元
（如出现印装质量问题，我社图书营销中心负责调换）
版权所有，翻印必究

◆ **编委会**

主　任：赵赏鑫　庞贵良　付明福　陈继斌　魏　磊　金建国
副主任：马光田　宋卫华　钟　卡　刘　阳　赵　云　谭　兴
　　　　刘　剑　王付京　郑承勇　王清亮
委　员：尹　竞　张治军　潘蕾伊　刘　洋　王　鲁　郑　真
　　　　李　军　赵宇立　黄菊玲　刘一波　吕聪辉　刘兰芳

序

中国西部，是有风景的地方。如果你有幸而来，随手而拍，尽是生命中一段难忘的记忆。

沿着西部管道的方向出发，火洲、沙海、季节河，视线所及之处，风景独树一帜。

为这片风景的美好，多少蓬勃的青春，无数劲爆的梦想，在风沙之中，在戈壁之上，落地生根，生叶开花。

他们被称作马兰花、骆驼草、胡杨和红柳。在荒凉之地，诠释着绿色的芳华。因为他们，寂静有了律动，荒凉有了色彩，寒冷有了温度。

绵延在生命的高处，他们是一团团不熄的生命之焰，绚烂了荒凉，诗意了孤独，美好了中国，成为了风景中的风景。

中国西部，是有故事的地方。故事的主人公，是西部管网一名名普普通通的守护者。穿过河谷、沙漠和无人区，管道伴行者的身影，和朝霞、和落日、和驼铃一起，如诗如画。

管线似虹，生命如歌，一次承诺就不再放弃的坚守。平凡的小我底色，大爱的浓墨重彩，他们的选择点亮了万家灯火。

孤独的巡线之旅，坚定的小站守望，站场上的别样婚礼，他们的故事中，欢乐、幸福与美好，都是如此的与众不同。

孤灯下的群情讨论，抢险时的奋不顾身，翘首等待的归乡之旅，在他们丰富的情感世界里，一条条油气管道，一直与他们生命的方向平行。

今天，我们将这些见证西部管道发展壮大的珍贵记忆汇聚成册，不仅仅是为了纪念过去，更是为了启迪未来。

所有过往，皆为序章。

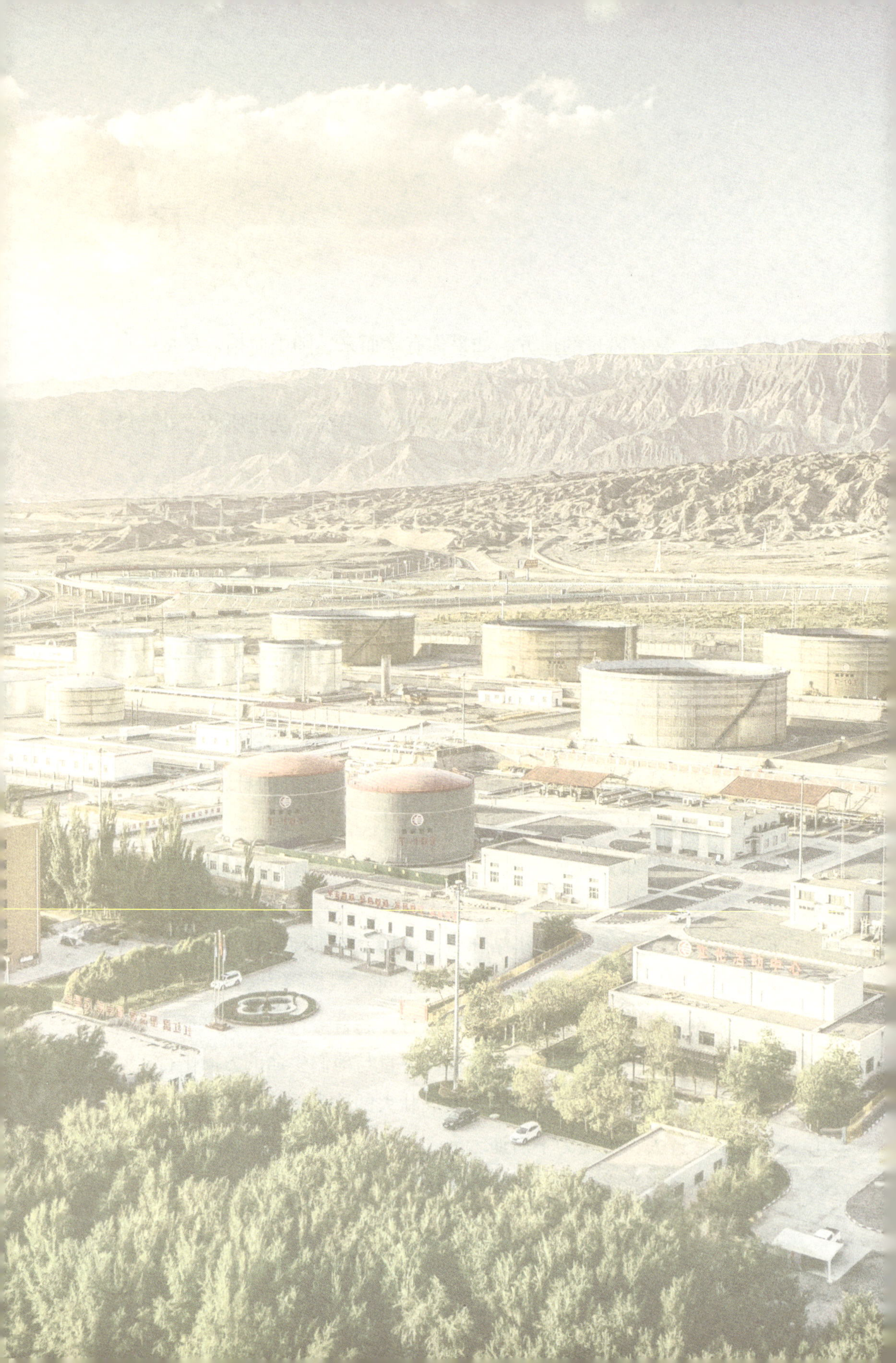

目录

有一种温暖，与马兰花同开

文化长廊里的家乡 / 3

老公，我来陪你过年了 / 8

在那遥远的托克逊亚阔坦村 / 13

穆耶赛尔·图尔迪的大哥哥 / 19

二百公里接力送茅哥 / 23

山不转水转 / 26

"抠门儿"的助学故事 / 29

无人区里的"小绿洲" / 32

四道班的马兰拉面 / 37

"旺财"的故事 / 42

瘸腿狐狸和保安 / 47

从师徒到夫妻 / 50

儿子心中的奖牌"达人" / 55

玛纳斯的站场婚礼 / 60

第二次"网恋" / 63

站场上的家庭生日会 / 69

"爱哭女孩"的工作与爱情 / 72

爱是默默地陪伴 / 76

爸爸的家在德令哈 / 79

有一种平凡，与骆驼草同根

王善师的幸福生活三部曲 / 87
一棵高原骆驼草 / 91
"原来真的是你啊！" / 96
张英的菜园、果园和农场 / 100
"罗会长"的茶室 / 104
有故事的"戈壁老王" / 108
"考证狂人"陆亚男 / 113
完美与遗憾 / 116
焊工"阿福"的华丽转身 / 121
"沟里人"的抢险日记 / 126
金牌焊工的十年 / 129
操作人员的"贴身保镖" / 134
物资供应站的"活账本" / 137
红柳压气站里的实习生 / 140
外行出身的行家里手 / 143
老唐的春节美图 / 147
为责任而生的"大胡子" / 151
戈壁滩上的"三员"守护者 / 153
绕地球一周的巡线工 / 156
从"润滑剂"到"安全机长" / 159
西部戈壁滩上行走的"油画" / 164

有一种坚守，与胡杨同行

"管道保护宣传大使"王治明 / 169

当好国门的"秤杆子" / 173

红旗大院里的高原精神 / 178

与父母"擦肩而过" / 182

坚守在鲁克沁的女人 / 186

吕启仲的西部人生 / 191

离不开作业区的宋明明 / 195

戈壁滩上"拼命三郎" / 199

精华版的"12345" / 203

举办了一半的婚礼 / 206

优秀青年炼成记 / 210

心有远方，永不"out" / 215

那些难忘的第一次 / 219

高原小站的"三专"情人 / 223

小口径管道碰上"小心眼儿" / 227

用8微米诠释精益求精 / 232

24年练成的"多面手" / 236

"5+2"和"白+黑" / 239

一百双袜子的故事 / 243

三个男人和一条狗 / 247

王家沟的"万能工" / 252

有一种奉献，与红柳同在

给压缩机治病的"大医生" / 257

质量工匠的"硬核"较量 / 263

别把洪水当回事儿 / 268

"三感"女人康玲 / 272

为西气东输管道"续电" / 277

生命中最漫长的三个昼夜 / 282

霍尔果斯的记忆 / 286

三次意外成就的"网红" / 293

管道"身份证"的来历 / 299

从金牌选手到金牌教练 / 304

从"小白"到"大咖" / 309

王刚的匠心与神迹 / 314

薪火相传师徒情 / 318

计量班里的"女人花" / 323

动火专业户的一次抢险 / 326

"一毫米"内责任大 / 329

"高光"的青春时代 / 331

在平凡岗位上打开一扇非凡的大门 / 333

每天打一个电话 / 337

涩北儿郎最牛的 24 小时 / 340

两个男人的三天三夜 / 345

管道工程"尖兵" / 349

"IT 男"的西部青春 / 353

有一种温暖，与马兰花同开

在中国西部地区，有一种花形似水仙，在干旱少雨的戈壁滩中，一丛丛地倔强生长，这就是马兰花。马兰花又名马蔺、紫蓝草、蝴蝶花、箭秆风、马莲。花有蓝、白、黄及雪青等色，色彩绚丽鲜艳。花期为五六月份，每次可开花7~10天，颇具观赏性。在很多地区，马兰花的寓意为"宿世的情人"。此花又被很多人称为"祝英台花"，象征着美好的爱情。虽为花朵，却不喜欢生长在花盆和温室里，更多地野生于荒地、路旁和少雨的山坡，尤以过度放牧的盐碱化草场上生长较多。在西部管网沿线的四道班等很多站场上，都生长着这种花，管网人将自己的美好和温馨怒放在戈壁荒滩，在迎风戏沙的画卷中，绽放出别样的绚烂与芬芳。

文化长廊里的家乡

走进马兰作业区四道班压气站员工公寓走廊，会看到在雪白的墙壁上，一条橘黄的管线弯曲地向前延伸着，四道班员工家乡所在地的代表性景点或建筑错落有致地散布其间。这就是四道班压气站企业文化长廊。为了提升这个设置的附加值，四道班员工别出心裁地在这些代表性建筑上进行了标注，增加了西气东输向该地区的日输气量和年输气量等油气元素，员工不仅每天可以看到自己的家乡，更能感受到自己为家乡所做的贡献，将远方和当下紧紧地连在一起。

文化墙的建设是很多企业管理者绞尽脑汁想要做好的工作之一，因为它是精神的载体，是一张摆在桌面上的名片，也是企业的脸面，决定着人们对这个单位的第一印象。因此，很多单位工会团委齐上阵，把文化墙设计得或隆重或庄严或深刻，但往往缺少亲和力，达不到更好的教育与宣传效果。

很多来到四道班压气站参观的人，在看到文化墙时，都会发出这样的赞叹："哇，你们的文化墙也太美了！这是要把家乡都搬上来的节奏啊！这是哪位高人设计的？"了解后才知道，"总设计师"就是站党支部书记刘翔，而站上的每一位员工都是文化墙内容的参与设计者。

四道班压气站位于罗布泊边缘的马兰基地无人区中，前后左右渺无人烟，荒凉又冷寂。站内二十多个员工大都是三十岁左右的年轻人，长年处于孤寂和对家乡的思念之中。

针对这一现实，党支部一班人绞尽脑汁想策划一种合年轻人"胃口"、具有亲和力的文化墙。经过多方思量，最终确定了"将家乡搬进站场，将管道铺进家乡，将责任留在心中"的设计理念，因地制宜建立企业文化长廊，内容囊括

注：本书故事中人物所属单位、担任职务及获得的职称等，均采用当时的称谓。

"绿水青山就是金山银山"、"双碳"目标、使命担当、战略蓝图和管网历程等展示元素。

最终形成的企业文化长廊共计21块展板。以18名来自不同地域、身着橙色工装的员工为开篇，代表着四道班压气站的人员定编，横向4人和竖向5人托举着管网旗帜，蕴含着"4+5"党建体系，以及4位干部带领5位专业员工为管网事业奋斗的使命担当。

进门正对面居中的是一张全国管网布局。以此为中心，左右两侧走廊分别以东部、西部管网为核心内容，展现国家管网互联互通、辐射全国的战略蓝图。

在东部、西部管网的展示内容中，将来自18名不同地域的员工心中最具家乡特色的建筑文化融入10块"家乡展板"之中。18块展板内容丰富多彩，展现了从大庆石油会战到"八三"管道工程项目启动，再到西气东输等中国长距离、

四道班压气站企业文化长廊

大口径油气管道建设的艰辛历程，以及加快打造互联互通、公平开放的"全国一张网"的美好愿景。

每个员工都参加了家乡展板核心内容和表现形式的设计与制作。在一块块展板上展示着他们对家乡的热爱，洋溢着为家乡输送"福气"的管道人的自豪。

更加具有仪式感的是，如果有外部人员参观，在员工时间允许的情况下，都是由员工本人担任家乡展板讲解员，通过精确的油气输送数据，向"客人"介绍自己在维护管网的过程中为建设家乡所做的贡献，既可缓解思乡之情，又能宣传企业贡献，可谓一举两得。

文化墙上的大庆

顾会军是站内电气岗位的一名员工，也是一名令人佩服的"实干家"。他的家在大庆，那是一座光荣的城市，是共和国石油工业之魂，是大庆精神铁人精神的诞生地。每次在这块他自己参与内容设计的展板前，他都会讲起石油大会战，讲起铁人的点滴往事，讲起"八三"管道从这里出发，也讲起刚刚建成的中俄东线天然气管线从东北走向江南。

陈力是河北廊坊人。廊坊有一座河北石油职业技术学院，别称中国石油管道学院。这里是中国管道人的精神圣地。在设计这块展板时，陈力请设计师画上了学院的大门，并画上自己十分喜欢的宁辽古战道景点，又配上了这座中国管道之城所管辖的总长为694千米的管线。

四道班压气站劳模工作室负责人黄辉是仪表专业负责人，也是站内骨干、分公司自动化专家。站场智慧大屏、水罐液位远传、后空冷逻辑优化和AB培训系统的搭建等项目都有他的心血。在如何展现自己的家乡库尔勒时，他费了不少心血。库尔勒是塔里木输油气分公司的总部所在地。想来想去，最终他将分公司总部大楼、蒙古人回归宝塔和美丽的放牧少女等元素设计在画面上，并写下了：下属四座输油气基层单位，一座维抢修中心，镇守西气东输的源头，下游4亿人受惠……

刘翔是陕西人，家在西安。他在设计家乡展板时，自豪地写了十三朝古都、关中八景、古丝绸之路起点和大雁塔等引以为自豪的家乡风光。而在油气元素上，他告诉大家，这里有保障油气管道安全的西部维抢修中心，有负责首都用气安全的陕京一线、陕京二线、陕京三线和陕京四线。

四道班压气站绝对不会放过利用文化墙宣传站上的文化理念这个机会。在光荣榜的上方，有一行醒目的字：脚踏实地输油气，披荆斩棘送福气。这句话看似平常，却大有来头。

"四道班"这个名字因马兰国防公路修建时所处第四道班而得名，站场位于罗布泊腹地、马兰军事禁区内部。面对无人区的孤寂与荒凉，员工赓续马兰前辈在研究原子弹时"干惊天动地事，做隐姓埋名人"的时代品格，结合陈乔年先生"让我们的子孙后代享受前人披荆斩棘的幸福吧!"的箴言,总结提炼出"脚踏实地输油气,披荆斩棘送福气"的文化理念。

文化墙上的陕西

一片文化墙,半卷油气史。也许只有那些深扎大漠、驻守无人区、护卫油气管线的人才会深刻地体会到它的意义。

老公，我来陪你过年了

2019年2月，戈壁滩上依然寒风刺骨，全国各地的19名家属来到位于沙漠边缘的塔里木输油气分公司轮南作业区，与春节期间坚守在生产一线的亲人们团聚。

在家属们到来之前，"丈夫们"都收到了这样的一条微信："老公，我来陪你过年了！"

原本一次普通的春节探亲，被"丈夫们"策划成了一次别开生面的"反向探亲"活动。

到站过春节的家属中，就有轮南作业区常务副主任赵磊的妻子和孩子。赵磊在享受着一家人团聚快乐的同时，看着那些从各地前来团聚的家属，忽然想到可不可以借此机会，让家属们深入了解轮南作业区，也体验一下家人的工作和生活呢？

赵磊之所以这么想，是因为有着实实在在的现实原因。轮南作业区员工的家大多在外地，远的在东三省、山东和河北，近的也在乌鲁木齐等地，平时要工作一个多月才能休假回家。

夫妻长期两地分居，对双方的感情不可避免地造成了负面影响。很多家属因为对丈夫的工作性质、环境和担负的责任缺少足够的了解，产生了很多误解，时常抱怨丈夫长期不回家，这极大影响了员工工作的积极性。

一定要让家属们了解西气东输，了解西气东输一线首站轮南作业区，了解"丈夫们"的工作内容和意义。赵磊想到这里，就和党支部书记邢云雷、生产骨干安阳等人协商，对他们说了策划"反向探亲"活动的大致想法。几个人在一起聊了一会，确定了活动的具体环节，再经过细化，"反向探亲"活动便成型了。

首先要让家属们了解轮南作业区。他们借鉴外部领导来检查的流程，确定了家属进站参观路线，从安全提示开始，一路参观生活公寓、文化活动室、劳模工作室、图书室和站场上的压缩机等各种核心设备。"丈夫们"就担任每一处的讲解员。

邢云雷的爱人陶瑞敏为了陪丈夫过年,把去年元旦、中秋、国庆的假都攒到了一起,早早就买好了机票过来陪伴他。在压缩机这个庞然大物旁边,她的丈夫压缩机专家邢云雷说:"眼前这个庞大的机器就是西气东输的心脏,它24小时不停运转,把天然气输送到千家万户。一旦压缩机组故障停运,就必须在最短的时间把备用机组启动起来,否则就会影响下游几亿人用气,还会引起上游天然气憋压,甚至造成油气田超压关井。所以,压缩机组的运行、维护、检修是我这些年来最核心的工作,而下游几亿人的生活用气,都和我的职责息息相关。"

听完介绍后,陶瑞敏惊讶地说:"以前总觉得压缩机检修和故障处理是你惯用推迟休假的借口,今天听了你的现场介绍,我才深深体会到你肩负的责任与使命。以前想到你总放弃休假不回家,我还有点怪你。如今来到现场,终于了解到西气东输不一般,老公你也不一般。"

家属们走了一圈回到办公室,大家围坐在一起,先是观看了安全教育宣传片,然后进行座谈。这是一次人员众多、方言荟萃、热情洋溢的新年茶话会。不一样的谈话、不一样的感受,让员工与家属之间的感情拉得更近、心与心贴得更紧。

赵磊的妻子说:"说实在的,结婚三年,我对赵磊的工作仅限于工作内容本身,并不了解他和他的团队在自然条件如此艰苦的戈壁深处不懈奋斗的意义是什么,不了解他们抛家舍业地保障站场安全图个什么。但是,通过此次参观我了解到了这么一组数字——1234。1代表首站,代表西一线;2代表西二线,代表每天走完站场需要2公里;3代表下游3亿人,4代表西四线。通过这组数字,我才明白轮南作业区蕴藏着巨大的力量,才明白管道人的奉献。你们在戈壁荒漠上默默地输油输气,肩负着'为祖国输油气,为人民送福气'的职责。"

"你不回家探亲,我就去你的工作岗位看你,你在的地方就是我们的家。"这是轮南作业区员工安阳的妻子赵洁对安阳说的话。

"从戴上安全帽进入生产现场的那一刻，我就知道了轮南作业区安全生产8170天是怎么来的，是我老公和全体员工的默默奉献换来的。我庆幸能成为他的家属，我感到十分幸福和满足。"赵洁鼓励老公加油干，自己一定好好操持家务，带好孩子，给他最有力的支撑。

员工马志远在往年的节假日，手机总是忙个不停，因为工作忙，回不去家，只能通过打电话、视频聊天来问候亲人。今年春节值班又不能回家过年，妻子魏艳羽很理解他，特地从老家赶到这戈壁滩上和他一起过年。

魏艳羽说："你上班的时候，带孩子、照顾老人，家里的各种事情都要我来操心，说实话我也抱怨过。但今天我参观了你们的生产现场并听了你的介绍，我感到很震撼，也理解了你们管道人的责任和使命。老公你辛苦了，你好好工作，注意安全，家里你不用牵挂，有我在。"

"今后，对于不能回家过年的员工，我们要尽可能地让他们的家属带着思念和团聚的心来作业区过年，妥善安排，力求让来到这里的家属们有回家的感觉，带着理解和放心而归。"轮南作业区常务副主任赵磊看着眼前的场景，对身边的邢云雷说道。

家属们的到来，给轮南作业区春节期间坚守岗位的员工们带来了温暖，为平静的生产现场带来了欢乐和笑声。

农历大年三十，轮南作业区特地为家属们张罗了一大桌好菜。吃着作业区的饭菜，家属们体会到这片戈壁虽然远离大都市，但蔬菜依然很新鲜，食物仍然很丰富，厨师的手艺也相当不一般。此时，她们更加理解了自己的丈夫为什么爱上了这里。

年夜饭后，作业区又组织家属们一同进行夜间巡检，亲身体会员工们每天必不可少的工作环节。夜幕下，虽然没有城市里燃放的烟火，但戈壁滩上的满天星光格外美丽，在这样别有情调的夜色中迎接新年，家属们体会到了不一样的风情和浪漫。

这是一个平凡的除夕夜，世上多少夫妻在守岁时互诉衷肠。而远在沙海之中的轮南作业区，这些团聚的西部管道人也在说着他们的情话，他们说的不只是卿卿我我，不只是家里家外，更多的是西部管道，是大漠油气，是工作和与工作有关的未来……

2021年春节轮南作业区除夕夜全家福

轮南作业区还在春节期间发起了"给亲人一句寄语"的活动。他们向家属们分发了一张张精致、漂亮的小卡片，让家属们给自己的丈夫写一段心里话。这些寄语感悟真挚感人，成为员工们收藏在自己卧室中的一份宝贵礼物。

"参观工作区最大的感触就是震撼！在以后的工作道路上，老公，我支持你！愿你安安全全工作，平平安安回家。我和娃是你坚强的后盾。"这是邢云雷的妻子写给他的寄语。

"我相信你一定能够处理好工作上的各种问题。能够带领你的团队完美完成工作任务。请保重身体、安心工作，对家里的事儿不用牵挂。把你的宿舍卫生搞一搞，太乱了！！！"这是赵磊妻子写给他的寄语。

"老公，上班期间要注意安全。好好工作，不要牵挂家，我会照顾好老人和儿子。"这是马志远的妻子写给他的寄语。

……

妻子们的留言

春节过后，家属们踏上了归程，但他们的嘱托、希望和祝福却永远留在轮南这片土地上，留在了这些守护西气东输的管网铁军将士的心里。

后来，这种"反向探亲"模式在塔里木输油气公司的多个作业区进行了推广，成为塔里木输油气公司每年春节期间的主要活动之一。每逢过年之际，不少无法回家过年的员工们都会收到这样的一条微信：

"老公，我来陪你过年了！"

在那遥远的托克逊亚阔坦村

在距离新疆阿克苏东部 70 公里左右的乌什县阿恰塔格乡，有一个村子叫托克逊亚阔坦。这里既没有西部管道公司的管道阀室，也没有油气管线经过这里，不管从哪个方面来讲，这个名不见经传的村子，看起来都与西部管道公司八竿子打不着。

但是到了 2014 年，新疆维吾尔自治区决定在全疆各级机关抽调 20 万名干部开展"访惠聚"工作。就是从这时开始，西部管道公司便与这个村子紧紧地联系在了一起。在随后的六年间，西部管道公司共分批派出驻村干部 86 人。截至 2020 年底，驻村工作队定点帮扶的 9 个行政村全部提前脱贫摘帽，其中就包括托克逊亚阔坦村。

"访惠聚"工作告一段落后，西部管道公司与托克逊亚阔坦村的联系不但没有结束，反而日益增强，"感情"不断升温。驻村工作队队员仍然分批分拨来到这里，工作越来越细，措施越来越多，工作方法也越来越接地气。驻村队员的工作重点是脱贫攻坚和乡村振兴战略。说白了，就是要实实在在地帮助贫困县的村民过上好日子。

在中国的任何一个贫困地区，脱贫致富都是一场攻坚战。对国家级贫困县乌什县来说更是如此。其辖区内的托克逊亚阔坦村土地贫瘠、交通不便且自然资源有限，这场攻关显得更加不容易。

大家都知道事情很难，但难也得做。大家都知道工作目标是脱贫，但是如何脱贫却需要深入思考。驻村工作队毫不含糊，在国家管网集团西部管道公司的大力支持下，陆续推出了实打实、能落地的办法。

2018 年 6 月的一天，艾斯卡尔·卡地尔，时任驻乌什县阿恰塔格乡托克逊亚阔坦村驻村工作队队长，带着技术员，来到了为贫困户承包的 20 亩蔬菜种植基地，为他们讲解科学种植蔬菜的方法。

贫困户买买提·阿皮孜由于缺乏农业科学知识，以前种菜只是在地上挖个小洞，把种子丢进去，能长出菜苗就好。可现在不一样，工作队引导他科学种菜，增加收入。

当时，托克逊亚阔坦村有38户贫困户，工作队和村"两委"在征得村民同意后，将村里一片20亩利用率不高的土地承包下来，无偿分给其中28户贫困户，建成了蔬菜种植基地。

随后，工作队投资3万余元，为贫困户购买蔬菜种子和化肥等，并与多家企业签订蔬菜收购协议。蔬菜种植基地采用套种模式，豇豆下面种白菜，中间种豌豆，最大限度提高土地利用率，让贫困户增收不少。

蔬菜种植基地只能让一部分村民脱贫，其余的贫困户怎么办？艾斯卡尔·卡地尔又协调项目资金50万元，盖起一座现代化养殖基地，并牵线搭桥四处寻找客户，解决销路问题。

2018年6月27日，《阿克苏日报》刊登了西部管道公司驻村工作队的帮扶事迹，不仅在当地引起了热议，而且为后续的驻村工作队开展工作带了好头。

2020年1月，新一批驻村工作队队员又来到了托克逊亚阔坦村。队长向东担任村支部第一书记，队员们和此前的工作队成员一样，将自己的组织关系迁到了村支部。

向东书记不仅是一名拥有30余年党龄的老党员，也是一个思想敏锐、激情澎湃的"实干家"。古人云，授人以鱼不如授人以渔。他认为，想帮助村民继续从经济上脱贫，首先要从政治思想、文化观念和法律观念上脱贫，才是解决问题的根本之道。

在这种理念指导下，针对村干部成员年龄结构老化、汉语水平偏低和服务能力偏弱的情况，通过与村"两委"合署化办公，从强化村干部责任入手，提升村"两委"班子综合能力，让村干部担当引领村庄发展的主力。这项工作是所有工作的核心，落地之后其他任务才会如期完成。

工作效果如何呢？也许村党支部书记阿卜力米提·如孜对新闻媒体的介绍

最有说服力:"在向书记及工作队成员的帮带下,村干部的能力素质明显得到了提升,办事方式方法多了,积极主动性也增强了,村民对我们也越来越信任,满意度也越来越高了。"

村干部普遍汉语水平较低、计算机应用能力不强,这不仅导致日常工作中对政策的理解和执行存在一定偏差,对外交流也极大不便。针对这个问题,在向东书记的支持下,黄飞等队员为治保主任阿力木·亚森等多人分别制订了帮学计划,边工作边学习,不断提升村干部汉语水平和履职能力。

"h-ui 惠,m-in 民,惠民,宣传惠民政策;b-ao 保,zh-ang 障,保障,保障住房……"在他们的办公室里,每天都会传出村干部们的朗读声。在阵阵朗读声中,可以感受到驻村队员们的耐心、信心和爱心。

经过一年多的结对帮扶,阿力木·亚森等人的汉语水平、计算机水平和工作能力得到很大提升,工作更加得心应手。最为重要的是,队员和村民之间,也建立了深厚的"师徒"之谊,民族团结之情。

提升村民的法律意识也是驻村工作的重要内容。托克逊亚阔坦村作为一个拥有614户共2406名村民的大村,各类矛盾纠纷层出不穷,不仅影响了村民间的和睦相处,也对本村的稳定和发展造成了不良影响。

工作队队员每周组织开展入户大走访、大排查、大宣传和大调解活动,坚持把法治宣传教育贯穿群众工作的全过程。利用每周一的升国旗仪式和村民夜校等场合开展宣讲活动,积极向村民宣传国家的法律法规和政策。尤其是针对民法典中涉及的物权、合同、婚姻家庭和继承等方面的内容,引导村民增强法治意识。

随着时间的推移,村民们逐渐养成了签订协议的习惯,当他们买卖牛羊时,会主动签订合同以保障自己的权益;借钱给别人时,也会要求对方打下欠条,以防止出现欠款纠纷;夫妻之间发生争执时,他们知道可以去哪里倾诉和寻求帮助,从而避免矛盾升级,整个村庄的法治环境得到了极大改善。

政治思想、文化观念和法律观念上的脱贫,最终指向的目标是生活水平的提高。在接续前任工作队的扶贫成果的同时，进一步拓宽致富渠道，避免返贫。

核桃是托克逊亚阔坦村的主要产业，工作队走访后发现，村民核桃种植技术的落后和管理的粗放造成了核桃种植效益不高。要想靠核桃增收，必须让村民学会科学种植管理技术。

为尽快提升村民核桃种植管理技术，工作队与乡政府积极沟通联系，采取"外引内培"的方式，邀请林果服务队专家到村里开设"田间课堂"，从修枝、控冠和施肥等各个环节进行实地指导。

农田灌溉更是保障农业兴旺、农民增收的基础。托克逊亚阔坦村农田地因为灌溉水量不足，村民的核桃和小麦等农作物产量得不到保障，还常常因为抢水问题发生纠纷。

了解到村民的困境后，工作队向东、黄飞和许佳宁等人随即开展调研工作，入户走访统计有用水需求的土地数量，征求村民意见建议，并前往水资源充沛的农田，调查对比产量差别。

随后，对村庄周边可利用资源进行实地踏勘，积极与水利、电力等相关部门沟通讨论解决问题。经过近2个月的调研准备，提出了利用托什干河自然水域资源建立一座水泵站的方案，铺设输水管道1公里，以解决村民取水灌溉难题。

通过建设农田水利灌溉设施，有效利用自然水域资源，使得村内1700亩农田的灌溉质量得到显著提升，受益村民293户共1178人，使村级第一产业收入年提升了近50万元，在增收同时，还有效化解因灌溉旺季而频发的"抢水"矛盾纠纷。

"在工作队的帮助下，现在我们不愁浇水了，核桃每亩最少可以增收300元。"村民亚森·买买提对媒体说。

关心村民光说不行，得靠行动。驻村工作队深入推进"我为群众办实事"活动，把"群众满意不满意"作为衡量工作的标尺。

根据多次实地走访查勘及收集农户意见，工作队还为托克逊亚阔坦村7组打造了一条"小商业示范街"。示范街全长约60米，宽8米，目前可设计摊位

10个。最让村民骄傲的是，示范街灯光照明系统均为太阳能。

示范街促进11户农民增收，开业期间日均营业额800余元，单户单日最高营业额超过2000元。

托克逊亚阔坦村8组居民艾散·图尔荪在2022年突发车祸，家中支付了高额的医疗费用，左腿先后手术4次，家庭生活陷入窘境。工作队第一书记得知后，亲自组织开展募捐活动，筹集资金近7700元，并申请县级临时救助3万元。

村民奥古莱姆·赛买提是一名精神病患者，因被丈夫遗弃，她和孩子阿力木在外流浪。工作队立即安排专人前往乌鲁木齐将其接回本村。工作队队员们第一次见到4岁的阿力木：一个秀气的小男孩，蜷缩在土炕的一角，孱弱的小身体支撑个大脑袋，由于长期不见阳光，脸上的皮肤没有血色，显得很苍白。

在详细了解情况后，黄飞主动请缨帮扶奥古莱姆·赛买提家。"这孩子的爸爸妈妈都这样了，这孩子还有未来吗？"面对大伙的疑问，黄飞坦诚地说："我们到村里来就是帮助困难群众的，就是要想办法让娃娃背起书包，这样才能改变他的命运。"

为了解决这个家庭面临的难题，黄飞依据相关政策为其申请临时救助金2000元，联系阿克苏地区第四人民医院为奥古莱姆·赛麦提进行精神鉴定并送至福利院集中康养治疗。

他每日接阿力木到工作队吃饭、洗澡、聊天，帮助孩子重新建立信任感，还为他购买新衣服，联系幼儿园接收入学。慢慢地，阿力木变得话多了起来，活泼了起来，脸上重新露出了天真的笑容。

2023年，驻村工作队通过研究低保纳入、临时救助申请、申请发放临时救助金和申请贴息小额贷款等政策为村民解忧，向生活困难群众发放大米、面粉和油等生活用品，并向村民深度解析党和国家坚定不移实施乡村振兴战略，实现共同富裕的态度和决心，用具体工作成效增强了村民的获得感和幸福感。

2024年1月，驻村工作队队员在入户走访时得知，一些村民家中种植的黑木耳"愁嫁"。驻村工作队队员将信息反馈到西部管道公司。公司党委接到信息后，协调下辖的9家二级单位共同开展消费帮扶活动。各单位的"温暖橙"，积极订购村民家中的黑木耳，很快黑木耳纷纷有了"婆家"。

村民将黑木耳送至村委会，驻村工作队队员进行筛选、称重、分装，并详细记录每一户村民的姓名、联系方式及重量，同时工作队积极与乡邮政局联系，协调邮政局派工作人员上门服务，实现了拉运、邮寄流水作业。

2024年1月7日，乌什县阿恰塔格乡英萨村和托克逊亚阔坦村18户村民的黑木耳邮寄完毕。1.14吨黑木耳寄往乌鲁木齐，村民们领到了销售款，通过"温暖橙"消费帮扶，村民们增收64092元。

以真心换真情，用实干赢民心，一桩桩、一件件解决的"小事"，如同涓涓细流，流入百姓心中，构成了工作队对群众最长情的告白。

托克逊亚阔坦村并不遥远，它一直在西部管道人的心里。

穆耶赛尔·图尔迪的大哥哥

西部管道公司王家沟作业区负责设备管理的工程师许佳宁，家在乌鲁木齐。他能够和遥远的乌什县阿恰塔格乡托克逊亚阔坦村的穆耶赛尔·图尔迪一家产生千丝万缕的联系，只是因为和一名驻村工作队队员的一次谈话。

当时，正在托克逊亚阔坦村担任驻村工作队第一书记的向东，休假回到乌鲁木齐时，曾与许佳宁有过一次小聚，两人围绕各自的工作情况聊得热火朝天。

向东本想了解一下许佳宁的工作情况，但聊着聊着，这位驻村书记讲起了国家级贫困县——乌什县的情况，讲起了他负责帮助托克逊亚阔坦村村民脱贫时面临的问题和这项工作的意义。

许佳宁从向东书记口中，知道了在遥远的托克逊亚阔坦村，有一群人仍然生活在贫困之中，每年的收入只有七八千元。那一刻，许佳宁的心突然泛起了一片波澜。

许佳宁是一位富有爱心与同情心的人，也是一名光荣的共产党员。他的爷爷曾经参加过抗美援朝，他的姥爷是爬过雪山的红军战士。家庭的传承和组织的培养，让他在此刻突然想要去当一名驻村队员。

西部管道公司抽调驻村队员的条件很严格，对政治面貌和身体条件等都有一定的要求，其中最重要的一条是年综合绩效必须排在前 10% 才能入选。许佳宁当时的绩效在作业区排名并列第一名，他的申请毫无悬念地通过了。

许佳宁并非一时冲动才去干远离家庭的"苦差事"。在有了去南疆驻村的想法后，他与妻子、母亲等进行了多次认真交流。

许佳宁的妻子也是西部管道公司的员工。当时他们的孩子只有七岁多。夫妻两个人长期在作业区工作，平时由许佳宁的母亲帮助他们带孩子。如果他远走驻村，对家庭的照顾就更少了。

家中老小几名成员经过一番讨论协商，都认为到贫困村做驻村队员，帮助那里的农民脱贫致富，意义深远，纷纷举双手表示赞成。家人能够理解并支持他到一个更加艰苦的地方去工作，许佳宁深感欣慰。

安顿好家中的一切，2022年1月，许佳宁来到了阿恰塔格乡托克逊亚阔坦村，成为一名驻村工作队队员。

托克逊亚阔坦村户籍人口共有2400多人，划分成了8个小队，每一个小队的人口少则200多人，多则350人。

驻村工作队编制共有9人，许佳宁与其他7名干部分别担任小队队长，各自分包一个小队的日常管理。

许佳宁分管的第六小队共有村民327人，他主要的工作就是通过日常走访了解民情，协助村民解决家中存在的困难，收集他们的诉求和意见，然后制订帮扶计划。

在这个过程中，穆耶赛尔·图尔迪和她的母亲图尔荪古丽·买买提尼亚孜走进了许佳宁的驻村工作队生活。

这是一个令人十分悲伤的家庭。母亲四十几岁，患有严重的肺结核病，已经失去了劳动能力；父亲因触犯了法律，一直在监狱接受改造；同父异母的哥哥已经长大成人，却几乎断绝了和贫困妹妹、继母的来往；女儿穆耶赛尔·图尔迪当时只有12岁，已经开始操持家务、照料母亲。

因为母亲长期患病，没有劳动能力，不仅家中长期无法脱贫，其本人的身体健康问题也日趋严重。许佳宁看在眼里急在心里。

经过多次走访以后，许佳宁了解到，图尔荪古丽的肺结核病已经到了晚期，如不进行手术治疗，极有可能出现生命危险。但手术费用却需要10万元左右，这笔巨款是母女二人如何也解决不了的。

许佳宁将情况汇报到了村支部，村支部表示在政策允许的范围内，尽量为她们申请帮扶资金，早日让母亲上手术台。就在许佳宁为图尔荪古丽手术的事奔忙的时候，许佳宁的父亲却传来了二次脑梗的消息。经过抢救，他的父亲虽然脱离了生命危险，却时常神志恍惚，生活自理能力大幅下降。

此时此刻，最劳累的是许佳宁的母亲。许佳宁和妻子都要上班，一个驻站，一个驻村，家中孩子和患病的父亲都要许佳宁的母亲一个人照顾。但她对许佳宁从不抱怨，仍然鼓励他说："去了驻村队，就要好好干，好好帮人家，都不容易。"

许佳宁无法亲自照顾患病的父亲，唯有好好工作弥补内心的愧疚。他多次跑乡里和县里，为图尔荪古丽申请帮扶资金。乡里的额度为3000元，县里的额度为20000元，在许佳宁的努力下，总计为她们筹集了帮扶资金23500元，但这笔钱距离10万元手术费还有不小的距离，怎么办？

许佳宁第二个办法是号召大家捐款。村中的村民生活都不太富裕，大家虽然积极响应，但也只是十元、二十元的捐助，最大的一笔仍然是许佳宁、黄飞等驻村工作队队员们的捐款，累计算下来，又解决了一万多元。

钱还是不够，许佳宁又通过多方协调，将图尔荪古丽的手术安排在了乌鲁木齐肺病专科医院。图尔荪古丽家是低保户，大病报销的比例应该在95%左右。经过沟通，医院又减免了部分费用，图尔荪古丽终于进了手术室。

手术虽然比较顺利，但患者术后需要长期休息，无法参加劳动。女儿尚小，还在上学，一家人的生活仍然在最低保障中挣扎。许佳宁每月开完工资后，都拿出一部分钱来为她们购买米面油等生活用品，确保她们在生活上得到基本保障。

十几岁的穆耶赛尔·图尔迪由于长期生活在贫困之中，每天还要照顾母亲的生活起居，操持家务，孩子内心蒙上了厚厚的阴影。这时候，许佳宁当起了她的大哥哥，帮她补习功课，给她买一些有趣的书籍，有时还陪她一起玩耍，开导她往前看，放下心理包袱。

十几岁的穆耶赛尔·图尔迪在许佳宁这位大哥哥的帮助下，懂事地担起了家庭生活的担子，脸上渐渐有了笑容，学习成绩也一路好了起来。

按照西部管道公司的有关规定，驻村队员的工作周期为两年。2024年1月，许佳宁就要返回原工作单位了，要和托克逊亚阔坦村、图尔荪古丽母女告别了。

穆耶赛尔·图尔迪对许佳宁哥哥充满了眷恋和谢意。在他离开的时候，她写了一封长长的信，表达自己内心的谢意和留恋。其中这一段话，也许是对许佳宁这段生活最好的纪念：

尊敬的许佳宁哥哥：

您好！时间流逝得可真的好快。您就像一列火车一样来得快也走得快。到站停留几分钟又要匆匆地赶下一站。其实我心里很清楚，你为了帮助像我们家一样的贫困户脱贫，丢下自己的父母、妻子和孩子，不管上了年纪的父母，不管孩子的幼小，也不管你妻子的苦，您把孝敬父母的时间，陪孩子与妻子共同面对生活中的困难的时间和精力，花在我们的身上。您把这里的老年人当作自己的父母孝敬，把这里的孩子当作自己孩子一样关爱，一视同仁。正是像你一样的哥哥姐姐在我们背后，当我们的支撑柱，才让我们走向富裕的生活……

穆耶赛尔·图尔迪的书信

这是一封读了令人破防的信，也是一封许佳宁永远珍藏的信，里面有小妹妹穆耶赛尔·图尔迪的谢意与留恋，也有他一生当中，最难忘的一段记忆。

许佳宁舍小家顾大家，积极响应驻村扶贫号召，帮助穆耶赛尔·图尔迪一家渡过难关，让她们的生活逐步走向正轨，彰显了一名共产党员的担当与爱心。

二百公里接力送茅哥

提起塔里木输油气分公司轮南作业区负责电气班组的茅海东，同事们都会一口一个"茅哥"地叫着，然后讲出一两件他在工作中大大小小的"奇闻轶事"。

有人会说他"抠门儿"，长年在自己的班组开展"立足岗位创效益"活动，站里的坏工具、旧配件，他都不舍得扔，经他那双巧手一鼓捣就又回到了"工作岗位"。

有人说他是技术革新的能手，获得西部管道公司科技创新一等奖的"基于云控平台的油机在天然气长输管道 RTU 阀室的应用研究"项目就是他提出的。他提出在阀室现场设置一台备用发电机的建议，每个冬季都能节约费用 10 余万元。除此之外，他还有各类创新奖励十余项。

还有人说他是轮南作业区名副其实的"大哥"，下班后，大家都愿意到他的宿舍去聊天，有难处苦处愿意向他倾诉，大家从家乡带来的小吃都愿意放在他那里和大家分享。大家尊称他为"茅哥"，就是因为他事事走在前面，想得全面，真正有"大哥风范"。

在工作上成绩突出，与同事相处和谐美好，但是在面对家庭的时候，茅哥有一件事一直耿耿于怀，抱愧多年，那就是父亲去世时，他没有陪在身边。

茅哥的父母是新中国成立后不久就来到新疆的兵团战士，为新疆的建设和稳定做出了贡献。这对父母共育有三子两女，都在新疆工作。

作为上有兄姐、下有弟妹的茅哥，一直坚守在西气东输的最前线——塔克拉玛干沙漠边缘的轮南作业区。

2020 年，也就是新冠疫情出现的第一年，茅哥的父亲突然检查出了癌症，住进了库尔勒市的一家医院。已经连续四年没有回家陪伴父亲过年的茅哥，听到消息后急忙请假离开作业区，赶到医院去陪伴父亲。

由于病情较重，茅哥和弟弟妹妹商量后，和弟弟一起带着父亲马上赶赴远在乌鲁木齐的自治区人民医院进行抢救。手术后又住院一个多月，但手术效果并不理想。在这种情况下，医院建议患者回到地方医院进行保守治疗。就这样，茅哥带着父亲回到了库尔勒。

陪伴父亲期间，分公司领导、分公司党群部、办公室和工会组织负责人打电话询问病情，说有什么困难就提出来，并嘱咐他不要着急，陪伴父亲要紧。

回到库尔勒后，茅哥就十分内疚地和弟妹们商量说，自己已经请假一个多月了，自己的工作事关西气东输，总不上班不行。即使领导没有提出来，但管线对他的需要他是知道的。因此，这段时间只能请弟妹们多多陪伴父亲了。

弟妹们都十分理解他的心情，纷纷说："你去上班吧，父亲这里你放心，有我们来照顾呢，不会让他老人家受一点罪。"就这样，2020年2月初，在回到库尔勒之后的第二天，茅哥就回到了200多公里之外的轮南作业区上班了。

回到工作岗位上之后，茅哥就又开始他忙碌的日常。一个多月后，突然接到妻子的电话，告诉他说，父亲不行了，有可能要走了，必须马上回来。

轮南作业区距离库尔勒有200多公里，驾车回去最多也就三个多小时。但是，当时新冠疫情肆虐，库尔勒进入了全面封控期，各种车辆无法通行，轮南作业区也进入了封控状态，想要回家，实在是难上加难。

父亲病危，茅哥回不去家的事情引起了作业区的高度重视，所有人开始想怎么在封控政策允许的条件下，将茅哥送到库尔勒。

茅哥所在的塔里木输油气公司负责西气东输、轮吐线等天然气管线的巡护、维修等任务，事关国家能源保障和全国人民的日常生活，即使在疫情封控期，管道的巡护工作依然不能停歇。

从轮南到库尔勒，管线共经过三个作业区的作业范围。在请示上级领导批准后，决定通过三个作业区接力的方式将茅哥送回库尔勒。

当时，整个库尔勒在外面行走的车辆除了公安和医院车辆外，西部管道公司的巡线车可以在固定的区域里通行。但要通过多个作业区，需要进行一系列的准备和协调。

轮南作业区用了不到两个小时的时间，就和分公司领导、其他作业区负责人联系完毕。

最终，他们从轮南作业区出发，通过伴行路，用巡线车先将茅哥送到96公里外的西气东输一线的三号阀室。之后，再从三号阀室将茅哥送至库尔勒原油站，再从原油站将茅哥送到库尔勒市区。

当茅哥赶到病房时，父亲已经永远地离开了他的孩子们，也离开了他为之奉献了一生的新疆大地。

茅哥没有见到父亲最后一面，心中留下了永远的遗憾。但是，塔里木输油气公司的领导、同事却在200公里接力护送过程中，一直陪伴他，让他感受到了特殊时期的特殊温暖。

"作为管道人，想干好工作同时又照顾好家人，确实难。但我们从未后悔过，一直在努力把工作干好，把日子过好。"茅哥这句平凡而实在的话语，道出了很多管道人的心声。

山不转水转

中国自古就有"男人坚强如山、女人柔情似水"的比喻。还有一句歌词叫"山不转水转",那山是比喻男人,那水象征女人。

几年来,新疆输油气分公司鄯善作业区的乔林峰和他的媳妇,围绕着西气东输、孩子、老人和他们的爱情,一直在演奏着"山不转水转"的旋律,谱写了属于他们的西部管道人"二重唱"。

乔林峰和他媳妇是在开封齐县读书时的高中同学。两人考入大学后,一个学建筑设计,一个学机械自动化。

四年的大学生活如白驹过隙,转瞬就成为了美好的过往。2010年,他的妻子来到了中国建筑集团,从事财务管理工作。乔林峰在西气东输二线即将正式运营之时,随着招聘团队来到了遥远的新疆,成为一名西部管道人。

好男儿志在四方。说起自己为什么跑到新疆来,乔林峰的答案很简单:"上学时就听说了西气东输,打心眼里喜欢。能为这样伟大的工程工作,跑多远都无所谓。"

乔林峰夫妻合影

你放不下你喜欢的西气东输,那么喜欢你的人就要放下她的喜欢,随你而去。2012年,也就是乔林峰到西气东输的第三年,妻子和中国建筑集团进行了沟通,也来到了中国建筑集团新疆乌鲁木齐项目部工作。男人是山,女人是水,山水相依,他们结婚了,开启了属于两人的新篇章。

乔林峰先是在霍尔果斯作业区工作,积累了丰富实践经验后,调入了乌鲁木齐输油气分公司生产科，工作地点在乌鲁木齐。此间，是他们在一起时间最长、感情最为浓烈的一段时光。

在乌鲁木齐这几年，他们先后生下了两个孩子。二儿子生下来后，经常性地高烧不退。开始，医生一直按照肺炎进行救治，但愈后经常反复，折腾了小半年，引起了医院的重视。

经过复诊，医院认为孩子的病因不在肺，而是心脏有问题。在接下来的检查过程中，发现小孩子心脏先天性瓣膜有漏点，导致长期身体供血不足，而引起断续的高烧。好在经过手术之后，孩子恢复了健康。

从孩子生病到恢复健康，一直是妻子在医院忙碌着。乔林峰是雷打不动地上班，下班后才能到医院给他们送饭，照顾她们母子俩。从家里到医院，从医院到家里，妻子为这个家庭一直像陀螺一般转动着。

乔林峰是家中唯一的男孩，为了方便照顾身体不好的父母，两位老人也来到了乌鲁木齐。上有老下有小，此时妻子实在照顾不过来，就不得不辞掉了工作，开始专心当起了家庭主妇。孩子渐渐地长大，他们一家的生活再次面临"山不转水转"的局面。问题的核心是孩子的教育。乔林峰的父母、姐姐，以及妻妹等人，都建议他们回内地念书，为孩子创造更好的学习条件。

妻子不仅认为应当带孩子回内地读书，而且还试探性地提出了乔林峰是不是要重新考虑一下自己的工作规划，也回到内地去找工作，重新创业。但是，乔林峰丝毫没有犹豫地回绝了："我不可能离开西气东输！我就是奔他来的！"

男人以事业为重，妻子也理解。她是一个善解人意的女性，多年以来为乔林峰所做的牺牲她都心甘情愿，因为他是她的山，她是他最爱的水。

此时的乔林峰已经调到鄯善作业区担任主任，工作更加忙碌，要好长时间才能回乌鲁木齐和家人团聚一次。妻子和孩子住在乌鲁木齐还是回到江苏，对他来说，都只不过是探家时是否多两个小时的飞机路程而已。

就这样，为了孩子的教育，妻子又踏上了新的路程，带着孩子回到了妹妹所在的城市江苏苏州生活。这次"山不转水转"的过程，这座山上不仅有丈夫，还有他们的儿子。

在妻子的支持下，乔林峰在工作中不断进步。从他入职开始，先是在霍尔果斯压气首站工作了一年，然后又到玛纳斯压气站、乌苏压气站、连木沁压气站、了墩作业区、烟墩作业区和鄯善作业区，先后担任技术员、副站长、站长、作业区党支部书记和主任。

随着职位的改变，管理的站点越来越大，肩上的责任越来越重。在妻子围绕着他这座山在为生活和孩子奔波时，他不辞火洲的炎热、不惧沙漠的艰苦，也在围绕着另外一座大山在转，这座山，就是中国最伟大的工程之一的西气东输。

"抠门儿"的助学故事

说起甘肃输油气分公司古浪作业区机械作业岗员工吴兆建，很多人会说这个人"抠门儿"，而且抠门儿抠得有些不通人情。

2022年4月，甘肃输油气分公司进行西靖站成品油注油泵和污油泵出口管线加阀动火作业时，工程承包单位的司机以罐车内油品杂质较多、罐车无抽油泵和无液位计为由，不按照正常规程卸油。

这样做极有可能导致部分油品卸不净，进而罐车内油品被个人侵吞。吴兆建据理力争，坚持按照正常卸油流程将罐车内油品全部卸出，避免了国家财产的流失。

为防止此类事件在动火结束时再次发生，吴兆建还就此次事件编写了"油罐车污油转运案例"分享给大家，作业人员按照吴兆建编写的材料，都顺利完成了油品卸车任务。

吴兆建不仅在维护国家财产时表现得十分"小气"，在平时生活中，对自己也节约得近乎苛刻。回到乡下的家里，一直长年坚持自己种菜，极少上街购物；在生活中，除了生活必需品之外，他也从来不买他认为"没有用"的东西。

但就这么一个于公于私都十分"抠门儿"的人，却长期捐助贫困地区的学子，帮助他们攻读学业，圆了他们的大学梦。

2017年8月20日，吴兆建在浏览网页时，看到了热心网友转载的玉林晚报报道的一条消息，说的是广西玉林北流市旺贺村陈日文阿婆，独自抚养五个未成年孙女的感人故事。

陈阿婆当时63岁，只有一个独生子。儿子婚后生育五个女儿，值得欣慰的是，陈阿婆几个孙女非常争气，大孙女在北流市重点中学北流中学读高二，二孙女在同一所学校读初三，成绩优异，另外三个孙女还在上小学。

由于儿子文化水平低，外出打工时，只能干一些体力活赚取微薄的收入养家糊口，生活较为困难。天长日久，受不了清苦生活的儿媳，与她的儿子离了婚，另嫁他人。

雪上加霜，在广东打工帮人看鱼塘的儿子，在一天夜间不幸失足落水溺亡。一时间，一家人的生活陷入了困境。

五个正在上学的孩子怎么办？生活的重担压得陈阿婆的头发褪尽了最后一丝黑色。儿子去世后不久，两个懂事的孙女主动提出辍学，帮助三个小的妹妹继续读书。

得知这个情况后，吴兆建心想：两个孩子一旦退学，对她们的人生将产生毁灭性的影响，只有读书才是改变她们命运的唯一机会。

他通过联系当地村委会主任，获得了陈阿婆的联系方式。吴兆建和陈阿婆及几个孩子的缘分，从此正式拉开序幕。

当时，吴兆建是作业区的一名班长，对于农村出身的他来说，平时花销不多，他便拿出工资收入的一部分来资助别人。他和妻子商量后，获得妻子大力支持。于是他在休假时来到了广西玉林。

吴兆建坐大巴走公路，步行涉山路，独自一人来到陈阿婆家。在这个贫寒的家里，他看到了一家人的生活正在困境中挣扎，也看到了还有和他一样的好心人伸出了援手。

吴兆建向陈阿婆说明了来意，并将5000元交给她，叮嘱着无论如何，不能让两个孙女辍学；无论多么困难，也要确保让五个孩子通过学习走出大山。

解得寒门学子急，五个孩子的学业成了吴兆建此后一直挂念的事情。既然开始了，就不能停止。他下定决心，一定要挤出一笔费用，帮助这五个孩子实现上学的梦想。

"我自己也过过苦日子，深知家里没钱买书本是什么滋味。我很心疼陈阿婆和几个孩子，所以我只是希望这几个孩子能继续好好读书。"当有人问他资助别人的想法时，他朴实地回答。

特殊的帮扶际遇，让他们变成了亲人。此后每年，吴兆建总会抽出时间，亲自到陈阿婆家里送上5000元钱和一些生活用品，并鼓励他们重振信心。他的假期，总有几天属于陈阿婆那个贫困之家。

正是在吴兆建的支持下，陈阿婆的大孙女考上了大学。她在上大学前给吴兆建打电话说："这些年，感谢吴叔叔时常给我鼓励，让我找到了人生的方向，我没有什么可以报答你的，只有好好学习，好好做人。"

这个女孩还坚定地对吴兆建表示说，上大学之后，她一定好好学习，争取早日入党。把吴叔叔的这份爱心继续传递给别人。

吴兆建和这个家庭携手走过了4年的路程。直到2020年，陈阿婆主动提出，不再需要他的帮助了，因为除了吴兆建之外，当地还有几位热心义工和企业家也在资助他们，学校也为几个孙女减免了学费，考上大学的孩子已经开始了勤工俭学的生活，家庭负担明显减轻。陈阿婆在对吴兆建表示感谢的同时，希望吴兆建去帮助其他更需要帮助的人。

2022年，吴兆建在新堡输油站工作期间，当地两所小学的教育环境给了他很深的感触，那里大山环绕，教育资源相对贫乏，尤其是体育设施更是寥寥无几。

看到这种情况，吴兆建没有丝毫犹豫，就托人从武威市购买了两台乒乓球桌，无偿捐赠给当地的两所小学。校方提出要搞一个捐赠仪式，并请媒体前来报道，被他婉拒了。

吴兆建并没有就此终止对这两所小学的帮助，每年开学季，他总会买一些学习用品，通过学校捐助给家庭困难的学生。他最大的希望就是这些孩子可以通过学习，有知识、长本事，有朝一日走出大山，做一个对社会有用的人。

近十年来，吴兆建通过各种方式捐助那些贫困地区的孩子，花出去的钱也有十余万之多。有的人对他说："你这么抠门儿的人，家庭条件也不太好，为什么捐助别人这么大方？"

听到这样的质疑，吴兆建总是笑着说："我这个人小气，抠门儿，舍不得给自己花！因为自己淋过雨，所以总想着替别人撑把伞。"

对于这世界而言，吴兆建只是一缕微光。但对于吴兆建帮助过的人而言，这微光却照亮了他们的世界。

以"萤火之光"践行心之所想，用"行有所为"书写爱心力量，"抠门儿"与慷慨交织，这就是吴兆建的故事。

无人区里的"小绿洲"

西气东输的输气管道线路上有这样一个站场，从马兰火车站出发，需要穿过无信号覆盖的百里无人区，再拨开漫天的风沙，才能到达这里，它就是距离新疆维吾尔自治区和硕县城200余公里处的乌什塔拉回族民族乡则斯特村区域内的四道班压气站。

"乌什塔拉"是维吾尔语，原音为"乌夏克塔勒"，意为小柳树。但这里大部分是荒漠，并无几棵柳树。全年最高气温43～45摄氏度，最低气温零下35摄氏度。可以说这里的春秋只是略过，只有冬夏长留。四道班压气站位于马兰军事禁区内，处于罗布泊腹地，是实打实的无人区地带。在压气站建立之前，这里没有信号，没有淡水，也没有电。按照西气东输一线建设时的规划，四道班压气站本为无人值守站。但后来考虑到油气管道的运营安全，还是有人常年驻守在这里。

由于四道班压气站地处罗布泊边缘，一年四季降水稀少，自然植被十分稀疏，风起时漫天黄沙。风驻时四野空旷。面对无人区的孤寂与荒凉，在西部管道公司的支持下，几个从天南地北来到这里奋斗的管道人走上了自我建设之路。

无休止的大漠风沙、无边际的空旷孤独，让来到这里的人除了在坎坷的伴行路上巡线、在站场上埋头"捣鼓"设备之外，别无他事可做。也毫无生活的乐趣可言。

要想住，先种树。从建站的那一天开始，西部管道公司就拿出一定的资金鼓励各个压气站对环境进行绿化改造，营造生活氛围。四道班也在植树造林上下了不少工夫。但是在初期，由于水源奇缺，加之土壤改造缺少正确的方法，种下的一些杨树不是中途夭折，就是长得弱不禁风，一副"长不大、活不起"的样子。

2013年前后，时任站长张监开始尝试在站场种植榆树，虽然不多，但效果不错，为四道班站场绿化工作开了个好头。可惜的是，张监在这里工作了一段时间后，因为工作需要，调到了另外的站场。

"万事开头难，这个难都有人帮我们完成了，我们有什么理由不继续下去？"接任四道班压气站主任的赵磊和党支部书记刘翔，面对荒凉的工作生活环境和员工心理波动较大的现实，两个人商量着一定要改变这种局面。想来想去，首先要改变四道班压气站的面貌，打造出更有家乡味道、家庭气息和家人温暖的压气站，让员工心安定下来。

他们在上级领导的支持下，先后在生活区公寓中打造了富有特色的文化墙，在院子里增设了体育健身设施，在活动室增加了图书角。

这些措施创意无限，但做起来难度不大，很快就落实好了。难度最大、时间最长，至今也仍然年年要去做的就是植树绿化、改善环境。

在沙漠中种树的意义大家心知肚明，但种树的难度却让大家望而却步。得给大家加油鼓劲。赵磊给大家讲西部管道公司提倡的低碳发展的战略。刘翔向大家宣传"绿水青山就是金山银山"的生态文明理念。

讲完大道理马上就要来实际的，他们成立了绿化"党员突击队"，党员带头在沙漠中"挖呀挖呀挖"，在树上挂着责任人标签，一人承包一棵树。最终带动全员参与到植树造林的活动中来。

人想有个舒适的家，得先给树木找一片能扎根的土壤。戈壁滩土壤沙化严重，加上长年干燥缺水，种植的树苗存活率极低。

结合前几年植树取得的经验教训，赵磊和刘翔决定从改良土壤入手。他们多次奔赴附近的则斯特村，向村民、有关绿化公司的技术人员取经。在他们的支持和指导下，对土壤进行了改良，施用了羊粪等农家肥。

接下来就是选择合适的树种。从前进行杨树种植没有成功，种植榆树较为顺利，因此他们决定从榆树种植入手。经过一年的努力，二十余棵榆树在生活区周边成活了。

此后，他们又精选了一些较为抗旱的沙枣、苹果和杏树等树木，又在树下种植了马兰花和格桑花等花草。

时光管网记忆

伴随着树木和花草在这里"定居"下来，一些杂草也随之而生。很多人都说："多浇点水吧，别伤害它们。戈壁滩上生长出的每一棵植物都不易。"他们舍不得铲除这些杂草，杂草也逐渐长成了一道风景。在沙漠上种树，不仅需要时间，更需要种树人的毅力。几年下来，随着树木的成活率越来越高，无人区的小绿洲初具规模。但是，沙漠中水贵如油，用水量较大的问题也摆在面前。

建站之初，四道班压气站生活用水是通过8公里外的深井泵抽水后送至站内，用水时需要驱车至深井泵房启停深井泵。站场周边种植树木超过3000平方米，以往对于树木的灌溉采用支管漫灌的方式进行，绿化水消耗量有点大。

绿意盎然的四道班压气站

机械岗的顾会军等人说:"咱们不是搞机械的就是玩信息的,怎么会找不到更好的办法呢?"于是他们购买了一些管线和电子材料,制作了自动化的喷灌系统。

该系统主要是对深井泵控制方式进行改造,采用GPRS无线方式启停深井泵,减少了开车启停深井泵的油耗。制作绿化自动浇灌装置,分布式埋设温湿度检测试片,绿化自动浇灌主机检测到温湿度低于设定值打开电磁阀开始浇灌,土壤温湿度达到设定值则停止浇灌,极大地节约了绿化水。这项技术改造还被分公司评选为"青年五小"获奖项目。

经过多年的努力,荒凉的无人区中出现了一小排树木,后来形成了小树林,再后来形成了一片小小的绿洲。树下的格桑花与马兰花竞相开放,沙漠中终于出现了一番绿意盎然的景致。

有了树、草和花,生活在这里的人们开始看到了绿色的生机,呼吸到了不一样的空气,有了林荫下散步的雅趣,心情也愉悦起来,工作的热情更加饱满。

2022年疫情封控期间,大家除了巡线哪儿也去不了,这片小树林成了大家愉悦性情、锻炼身体的好去处。自然之绿,给了他们宝贵的生命支撑。

"这小树林,太棒了!干完活了,在这儿遛弯、欣赏一下大漠挺好。你得抓紧找个女朋友,这小树林多适合谈恋爱!"老员工打趣没结婚的新员工。

有了这片小绿洲,不仅人活得有了精气神,一些平时在沙漠中根本看不到的小动物也前来造访。兔子、刺猬、狐狸、黄鼠狼、黄羊、蛇和白鹭一应俱全。

小动物们来这里栖息的目的有两个:一个是在这里休息一下,继续赶路;二是在这里蹭点树下的水喝。这片小绿洲,让大家知道如此荒凉的地方,还有这么多的动物种类。

2022年春天,小绿洲迎来了一对漂亮的白鹭,不知是在树林里迷了路还是来的时候受了伤,它们落下来后就一直在树林里扑腾,飞不出去了。

刘翔一看,知道它们不是留恋这里不走,而是出现了意外。这可是国家保护动物,不能看着它们不管,不能让它们有一点闪失。它们一定饿了,可是,他们也不知道怎么投喂这些"珍贵的客人",怎么办?

刘翔急忙和5公里外的护林站联系,说明了情况。护林站站长一听马上派人过来，将白鹭带回去治疗痊愈后才放归自然。每当再有白鹭飞过，刘翔就猜测着是不是曾经的那对白鹭经过这里。

如果说白鹭的结局是圆满的话，那么红狐的故事就有些令人伤感。在大批涌来的动物之中，有一只小狐狸十分可爱。小狐狸每次来都小心翼翼地喝水，喝完后悄悄离开。站场上的人遇到它，就在远处看着它，欣赏它灵动的姿态，享受着一种人与动物的和谐之乐。

渐渐地小狐狸看到没有人伤害它，喝水的样子就落落大方起来。不久，它又领着它的全家一起来喝水。每至黄昏时分，小狐狸一家扶老携幼地来到林中喝水玩乐，似乎找到了一片乐土。狐狸们在戈壁滩上有这样一小片有花有草的林木，也真的是到了神仙世界了。

令人痛心的是，一天晚上小狐狸来小树林喝水时，不幸落进了站场旁边的蒸化池。这个池子是收集生活区各种废水的，足有两米多深。第二天，当它被人发现时，已经失去了呼吸。

这是站场建设以来，大家第一次看到有活的生命在身边悄然离去。他们将小狐狸埋葬在一棵榆树下的小坡上，并将这个小坡命名为"狐丘"。站场还为蒸化池安装了一圈铁网作为护栏，以防再有小动物重蹈覆辙。

最让人难过的是，从此以后，狐狸一家再也没有出现在树林里。大家都十分内疚，如果早些为蒸化池安装护栏，也许就不会发生这样的悲剧。

经过四道班压气站员工的多年努力，四道班管道人在马兰无人区建成了一片小绿洲。站场生产生活产生的二氧化碳，都可以通过这些树木消减掉，站场已经实现了"零碳运营"。

2023年春天，赵磊调到了轮南作业区担任主任，而刘翔继续致力于这片绿洲的建设。他计划在2024年，将站场西部的一块空地全部种上榆树；再多种一些花草，将厂区包围起来；再种一些果树，改善员工的生活。

在过去的十几年间，一批又一批的管网人凭借坚定的信念和踏实的行动，逐步将这里建设成了一片绿意盎然的小绿洲。因为这片小绿洲，不仅成活了一批树木，它还象征着管网人扎根荒漠、蔑视风沙的大无畏精神。

四道班的马兰拉面

有人说，如果从西部管道公司下属的每个员工食堂中，各拿出一道拿手的美食，一定会做出一桌饕餮盛宴，让人流下口水。比如说孔雀河压气站食堂的辣子鸡、鄯善作业区的红烧肉和酒泉作业区的烤馕，都经本站员工和外来参观客人的口口相传而香飘千里。也有人说，不管谁来主厨，这桌大餐肯定少不了一碗诞生于四道班压气站的马兰拉面。

近年来，为了让员工吃得好、吃得放心、吃得健康，吃出自己的品牌和文化来，西部管道公司各作业区员工食堂在精心制作餐食的过程中，一道道具有本站特色的品牌美食纷纷端上餐桌。四道班压气站的马兰拉面则是名气较大、美誉度较高的美食之一。

四道班加气站位于中国进行核试验的马兰基地不远处的无人区内。在这里，从马兰基地到马兰火车站，有不少各种名目的马兰拉面馆。马兰作业区建立之后，隶属于该作业区的四道班压气站的马兰拉面命中注定与这里建立起了不解之缘。这种缘分的主角就是来自甘肃的大厨俞俊年。

他这一生能与美食为伍，能成为西气东输沿线站场的厨师，也是一连串的机缘巧合促成的。有人说这是命运使然，他自己却说这是和四道班结下的缘分。

俞大厨不是天生的大厨。凭他的聪慧完全可以去考大学，有不一样的人生。1989年，正在家乡读高中的俞俊年学习成绩十分不错，可这时村中发生了一件轰动一时的大事，使他放弃了学业。

当时，同村的一名学生高考落榜后，全家耗尽财力又供其复读了三年，该学生不太争气，仍然没有考上大学。他的母亲精神受到了极大刺激，失去了理智，在一天晚上投河自尽，全村人大为震惊。

对于正在读高二的俞俊年来说，这件事儿让他产生了一个想法：花家人那么多钱为自己的前程去拼命考大学，考上了仍需家人花钱供自己读书；考不上可能让家人承受巨大的压力，甚至出现难以想象的后果。与其这样，不如放弃高考去学手艺赚钱，岂不是两全其美？

在这种思想的驱使下，俞俊年也没有和父母商量，就在一个早晨，收拾了一下自己的东西，悄悄离开学校，告别了他的学生时代。他买了一张车票，只身一人来到了兰州，在一家事先联系好的技术学校学起了厨师。

不管世界如何改变，人人都要天天吃饭。学好做饭这门手艺，就一定能赚钱，能养家糊口。在这种并不远大的志向支配下，俞俊年的人生在厨师学校里重新开始了，也为他将来制作马兰作业区四道班压气站的第一碗拉面埋下了伏笔。

经过近一年的学习，俞俊年凭借勤学苦练，最终从63个学员中脱颖而出，在理论和实践两个方面都取得了前两名的成绩，获得了"二级中式烹调师"资格证书，成为同一批学员中少数同时拥有两个获得中级职称的学员之一。

手艺、资格证全都有了，他开始琢磨如何创业。此时西部大开发的热潮，风起云涌。甘肃的西部是新疆，于是2002年，他来到了新疆库尔勒，在一家饭店打工，又学习了几道新疆拿手菜，厨艺更加丰富成熟。

一年后，他东挪西借了一笔钱，在一所学校附近开了一家餐馆，又娶了同样厨艺不凡的妻子，后来又有了一个儿子，再后来的生活本应该平淡且幸福地继续下去，但又发生了一件改变他人生轨迹的大事。

2009年秋天，他回到甘肃老家的村里帮父母干农活。这一天，他开着农用三轮车往村里赶。车上拉着满满的洋葱，还坐着父母和妹妹。上一道山坡时，三轮车因超载倾翻，俞俊年被压在车下，全身多处骨折性损伤。万幸的是，同车的父母和妹妹均安然无恙。

治病期间，他不得不将经营了多年的饭馆转给一位老板。这场车祸让他在家休养了半年之久。康复之后，他又面临着是回老家农村种地还是再借一笔资金继续开饭馆的选择。

巧的是，此时西气东输工程开始向社会公开招聘驻站厨师。俞俊年和妻子一商量就报了名。

为西气东输工程做饭光荣啊，但是想进去不容易，还要进行几轮的考试选拔。2010年西气东输的厨师招聘真是盛况空前，比拼了凉菜热菜先后十几道。俞俊年过关斩将，如愿地进入了西气东输四道班压气站，成为一名"国企大厨"。

他怀着自豪的心情，来到了四道班压气站。在无人区四目望去，除了戈壁滩之外什么都没有，荒凉得让人内心发慌。俞俊年心想：我经过这么多轮的比拼，原来就是要到这荒凉的地方工作，真有点不甘心。

荒凉和寂寞侵袭着他。他不想干了，想走。但一看到那些从全国各地来的年轻人起早贪黑工作，可能会因为他的离开有好多天吃不上饭，就有些不忍。

他在犹豫中工作了一段时间，直到不服输的妻子也于2011年来到了站上和他一起当起了厨师，他才安下心来。四道班压气站的厨房也成了"夫妻店"。

俞大厨本不是雄心万丈的浮华之人。四道班虽然远在无人区，但夫妻二人夫唱妇随，琴瑟和谐，恩爱有加，他的内心也就再无离开的念头。他以做好30多个人的一日三餐为己任，怀着"四道班就是家"的朴实想法，在这里安定下来，一直到现在。

在这二十年里，他们有了两个孩子，两个孩子的哭声与笑声曾经给这座无人区中的小站带来了生机与乐趣。他将大儿子送入了大学，没有让儿子重复自己的命运。而他也从青年步入了中年，屈指算下来，他这一生在四道班的时间比在老家的时间还要长。

更重要的是，他在这二十年里，将一碗面做得"香飘漠海"，成了马兰作业区的另一张名片，它是作业区里"遥遥领先"的味道，这张名片丰富了管道人的味蕾，健康了他们的身体。

俞大厨所做的拉面具有一清（汤清）、二白（萝卜白）、三红（辣椒油红）、四绿（香菜、蒜苗绿）和五黄（面条光亮透黄）的特点。这汤貌似是清可鉴人，却私藏着俞大厨二十余年制作拉面时研究的独家汤料配方。

在面条的制作上，夫妻二人可以制作出大宽、二宽、韭叶、三棱（荞麦棱），以及二细、细和毛细等多种款式，员工可随爱好自行选择。食用时再配以炝花生芽、薄削香梨片、水煮脆鱼皮、自制茶香蛋和自腌糖蒜等配菜，大家每吃一次，都唇齿留香，余味悠长。

在四道班压气站，这碗马兰拉面并非每天都能吃到。按照每周排出来的菜谱规定，只有在每周三大家才可以聚在食堂里大快朵颐，这也成了员工们一周里的小盼头之一。

忙碌的俞俊年和妻子邓彩霞

因为这碗拉面，俞大厨和妻子邓彩霞必须提前三天开始做准备。食堂的食材由专门的采购人员外出购买，俞大厨每次都不厌其烦地反复叮嘱选什么样的牛肉、面粉和配料等，生怕在一个小调料上出了差错，败了大家的食兴，也丢了自己的手艺。

因为这碗拉面，俞大厨被其他的作业区"借用"了很多次。每次展示完了厨艺之后，都有作业区的领导"拉拢"他到他们的作业区去当主厨。俞大厨总会憨憨地笑着说："我在四道班待得时间长了，大家有亲情了，离不开的。"

因为这碗拉面，到过站场的领导在介绍各个站场的美食文化时，说到四道班的马兰拉面总会不由自主地咽一下口水。

为了让四道班压气的员工吃好饭，俞师傅和妻子邓彩霞不知道多少次在休假的时候提前返回，只是为了让大家能够在四菜一汤中找到家的感觉。每到过年之际，夫妻二人都放弃回家的机会，给大家做年夜饭，他们已经连续二十年没有回家过年了。

"吃饭是大事嘛，孩子那边是家，四道班这边也是家。总不能让大家在大年夜吃不好饭嘛。"他的话朴实无华，看似毫无大道理可言，但却让人十分感动。

夫妻二人二十年来的付出，分公司和四道班的领导一直心怀谢意。过年之际，以茶代酒，第一个要敬的是夫妻二人；员工们休假归来，带回来地方小吃之类的，第一个要拿给夫妻二人品尝；他的大儿子考大学期间，作业区还给他放了长假，让他陪伴儿子……

西部大漠荒凉无比，愈觉拉面醇香。四道班压气站的马兰拉面，里面盛放的是四季食材、八方味道，也是俞大厨和站场员工建立起来的亲情，更是西部管道的浓浓温暖。

"旺财"的故事

在远离城市喧嚣的西部油气能源管道的站场里，常常饲养着大小不同、品种多样的狗，它们担负着保护站场、共同巡线和陪伴员工的任务。狗成了孤独的管道人最忠实的伙伴。

"旺财"是西部管道公司红柳压气站的一条狗。说实话，这个名字实在不怎么样，就像叫张三、李四一样，随便一喊，至少几十个答应的。

旺财出生在河西走廊西端——新疆和甘肃交界的柳园镇，一个只有几十户流散人口的小镇。这里确实地方小了点儿、街面脏了点儿、土地旱了点儿、各种好吃的少了点儿。不过，对于一条对生活品质要求不太高的狗来说，这样的环境足够让它平平淡淡而又安安好好地生活下去。

生活在柳园镇的狗狗本来与红柳站没有一点关系。两者之间的距离有60多公里。红柳压气站是国家能源大动脉西气东输的中间增压站，一个两层小楼，一片生产区，30多个员工，上班、下班、吃饭、睡觉，长年都是在方圆不到一公里的地方转圈圈。

不过，红柳压气站所在地属于安西极旱荒漠自然保护区腹地。漫无边际的戈壁滩上，除了几种耐旱的叫不出名字的低矮植物外，红柳站旁边几乎什么都没有。于是，柳园镇就成了红柳站的后勤根据地，买菜、拉水、采购生活物资都在这里。这为红柳站的人们与柳园镇的旺财建立联系创造了条件。

有一次到柳园镇买菜，站里的两个小女生，看上了一位老大爷出售的一条小狗。

两个小女生和老大爷一番讨价还价，最终以10元"高价"将旺财收入囊中。交钱、收狗、上车、走人，自此，旺财来到了红柳压气站。

由柳园镇进入红柳站这段路，要经过50公里的戈壁滩，是建站施工时，建设者们硬踩出来的一条路。这段路还算不上是管道伴行路，到处是沟沟壑壑，九曲十八弯，晴天一身土、雨天一身泥。

旺财毕竟是"新同志"，对"特种兵"式旅途的艰辛有些预判不足。在两个美少女的陪伴下，车开到半路时，就听到旺财嗷嗷直叫，上蹿下跳。

起初大家还以为它太兴奋了，后来慢慢感觉有点不对劲儿，因为兴奋的叫声应该是高音才对，而旺财嚎叫的旋律却是低音转中音、中音转高音、高音转低音。回头一看，旺财流着哈喇子——它晕车了。

司机老赵急忙停下车，轻轻摸摸旺财的毛，拍拍旺财的头，带着旺财在地上遛了几圈。两个小女生吓了一跳，连忙拿出一片晕车药，压碎了给旺财吃下去。

旺财可能也被眼前的戈壁滩吓傻了，温顺地把药吃了。考虑到它受不住长途颠簸，赵司机后半程车子开得很慢，比平时晚了半个小时才回到站里。

远在沙漠深处的压气站除了缺少绿色植物外，也鲜有客人造访，显得格外寂寞。因此，旺财的来访也是一件"大事件"。

大家一商议，决定在红柳压气站给旺财搞个欢迎仪式。仪式包含两项活动内容：一是给它取了旺财这个名字；二是用施工剩下的铁皮和木头给它搭建了一个小家，让它免受戈壁风吹沙灌之苦。两项决议很快获得通过，并迅速实施。

在红柳压气站待了几天后，懵懂的旺财才搞清楚了以下几点现实：一是它已经被一伙儿不明分子"拐卖"到了一个"鸟不拉屎"的不毛之地；二是这伙人并不想将它带到另外的地方，它将在这里长期生活下去；三是单凭自己的四条小短腿，它不可能独自回到老家柳园镇。

弄清这几点后，旺财倒也踏实了，早睡晚起，衣来伸手，饭来张口，好不自在。

旺财是红柳压气站饲养的第一条狗，它的到来为这个无人区小站平添了几许热闹的气氛。往常大家下了班，也就是看看电视、聊聊天，赶上天气好点就打打篮球。现在又多了一项活动，就是饭后给旺财喂喂食，带着旺财在门外跑跑步。

一两个人遛狗很常见，可一群人一起遛一条狗恐怕有那么点怪异。不过，毕竟红柳压气站外全是戈壁滩，再奇怪的事儿又有谁注意呢？

每当出了小站的门儿，广阔天地，无遮无拦，任由旺财叫喊、撒欢，大家迎着风，喊着、闹着，跟着旺财跑。每个和它玩耍的人，都在孤独的生活中，感受到了旺财带来的快乐。

旺财终于认识到了和这些人在一起的生活如此美好。在一片美好之中，逐渐长大的旺财在想着得做点什么了，给这种美好加点料。于是在一个寒冷的冬天清晨，旺财行动了。

那天下了一夜的雪，戈壁滩静得出奇，小站像被施了魔法，封印于白色的荒漠中。早上不到6点，值了一个大夜班的张技术员站起身来，活动了一下腿脚，又在工服外面套了件军大衣，出门准备去巡检。

刚走到生产区门口，突然一条黑影窜了出来。张技术员压根没听到什么动静，着实吓了一跳。打着手电一看，原来是旺财这家伙，摇着尾巴蹭着人的腿边转圈圈。旺财的意思表达得很明确，它要陪着张技术员一起进站巡检。

既然旺财有这份心，张技术员就破例带着它进去转了一圈。在张技术员的带领下，旺财一路兴奋地上坡、拐弯、爬楼梯、过门槛。到了巡检打点的地方，人一停下，它也隔个两三米的距离站定。听见压缩机厂房内的轰鸣声它没心慌，听见空气压缩机排气的突然巨响也没惊叫，就连变电所和机柜间附近强大的电磁干扰也没让旺财产生些许的不安。

第一次巡检，旺财镇定自若，表现良好。因为有旺财，张技术员在巡检中也没有了往日的孤单，好不快乐。当天巡检完回来，大家开始围绕旺财的下一步工作训练展开了讨论——

小女生说："能不能把旺财训练得和警犬一样？狗鼻子最灵了，轻微的天然气泄漏也能发现。"

大男生说："对，再让旺财掌握外语——学会'狼嚎'，带着旺财来几次管道夜巡，指定能震慑想搞破坏的可疑分子……"

又是两年过去，旺财并没有学会"狼嚎"，也没有警犬一样的神通，但它已经明显长大了，强壮了，对戈壁滩的气候和环境也摸透了。

上午出来晒晒太阳，下午要起沙尘了就回窝睡觉。站里大大小小的活动它都参加，例如防恐演练、防汛抢险、驱蚊赶虫等。对红柳站的后勤餐饮多数情况下表示满意，偶尔会抱怨蔬菜水果不够新鲜，就去吃厨师老张做的"混合杂拌"。

更难以置信的是，它对站里面的环境已经轻车熟路了，知道生活区可以随便跑，生产区外不能随便去，就算去也要先触摸静电释放柱。

不过，长大了的旺财越来越不听话，有几次竟然连续多天夜不归宿！这可把大伙儿急坏了。有人说它可能偷偷爬上外出的车回"娘家"柳园镇了，有人说它可能在戈壁滩上贪玩迷路回不来了，也有人说它可能爬上火车去新疆了。

好在第二天，旺财"一脸疲惫"地归来，大家这才放下心来。但是，此后的旺财明显地变了，变得有些心神不定，变得心事重重。有时还若有所思地望着远方，不叫不吠，沉默良久。

这样过了几天，旺财再次离开了作业区。开始，大家以为它在外面玩够了还会回来，但是，过了三天、五天，直到一周之后仍然未归，大家这才意识到旺财可能这次是真的不回来了。

旺财为什么要走呢？大家分析来分析去，也没能分析出个头绪。但是很多人一致认为，它肯定是嫌这里是无人区太枯燥，没意思，做逃兵了。因为我们也有人这么想过，它这样想和这样做也很正常。

也有人埋怨旺财，就算要走也应该打个招呼啊，好歹也"相依为命"了这么多年。

旺财在的时候，大家没觉得多什么。它突然一走，很多人开始觉得少了点什么。吃完饭后的遛弯儿，没了旺财的陪伴，实在是少了几分乐趣；巡线的时候没有特殊的陪伴，更是寂寞得很。

但是，有些人还是将吃过的骨头端到狗窝去，心底里认为这小子是出去"谈恋爱"去了，没准它什么时候回来。一空闲下来，大家也会经常说到旺财，那种沙漠中管线人对于一条狗的思念，十分真切。

看着大家对旺财的思念，司机老赵有一天突然说："改天去柳园镇再带一条狗回来。"当时就有人表示同意，说也是柳园镇的，保不准还是旺财的亲戚呢。但多数人表示反对，因为他们忘不了旺财，心里有了旺财，已经无法再装下其他的狗。

没多久，好心的赵师傅真的带回来一条不大不小的狗狗来。大家看了十分兴奋，经过小小的讨论，名字依然叫旺财。新旺财十分自来熟，一来就理所当然地住进了老旺财的家中。

几天之后，大家已经习惯了和新旺财交往，渐渐地忘却了老旺财这码事。可是，有一天，院子里一阵狗叫，老旺财回来了！而且不是自己回来的，身后还跟着几只和它长得一模一样的小狗。原来，老旺财在外面"娶妻生子"了。

新老旺财站在它们的狗舍前，大声地对叫着，似乎都在表述这里是自己的地方。

最终，老旺财让步了，悻悻地带着几只小狗离开了站场。有几个人喊它，让它回来，但是它只是回头看了看，就扬长而去。这一去，就真的永远离开了这里。

老旺财走后，新旺财也变得不安起来，不再像以前那样心安理得。难道它是知道自己霸占了老旺财的家吗？没有多久，新旺财也在一个夜里一去不复返。

广阔的安西极旱荒漠自然保护区方圆至少数百里，在这荒无人烟的戈壁滩上，新旺财、老旺财最终到底去哪儿了？吃什么？住哪里？又或者还在不在这世上？一时间没有人能找到答案。

两个旺财真的再也没有回来过……尽管如此，站里面的狗窝却一直还在，经过几次的站场修整都没有人把它拆掉，那是怕旺财哪天突然回来没了住所，给它留着的。

红柳压气站，没有春花，但有秋月；没有夏雨，但不缺冬雪。四季更迭，世事变迁，很多事物陪伴着红柳人走过了一段风雨之后，又在一个岔路口上分开。但红柳人从不忘记，在心中，在站场，总把一些思念留给它们。对待旺财也是如此。

因为大漠孤寂，陪伴无价。

瘸腿狐狸和保安

中国古代神话中狐狸能修炼成仙，化为人形，与人来往，这类故事演绎的地点不是热闹的街区就是书生的书房。大家想一想，这样的艳遇如果发生在荒无人烟的羊肠子沟压气站，会是什么景象呢？

羊肠子沟站是西部管道公司兰州输气分公司德令哈输气站下辖的一座压气站，位于柴达木盆地东侧的高原戈壁无人区，官方海拔数据3452米，距离最近的城市德令哈大约120公里，方圆几百里人烟稀少。

羊肠子沟压气站有三套燃压机组，常年运转，负责为涩宁兰天然气管道增压，十多名员工常年坚守。风大、缺氧、寒冷、干燥、紫外线强……这些都算不了什么。站里同事大多数都是80后，寂寞才是最难排解的。这个地方，吃水都要从80多公里外的德令哈市西北部的怀头他拉镇上去拉运。

话说羊肠子沟站有两位保安师傅，一位是山柏春，另一位是冯龙，他们在羊肠子沟站工作时就经历了一次与狐狸有关的动人故事。

山柏春是德令哈本地人，在羊肠子沟站当保安一年多了。有一天，他把晚饭时吃剩的几片肉放在了路边一个土台子上，打算晾干了给守门犬"泰森"吃。但接连几天，晾晒的肉干都不翼而飞了。

"这荒山野岭的，究竟是谁动了泰森的晚餐？我得替泰森搞明白了！"于是，山柏春在某一天又在土台子上放好了肉后，就躲在暗处开始观察，他想知道肉到底是被谁给偷走了。

看了半天，没有人出现，却出现了一只狐狸，它小心翼翼地"飘"了过来。"偷肉贼"终于现出原形，竟然是一只狐狸？山师傅有些难以置信。

经过仔细观察，山师傅发现，这只狐狸的一条前腿断了。他分析，可能是被狼咬断了，导致这个小家伙丧失了捕猎的能力，迫不得已才到有人的地方来找东西吃的。

狐狸万万没有想到一个不小心，竟然被专管治安的羊肠子沟保安山师傅给抓了现形。

都说狐狸狡猾，"心眼儿"多，可是看到这只腿瘸的狐狸，山师傅心想：这个小家伙和人其实是一样的，到了这个下场，也很可怜啊。山师傅的同情心让他放弃了将此贼"捉拿归案"的想法。

不过，他刚转身想离开，马上又想到，这以后可怎么办呢？如果不继续喂它，估计它活不过这个冬天。这么高海拔的地方，喘口气都不容易，能和这只狐狸有相见之机，也算是一种缘分。就这样，山师傅仍然装作不知道一样，每天在那儿给"泰森"留一些"吃不完"的肉片。

如果碰上食堂的荤菜太少，他甚至把自己碗中的那口肉，放在土台子上。如果自己不在班，另外一名保安冯龙就接替了他，留一些食物给小狐狸。

一来二去地时间一长，这只残疾狐狸成了压气站保安的"扶贫"对象，目标是让它吃饱，早些恢复健康，在这个残酷的高海拔荒漠上活下来。

那只狐狸似乎也读懂了站场上人的善意，通常会在晚上七八点按时到来，先是吃掉土台子上的食物，如果没有吃饱，就会在压气站门前的空地上站一会儿，做出一副讨食的可怜模样。

每天都有一只漂亮的狐狸现身，让压气站的员工十分兴奋，他们中有几个人偷偷地拍了一些视频，传给远方的亲人们，透过手机屏幕，很多人终于看到了那只传说中的狐狸。大家都说它漂亮、娇小，但"仙气"实足。

时间长了，那只狐狸和两位保安师傅似乎达成了默契。它知道保安师傅什么时候喂它，每天都在固定的时间过来。每次来都距离站上的人有两三米远。

有时候可能是太饿了，叼一块肉不走，还等着第二块呢。最神奇的是，那只狐狸好像能听懂人讲话。

有一天，那只狐狸带了几只小狐狸过来。山师傅当时很生气地跟它说："你一个我都喂不过来，你还带这么多。你再带他们来我就不喂你了，饿死你算了！"

结果从第二天晚上开始，真的只有这一只狐狸来了，其他的狐狸再没来过。

你说这事奇怪不奇怪！是狐狸听懂了他的话，还是看明白了他的表情？

保安和狐狸的故事维持了一个多月，结局并没有出现狐狸化为美女嫁给保安的奇迹。最终，狐狸恢复了健康，回归了高原大漠，再也没有回来。

它离开的那一天，在站场边嗥叫了很多声，似乎是在道谢，又似乎是在告别。山师傅和冯师傅两个人都在站场上值班，他们互相对望着，感觉到了他们的狐狸朋友不会再回来了。

没有狐狸的日子开始后，两个保安又回到了孤寂的重围之中。

这是作业区书记李军对媒体记者讲述的一个真实故事。狐狸不再光顾后，李军感慨地说："在这荒凉的无人区里，两个保安对狐狸的关爱，不仅是对陪伴的致谢，更是对生命的礼赞。"

从师徒到夫妻

　　2021年的10月，鄯善作业区的洪建学正在外出巡线时，收到了一条微信。发信人是调度室的姚晓卉，是善解人意又热心肠的卉姐。洪建学打开一看，不禁惊讶："哇，这卉姐发什么'疯'啊，发来了一张美女图片。"

　　洪建学左看右看、反复端详，看出照片的背景是鄯善作业区的办公室，难不成这是作业区新来了员工？

　　这个人，洪建学不认识。但是在手机上看这位女孩子，却十分有眼缘。虽然不是倾国倾城，却十分灵秀。尤其是斜斜的刘海，让人感觉她与其他女孩有着不同的自我表现方式。

　　"卉姐，发错了吧？"洪建学看着卉姐的微信，不，是看微信上的少女，愣了一会儿才回复卉姐。

　　卉姐说："我怎么会发错？姐就是发给你的。告诉你个好消息，作业区分来了个小美女，这难道不是几年都遇不到的大好事？这是给你们'单身狗'的大'福利'！"

　　"是不是'福利'我不知道，我只知道和我没什么关系。这几年，美女日渐增多，作业区已经不是多年以前你一花独放的年代了，没有啥新鲜的。"洪学建用语音回答。

　　卉姐用语音回答："你听我说完啊，最重要的是这个美女也是西安石油大学毕业的，是你的学妹。你说巧不巧？这么多年，你们大学来的是少之又少。这次来了个美女，你可晋升为学长了。我一看，你们就很般配。快去追吧，别再让你妈妈说你找不到媳妇了。"

　　可能是由于卉姐的"牵线"吧，洪建学回来上班和韩梦丽第一次见面时，就有些"心怀鬼胎"。望着眼前的人，对照着手机中的照片，不知怎么地愣了半天。

小韩此时也知道这个人是自己的学长，心中的距离就缩短了很多，高高兴兴地介绍自己，和他聊了几句。

作业区很多人都知道来的美女韩梦丽是洪建学在西安石油大学时的学妹。于是，"巧事"一件接一件地来了。新员工来了之后，首先要签"导师带徒"协议，作业区那么多优秀专家，无巧不成书地将小韩分配给了鄯善作业区副主任王洪健和团支部书记、工艺技术员洪建学。

副主任王洪健对她说："以后，你就跟着我们了，一定要好好学。我的工作比较忙，你更多的时间主要跟着洪建学来学习业务。你们是校友，一定要做好师徒传帮带的表率。"

如果说和师妹签订师徒协议是有人成全，那么接下来的所作所为，绝对是洪建学"故意为之"。

首先就是师傅就要有师傅的样子，尽到师傅的言传身教之责。洪建学先是带她熟悉站场，如数家珍一般地介绍各种设备的结构功能、作用等概况。韩梦丽听得有些发晕，心说这学长还真挺厉害，处处都记得门清儿。

其次，洪建学感觉到自己学妹有些慢热，需要让她尽快地熟悉这里的每个人，就带着韩梦丽去认识各个班组的员工，以便大家密切配合，开展好接下来的工作。学长的热情周到，韩梦丽很受用。

接下来，就是耐心细致且无私地传授自己这些年来在工作中学到的经验与技术。第一次绘制工艺流程图、第一次巡检、第一次上罐盘库、第一次做运销日报，以及第一次值夜班，所有的第一次，洪建学都介绍得详详细细、全全面面。

再接下来，在现场作业时，他是事事带头在前，脏活累活抢着干，一副无所不能的样子。他的目的是既不让女孩干得太累，又得让她学到专业技能，这师傅当得确实需要一些技巧。

仅仅是师傅的身份还不能照顾好徒弟，这个时候，学长的形象又发挥了作用。韩梦丽曾经在国家管网的网站上发表过一篇题为《师傅结对传薪火，言传身教促成长》的文章，贴切地说明了当时的情况："我的师傅们给予了我充足的耐心与关怀，总是问我在站上吃住是否习惯，生活工作中是否有困难和疑惑，这份热情与温暖让我有家一样的感觉……"

　　不管是作为师傅还是学长，洪建学在韩梦丽面前做得可以说十分完美。但这些如果能够把少女的心拿下，还远远不够。他需要一个机会，一个可以展示自己更进一步的关心、关爱和内心情思的机会。这个机会，韩梦丽在无意中为他创造出来了。

　　2021年底，适逢入职不久的韩梦丽24岁生日。韩梦丽想自己刚来不久，应当请几个关心照顾自己的同事来聚聚，借此机会表示感谢。于是，她就和自己班组的几个男生、女生进行了一次"密谋"，最后决定到火车站镇找个地方小聚一下。

　　师傅肯定是在被邀请之列。至于师傅会送她什么礼物，韩梦丽并没有去想。第一次和大家一起过生日，韩梦丽心情十分的愉快。更为愉快的是，本来在生日宴上有个蛋糕就可以了，但师傅却给了她一次惊喜——买了一束漂亮的玫瑰花。

　　火车站镇没有买鲜花的地儿，想买花必须去远在四十公里外的鄯善县城。这几天洪建学一直有班，就委托休息的员工代为购买了一束花。

　　玫瑰花象征啥大家都心知肚明，但碍

韩梦丽的生日蛋糕与花束

于洪建学平时是个腼腆的人，不好意思说破。韩梦丽也不知是真不知还是假不知，一副淡然的样子。

到了献花的环节，洪建学致命的腼腆让他几乎翻了车，他在讲技术方案时的流利踪影全无。只是嗫嚅着说："我给你买了一束花儿。"就不知说什么好了。

旁边的人替他着急，恨不得成为他的嘴替，就为他补充说："这可是小洪让人去鄯善县给你买的，找了好多地方才买到的。"

卉姐等人在旁边看着着急，就一直推洪建学。洪建学知道卉姐的意思，这才鼓起勇气说了他一生当中第一次跟女孩说过的"胆大包天"的话："希望以后每年过生日都和你在一起，我过生日的时候你也来陪我一起过。"

韩梦丽是慢热的女孩，这种慢热也是一种智慧，她可以不必直接回答对方热辣辣的问题。就含糊地说："师傅，咱们不管谁过生日，肯定谁也缺不了谁，一起过。"

师傅的细心、学长的关心、男人的真心，韩梦丽并非意识不到。但她认为自己刚入职，彼此了解得并不多，还不愿意去接受这样的感情。两个人天天在工作岗位上待在一起，她也感觉不到这种陪伴的可贵。

又过了几个月，她休假回乌鲁木齐过年。而洪建学则留在了作业区继续工作。这个假期只有 15 天，很珍贵，正常的情况下，她会感觉时间很短，要放开了好好休息、好好玩。

但是，待了几天后，她突然地发现自己少了点什么。她琢磨了一下，是身边少了个人，让她有些想回到作业区。此时她猛然意识到，她已经很喜欢、很喜欢洪建学这个学长兼师傅了。

这个短暂分开的假期，让韩梦丽懂得了学长的真心。假期结束回到作业区后，两个人仍然每天工作在一起，仍然都没有说过海誓山盟的话，但感情却惊人地突然拉近。

他们开始有事没事儿地找个借口腻在一起，聊天时毫无芥蒂地介绍自己喜欢或不喜欢做什么家务，经常一起毫不掩饰地拉着手去看电影……

升温的感情，让两个人在输油调度岗位上相互配合，取得了十分优秀的工作成绩。两个人不仅工作干得好，文笔、工作能力也都得到了上级领导的认可。2022年春天，两个人分别被借调到了分公司党群科和计划科工作。

工作顺利，约会愉快。但没有想到的是，在这期间新疆疫情突然严重起来，乌鲁木齐进入了封控状态，两个人都被封在了分公司的办公楼里，处于咫尺难以相见的状态。

在封控时间里，作为两个科室的代表，两个人一直驻守着办公室大楼。半个月后，又转移到了隔壁酒店之中继续封控。

10月16日，韩梦丽确诊感染了新冠病毒，好在有洪建学在视频中的鼎力支持与鼓励，她才度过了那个从食物到药品都十分短缺的阶段。

疫情封控结束后，他们才有机会见面。当他们相拥的那一刻，才知道彼此相见恨晚。此后，他们开始聊到了喜欢什么样的婚礼，喜欢什么样的孩子，喜欢什么样的未来……

2023年，他们订婚了。他们自己策划了一个小小的仪式，洪建学的父母也从甘肃来到这里，和二十多个人一同见证了他们的神圣时刻，为他们开启了属于两个人的生活起点。

2023年年底，韩梦丽结束了借调工作，又回到了鄯善作业区。而洪建学则调到了公司审计部继续工作。他们在乌鲁木齐买了房子。

2024年5月，他们迎来了最幸福的时刻，圆满举行了婚礼。

从师徒到夫妻，相濡以沫的陪伴让坚守一线的日日夜夜，不再漫长孤独。洪建学夫妻二人朝着同一个目标并肩奋进在守护"红色能源动脉"的路上。

有一种温暖，与 马兰花 同开

儿子心中的奖牌"达人"

如果有机会到鲁振民家中做客，会发现墙上挂着好多体育类、生产类的奖状和奖牌。"这些都是我爸爸送给我的礼物。"他的儿子总会骄傲地说。

每年儿子过生日或过节日时，鲁振民总喜欢把自己在工作中、体育运动中获得的奖牌送给他。他也因此成为儿子心目中的奖牌达人。鲁振民养成这样的习惯，源于儿子百天时他在南京参加的一次技能大赛。

鲁振民家中的奖牌墙

2018年6月6日这一天，西部管道公司孔雀河压气站的鲁振民光荣晋级，进入父亲的行列——他的媳妇给他生了一个大胖小子，他在结婚多年以后，终于当父亲了。

当鲁振民还沉浸在初为人父的喜悦时，接到了通知，要他参加长达两个多月的总决赛赛前培训。

这时，他的心里既是不舍又是惊喜。不舍的就是儿子刚出生只有十几天，小小的像个布娃娃，舍不得离开。惊喜的是自己近半年多的努力，经过层层选拔，终于如愿进入2018年输气工职业技能竞赛下一阶段的PK。

虽然万分不舍，但在全家人的鼎力支持下，刚当了13天父亲的他便和妻子告别，直奔大赛集训地。妻子说："你好好比赛，家里你不要操心，有我和妈妈呢。"平时不太张扬的鲁振民拍了拍自己的胸脯，对自己说："我骄傲，我是集团公司技能大赛的超级选手。为了我的儿子，一定得拿一个奖牌回来。"

作为一名土生土长的新疆人，鲁振民在北京完成学业后，于2009年毅然返回新疆，投身于西部管道建设之中。9年的生产实践，他积累了丰富的实战经验，最终通过了30进12的比拼，获得了进入下一阶段比赛的机会。

在集训地，鲁振民和其他参赛的选手们一起，进行了很长一段时间的封闭集训。想儿子了，就晚上临睡前抽时间视频一下。

小小的孩子，因为自己与妻子的爱情而来到世界上，而他也因为孩子的笑脸而有了争取创造更好成绩的动力。

经过一段时间的集训后，又进行了12进6的比拼。这6个人就是最终参加集团公司技能大赛的终极选手，因此，这一关是决定能否有资格站在决赛舞台上的关键一战。

鲁振民已经入职9年了，在理论知识方面与新入职的年轻员工相比，并不具备优势；而在实践上，其他几位参加过大赛的选手经验丰富。面对双重压力，首次参加比赛的他更不能掉以轻心。必须胆大、心细、冷静、聚精会神，鲁振民在比拼中不断地用这几个词叮嘱自己。

几个科目比下来，鲁振民以第六名的身份获得参加决赛的资格。不过，他没有高兴多久，就又有些落寞了。因为他知道最后参加决赛的只有五名，第六名只是一个"备胎"，一旦有一名选手出现生病或是状态突然下降等意外情况，他这个第六名才能递补参赛。

看到鲁振民有些低落，教练王晓波对他说："你可不要低估第六名这个'备胎'的作用。以我的参赛经验，在历年比赛中，这个备胎作用巨大，因为比赛一轮轮地下来，一个科目一个科目地进行，没有人能保证状态一直都是最佳的。所以，你这个第六名上场的机会不仅不会少，而且可能还会超过其他人。原因嘛，就是这个第六名，往往是6名参赛选手中最努力的一个。"

鲁振民一听这话，如有所悟，原来自己并非可有可无，而是大有可为。于是，他迅速地调整好心态，投入到新一轮的集训之中。也正如王晓波所言，他真的成为最努力的一个，如愿地进入了总决赛。

这次大赛的举办地在江苏南京，鲁振民等人来到这里时正好赶上台风加暴雨，给了大家一个"下马威"。

来的时候虽然天气不太友好，但比赛时却是风和日丽。鲁振民和大家的比赛状态十分不错，团体项目从拆装流量计开始，个人项目在实操比赛中结束。

大赛共有30名参赛选手参加，共设了三金五银七铜。鲁振民参加了团体和个人项目的比赛，其中实操比赛发挥十分优秀，得到了第二名。综合得分在全部30名参赛选手中名列第七名，获得了个人大赛银牌。同时和大家合作，获得了团体项目第二名。

竞赛成绩现场公布，一听自己得到银牌，鲁振民马上拨通了妻子的电话，大声地说："告诉我儿子，爸爸给他弄了块银牌。什么长命锁、百天手镯，都不如我这个银牌。"

儿子的笑声从电话那边传过来，似乎十分满意爸爸的礼物。

从儿子只有13天的时候出来参加培训和比赛，一直到比赛结果出炉，儿子已经过了百天。鲁振民这个"备胎"选手获得的银牌，成了送给儿子最有纪念意义的礼物。从那以后，陪伴着儿子一年年地长大，把各种工作、生活中的奖牌送给儿子当作生日礼物、节日礼物，成了鲁振民最为喜悦的事情之一。

2022年7月，国家管网集团2022年输气工职业技能竞赛拉开了帷幕。这一次，鲁振民不再是争夺"备胎"的参赛选手，而是和王晓波等人一起成为了培训参赛选手的教练。

第一次做教练，鲁振民凭借扎实的理论基础和多年的实践经验，很快胜任了新的角色。当选手的鲁振民送给儿子的礼物是银牌，当教练的鲁振民送给儿子4周岁的礼物却是金牌。

在集训期间，四个教练一人一个科目，鲁振民负责科目二。集训地是在兰州市榆中县。为了提高选手的竞技水平，集训强度很大，每天早晨到晚上安排得十分紧凑。早晨精力好，主要以理论训练为主；到了下午，则要带选手们进行实操训练。

集训期间，正好赶上新冠肺炎疫情封控。学员和教练从7月2日到9月10日，被封控在酒店无法外出。

9月12日，选手们启程去参加比赛，鲁振民等人却仍然在酒店封控，一直等到12月10日才回家。学员和教练的辛勤付出终换来令人振奋的比赛成绩，西部管道公司的选手获得一金两银两铜、团队赛第一，团体成绩第二的骄人成绩。

值得一提的是，鲁振民负责的项目二平均成绩在七家地区公司排第一名，比第二名整整多出8.3分。在这次比赛中，鲁振民和王晓波等人一起，获得了国家管网集团2022年输气工职业技能竞赛优秀教练团队奖。他将这张奖状送给了儿子，而他也自此成为西部管道公司的"金牌教练"。

在孔雀河压气站，鲁振民工作一个多月才能回到库尔勒的家中陪伴儿子几天。每次回去，他和儿子说得最多的就是这一段时间自己做了什么，取得了什么成绩。他知道儿子听不太懂，但他喜欢对儿子说。

于他而言，让儿子过上幸福生活是一个父亲的责任，而让更多的人过上幸福生活，则是西部管道人的责任。这份责任，让他在工作中不断进行技术创新，取得了很多可喜的成就。

孔雀河压气站一号燃气机组有两个电动气动阀。长期以来，操作人员起机时，都需要去现场手动开关。但是，按照机组的设计功能来说，通过平台发布命令即可启动阀门，实现管线的开关。

必须手动开关，说明机组出现了问题。鲁振民干工作，就有一种参加技能比赛的拼劲儿和钻劲儿。"你和我过不去吗？我偏偏把你拿下！"这就是他对待难题的态度。

围着机组转了无数圈，查阅了很多资料，经过仔细琢磨，他发现供气压力不足是发生这种问题的主要原因。他又开始排查供气压力低是为什么，他从仪表开始，一步一步排查到生产现场，最终发现管子有堵塞现象，从而造成了整个管线压力降低。

问题只要发现了，解决起来并不难，鲁振民用仪表风进行吹管，通过正向和反向两种方法，终于把堵塞管路的杂物吹了出来，管线的压力从长期的500千帕恢复到了800千帕，再次起机时恢复了正常模式。此后，凭借着丰富的理论和实践经验，鲁振民多次处理发球区污油泵故障、T-103罐冷却水208A阀门内漏、空压机电磁阀故障等，体现出了一名工匠的细心、耐心和专心。2019年他参与了公司职业技能鉴定企业题库的编写工作，和同事研制的发球小车及推球杆，在节约人力物力的同时还减少了人员容易碰伤的隐患，制作的"多功能法兰间隙密封带"还获得了西部管道技术革新三等奖。

2023年5月，鲁振民又获得了一项奖牌——国家管网集团授予他"管网工匠"称号。截至目前，西部管道只有三人获得此殊荣。

"儿子，爸爸又给你弄了张国家'管网工匠'证书，是给你6周岁的礼物，你高兴吗？"鲁振民又在给儿子打电话。

"高兴！爸爸你真是奖牌达人！"儿子在电话那边欢呼。

在鲁振民儿子心中，父亲获得了诸多体育类、生产类的奖状和奖牌，是个不折不扣的奖牌"达人"。鲁振民以自己在西部管道公司的成长经历现身说法，教育孩子懂得了只有拼搏、才有收获的道理。

玛纳斯的站场婚礼

婚礼是爱情的里程碑，也是新生活的开幕式。每个步入婚姻殿堂的人，都想在一个华丽的礼堂举办自己隆重而有意义的婚礼仪式。

在中国西部，在那些守护管道的人群当中，有很多青年人，因为工作的特殊性，没有时间回家乡完成终身大事，而是选择了在远离亲人的作业区举行他们的站场婚礼。玛纳斯作业区员工代建国和杨燕就是其中的一对。

新郎官代建国是西部管道公司玛纳斯作业区的设备技术员，他和未婚妻杨燕都是四川人，两人住的村子离得不远。2012年经亲戚牵线搭桥，建立了恋爱关系。2013年初，杨燕来到了玛纳斯作业区成为一名后勤服务人员，208宿舍就成了他们的"家"。

他们虽然订了婚、领了结婚证，但一直没有时间筹办婚礼。家中双方父母也一直催他们抓紧时间办完这件人生大事。但是，他们每天不是上班就是在上班的路上，他们对家人解释说："只要感情在，婚礼这个仪式并不重要。"

2013年秋天，杨燕在玛纳斯县医院住院做胆结石手术，从作业区到县医院有30公里，代建国只能晚上下班后打车去医院陪护，早晨还得早早赶回来上班，留下爱人一个人孤零零地在医院。杨燕十分理解他，并不觉得委屈，她笑着说："管道人的家属，就得时刻做好天各一方的准备。"

经过两年的先结婚后恋爱，玛纳斯作业区决定为这对小夫妻举办一次站场婚礼。作业区团委和工会等有关人员为他们精心策划了婚礼仪式。

2014年2月22日晚上，在温馨的婚礼进行曲中，新娘杨燕挽着新郎代建国的臂弯，缓缓地步入婚礼现场，所有人为他们送上祝福的掌声。新郎、新娘互相交换戒指，证婚人向大家宣读结婚证书。新郎新娘拜天地、喝交杯酒，证婚人介绍了他们相知、相恋和相爱的经过。

在新婚致辞中，作业区负责人向两位新人提出几点希望：一是新婚之后，希望他们要孝敬父母，报答父母的养育之恩；二是希望他们在今后的生活中，互敬互爱，互谅互让，共同创造幸福生活；三是希望他们在各自的工作岗位上，刻苦钻研，努力工作，相互支持。

新春、新人、新气象。简单的婚礼仪式后，一对新人被送入婚房。

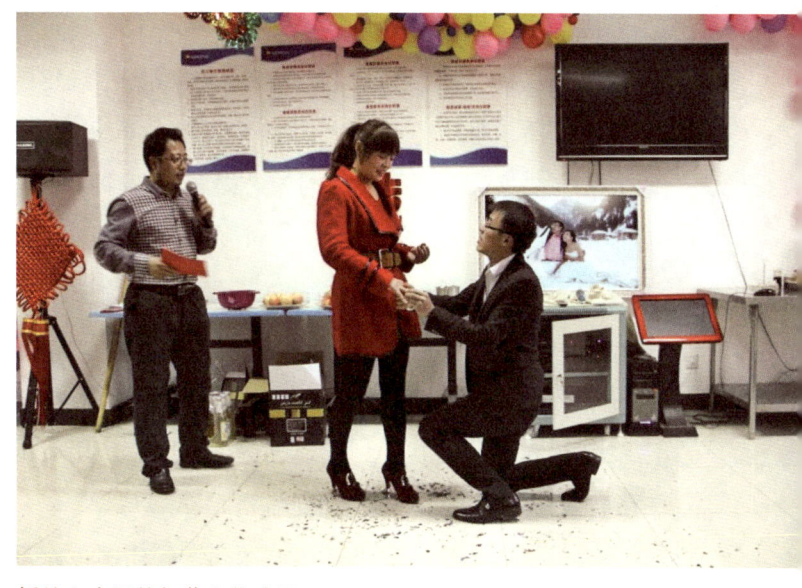

婚礼上幸福的杨燕和代建国

作业区将他们的208宿舍布置成了婚房，红红的"双喜"字，崭新的婚庆床品，把婚房营造得温馨、浪漫、甜蜜。

婚礼之后，代建国为了让爱人能够在这里安稳地生活，安心在玛纳斯作业区工作，在离站场最近的玛纳斯县城买了房子。但是，自从房子装修好后，他们也就是在周末回去住。杨燕的假期比代建国多，也能够按时休假，但每每她休假的时候，代建国总是很忙，两人很少一起在自己的新房子里享受二人世界。

婚后不久，杨燕怀孕了，妊娠反应特别大，有几个星期几乎没怎么吃饭。代建国每天忙于工作，对爱人的照顾和关心很少，也只有晚上才有时间多陪陪爱人。

杨燕的妊娠反应越来越严重，身边需要有人照顾，但代建国工作太忙，抽不出空来。杨燕决定回到家乡四川待产，让妈妈照顾自己。

在待产期间，杨燕白天从来不给代建国打电话，因为她知道，代建国白天都是在忙碌中度过的，大部分时间都在生产区忙碌，不带手机，打电话也白打。

妻子回到四川后，代建国仍然一如既往地忙。那段时间里，更换压缩机干气密封滤芯是代建国每天要做的一件事，有时一天要更换好几次。

因为干气密封滤芯更换频率高、成本高，为了达到重复利用的目的，必须对更换下来的干气密封滤芯进行清理和吹扫。代建国掌握了一套清理干气密封滤芯的绝活，练就了一套快速更换压缩机干气密封滤芯的绝技。

别人更换压缩机干气密封滤芯需要 10 分钟，他只要 5 分钟甚至更短的时间就能搞定。

"代建国，压缩机有报警……"经常能听到值班人员站在值班室门口喊代建国的声音。代建国在办公室的话，就会迅速来到站控室查看报警信息，如果是哪个地方松动了、异常了，他就会拿上工具直奔压缩机厂房，对报警进行消除。

如果在办公室找不到代建国的话，大家就用对讲机喊一声，总能第一时间听到对讲机传来代建国的答复声。

由于工作关系，在妻子待产期间，代建国一直没有陪伴在侧，直到孩子预产期前几天，他才在作业区领导的催促下，请了假回去照顾自己的爱妻。

他回家的第二天，孩子就降生了。"我回来的是有点晚，但晚得是时候。"代建国说。

在爱人坐月子期间，代建国正如在领结婚证时的许诺一样，每天对爱人嘘寒问暖、呵护有加，给孩子换衣洗尿布，极力去弥补亏欠。他明白，自己在家里待的时间有限，他要尽力为爱人和孩子多做些事。

对于一个没有为孩子的胎教唱过一支歌、讲过一个故事的西部管道人来说，他在幸福中有一丝淡淡的愧疚。

他对妻子说："假如我们要生二胎，我仍然会这么忙，你能理解我吗？"

妻子说："我也是一个管道人，志趣相通，你说我会不理解你吗？"

有一种幸福叫心灵相通。代建国就拥有这种幸福。

管道情侣在远离家乡的站场举办简单而温馨的婚礼，兑现了他们对工作的坚守和对爱情的承诺。

有一种温暖，与**马兰花**同开

第二次"网恋"

六月的边陲小城霍尔果斯，太阳毒辣、晃眼。刚刚到这里看望丈夫的肖甜，洗去奔波的疲惫之后，清爽地走到室外，感受着相距家乡四川千里之外的阳光。

"这里天热，跟我们四川一样，不同的就是风大，空气太干。"肖甜端起一杯凉茶，望着丈夫黄川。黄川对她会心一笑，接过凉茶抿一口，从眼里到心中，透出的全是甜蜜。

这是霍尔果斯压气首站运行班班长黄川和肖甜婚后在站场公寓相见时的一个场景。看他们幸福的样子，没有人会想到在他们结婚以来，也会有一些不和谐的"音符"时不时地跳出来，让他们的甜蜜增加一些不一样的"调味料"。

两年前，到了适婚年龄的黄川在父母一再劝说下，回四川相了几次亲，几个姑娘一听黄川工作在大西北的荒漠中，偏远得四处无人，和家人两个月才能见次面，纷纷面露难色。

直到有一次，经朋友介绍，黄川认识了肖甜，他的婚姻大事发生了变化。介绍人先是给了他们彼此的微信号，黄川抱着试试看的态度，开始和肖甜在网上沟通。

正因为先网络、后见面的恋爱方式，黄川总是说自己的爱情是"网恋"的结果，而且是第二次网恋。

那么第一次是什么情况呢？按黄川自己的说法，第一次网恋爱上的是西部管网。那是一张工作的大网、事业的大网，也是一张一辈子也走不出的绚丽的人生之网。

"网恋"一开始，经过几次相亲"心有余悸"的黄川并没有说出自己在西北工作的实情，一聊到这里，他就躲躲闪闪地不回答。好在肖甜的态度是你不想说，我也不究根问底。

两个人的交流时间一长，感情越来越好，彼此在视频中也是眉目传情。黄川心里想，既然要处对象，就得让她知道自己的真实工作情况，否则就是骗人家，最终也不会有好结果。

就这样，这一天，黄川鼓足勇气拨通肖甜的电话，他先是实事求是地说了自己在大西北、在国门首站的工作情况，然后说出了自己一生中最勇敢的一句话："我喜欢你，想找你耍（交）朋友。你可以先不答复我，给你几天时间考虑。"黄川都没敢听她回话，就把电话挂了。

第一天，没消息；第二天，还是没有回音。黄川知道这次一定又是竹篮打水一场空了。哪知到了第三天，黄川收到一条语音，是肖甜发来的："我想到你那里去看看。"

黄川一听，心说有门儿，马上开始准备起来，从身上的穿戴到公寓的卫生，经过一通以旧换新，他似乎要在一天之间变成另外一个人。

作业区同事们听到这个消息，马上全体"总动员"，女同事们变着法地给黄川支招："女孩的眼神是什么意思？跟女孩说话的时候得注意什么？她这个星座都喜欢啥？"

黄川一家生活照

男同事们则纷纷传授自己卓有成效的"恋爱秘籍"。一个同事还贡献出自己的吉他，用了五天时间教会黄川弹唱水木年华的那首《一生有你》。

肖甜来的那天晚上，黄川站在大家用烛光摆出的"心"形中间，伴着皎洁的月光，向姑娘唱出了他的心里话：

多少人曾爱慕你年轻时的容颜
可知谁愿承受岁月无情的变迁
多少人曾在你生命中来了又还
可知一生有你我都陪在你身边
……

肖甜在这里待了两天，就准备要回去了。黄川心里十分焦急地想知道肖甜的态度。但是在这两天时间里，不管黄川怎么问，肖甜一直没有对他们之间的感情表态，总是笑着不回答。

直到回去的那天，在黄川送她到车站的时候，才淡淡地说："休假回来到我家吧，让我父母见见你。"

那一刻，黄川幸福得几乎要昏过去。

一个阳光柔软的冬日。休假回家的黄川穿戴整齐，拎着烟酒找到了肖甜的家门。一进门，黄川就和被正上前开门迎接的肖甜撞了个满怀。

肖甜抬头微微一笑，黄川正好一低头，他被突如其来的近距离接触的笑脸弄红了脸，顿时方寸大乱。

黄川心想："眼前这个人就是我一生的归宿了。"

那一天，肖甜的父母并没有和黄川说几句话，就借故离开了，把更多的时间留给了两个年轻人。两个人谈家庭、说工作，也说起了事业与未来。黄川说他的工作地点还是有些远，成家后可能陪伴她的时间会很少，很多困难只能她一个人扛。

肖甜在一旁静静地听，时不时插上一句话，很配合他的表白，看到他作为西部管道人的自豪，一脸点赞的表情。最后嗫嚅着，撂下一句："我就是看上你人好、老实。"

黄川心里踏实了。他对她说，他工作的地方有一种馥郁的紫色小花，宁静、漂亮，散发着香味，以后一定要亲手摘上几束送给她。

"我前些日子去的时候你为什么不送给我？"肖甜问。

"没有得到你明确的答复，本人不敢。"黄川回答。

"那花的名字叫什么？"肖甜又问。

"不告诉你，有一天你去了，看见它了，闻到它的花香了，再告诉你。"

"你这么老实的人，还挺能拽的。"肖甜嗔怪地说。

两个人就这样天南海北地处了一年多，终于修成正果，决定结婚了。站里给了黄川两个月的长假，让他在家多陪陪新娘子。

从布置新房、迎娶新娘到度蜜月，一切都是如此的顺利、幸福。在蜜月刚要结束的时候，黄川接到同事祝福的电话。聊着聊着，同事在无意中说："这些日子任务重、设备问题多，大家忙得透不过气来，都在羡慕你这个新郎的悠闲自在。"

黄川听了同事无意中的调侃，猛然意识到自己当新郎官的时间太长了，必须回去了。站里太忙，不能让同事们背负自己的工作任务。

新婚假期还未休完，黄川便提前回到了站场上班，把新婚妻子肖甜扔在了四川老家，妻子肖甜十分不解地抱怨说："婚假还没到时间，就急着回去上班，工作重要还是我重要？"

嘴笨人实的黄川不知道说什么好，低着头半晌抛了一句："最近站里人少事多，我得赶紧回去。"

两个人相处时，黄川曾说过他在"国门首站"工作，性质特殊，岗位十分重要。肖甜不知道这"首站"的确切含义是什么，但她心里明白，丈夫的工作事关家家户户使用的天然气。

因此，作为妻子，她认为自己应该理解并支持丈夫的决定。肖甜也不说话，只是默默地给黄川准备好行李。送他出门后，才紧紧地抱住了他。

黄川提前回到了站里，心里却装着对妻子的万分愧疚。不善言辞的他不会过多地去解释，只是想着下次休假时，一定多陪陪妻子。

回站一周，他一有空就给妻子通电话、打视频。虽然妻子没有怪他，但他知道妻子心里会难受。数着日子盼下次相聚，成了天各一方的小夫妻每天工作之余的念想。

"要不我去你那里看你吧？"有一天他们通电话时，肖甜向黄川提出了要求。

黄川听了面露喜色，说："欢迎再次光临霍尔果斯作业区。"

站领导知道黄川提前回到站里是因为工作忙、任务重，人手实在串休不开。因此这一天到黄川的宿舍来看他，认真地问他："婚假没休完就回来，新娘一定会生气吧？"

黄川不好意思回答，就傻笑着不吱声。

"你笑，你笑什么？要我是新娘子，我也不高兴。岗位人少，你在家待不住，我理解你。你可以让新娘子再来站里陪陪你嘛。你们秀秀幸福，晒晒恩爱，让咱们站的适婚青年都羡慕羡慕，流流口水，正好给他们做个榜样，让他们也早点主动讨上老婆。"领导知心地说。

黄川一听这话，心说领导是不是听到了媳妇在电话中提出的要求了？怎么这么巧！高兴地说："我媳妇已经决定过来了，就这几天。"

站领导十分理解管道人远离家人工作的不易，想通过让黄川妻子探亲这个机会，给霍尔果斯作业区到了适婚年龄却还没找到归宿的青年提个醒，让他们早些找对象，因为"工作和生活不能分开，有生活才能安心工作"。

第二次启程到新疆，肖甜仍然像第一次那样兴奋，吃的用的一通买，最后因为不好拿，又不得不放在了家里一大半。

看她张罗得这么欢，一位闺蜜埋怨她："怎么找了个工作这么远，又照顾不上你的人？"肖甜说："近在身边的不喜欢，又有什么用呢？"

在霍尔果斯，肖甜一共待了十天，在这十天里，她真正了解了什么是西气东输，什么是国门第一站，什么是管道卫士的职责。黄川在她的心目中，形象渐渐高大起来。

"你还记得你对我说过，这里有一种花，很好看很香。还说等我来了会告诉我它的名字，会送给我。"这一天，肖甜柔声细语地提醒他说。

黄川听了这话，深情地说："好，那我带你去看看。"

他们来到了站场外的一片树林旁边，看到了一丛丛的红柳正开着黄艳艳的小花。肖甜蹲下身子，凑近了去闻，那香气淡淡的，但十分清幽，十分淡雅。

与内地各种鲜艳的花儿相比，它没有出水芙蓉的秀丽，也没有牡丹的富贵，更没有玉兰的高大，但它扎根于荒漠之中的独特勇敢，令人肃然起敬。

"它叫什么名字？"肖甜问。

"他的名字叫红柳。"黄川答。

"你要送我一株吗？"肖甜又问。

"因为这里的红柳是我们自己种植的，十分稀少，长这么大很不易。"黄川答，"我愿意把它们送给你，但不是让你带走，它们永远属于你，也永远属于这里。"

两个人长久地注视着旁边的红柳，默然无语。

爱情能让嘴笨的人变成诗人，由不得你不信。

两段"管网之恋"，一次扎根西部，成就事业；一次邂逅真爱，相伴一生。黄川的双重深情，是对事业的执着，也是对爱情的坚守，编织出绚丽的人生篇章。

站场上的家庭生日会

一天晚上10点，正在值班的烟墩作业区副主任郭新伟，接到了同事郑枭雄妻子的电话。这么晚了打电话，一定有什么要紧的事，郭新伟刚想去找郑枭雄，却被电话那头阻止了。

"郭主任，你不用找他。是这样的，明天是郑枭雄的生日，我想带着儿子去站里给他过生日，不知道咱们站里允不允许……"

郭新伟一听，马上笑着说："这是好事呀！没有问题！我们站的员工天天没白天没晚上地工作，经常是回不去家。家属过来探望，这是正常的，别有什么顾虑，随时来随时走。我们支持。"

"可是，我还有一个请求。"郑枭雄折妻子怯怯地说。

"请求？您来是支持我们的工作，直接讲就行，不用请求。"

"那我就说了啊。明天你能不能把他先支出去，我想把他的宿舍收拾收拾。你也知道，郑枭雄这个人不太喜欢搞卫生，可能也没有时间收拾房间。"

"我提醒他，让他自己收拾一下，迎接你们的到来不是更好吗？"

"不用的。你们一天天的都太忙了，我能去一趟，就帮他做点事儿。"

"这个……好吧！"郭新伟虽然答应了，但还是提醒她说："我们最近在做阀门注脂保养，明天可以安排他先去做西边阀室的，之后再做站上的，帮你支开他一段时间。不过，那边阀室比较远，回来可能要晚一点哦！"

"没关系的，我和儿子等着就是了，谢谢了！"郑枭雄的妻子连声道谢。

她本来是带着忐忑的心情给丈夫所在作业区的领导打电话的，竟然得到了肯定的答复，这让她很感动。

郑枭雄的妻子执意要来站上给丈夫过生日，是有原因的。郑枭雄和妻子从相恋到结婚再到生了娃，已经4年了，两人从来没有给对方过一次生日，总是因为工作原因，阴差阳错的天各一方。

今年这次生日，巧的是郑枭雄又要在站上上班，又无法在一起了。但是，为了让已经开始懂事的孩子和爸爸一起过个生日，妻子决定利用周末，给丈夫一个小小的惊喜，也完成自己内心多年以来想和他一起度过生日之夜的小愿望。她鼓起勇气给站领导打了电话，马上得到了站领导的大力支持，让她喜出望外，放下电话就开始准备起来。

第二天早晨，郭新伟对郑枭雄说："大雄啊，今天你带人去趟29#、30#阀室，好好地巡个检，顺道把阀门注脂保养给做了。"

"今天怎么突然让我去阀室注脂了呢？"听到作业区副主任郭新伟的安排，机械作业岗员工郑枭雄心里有点儿纳闷。但上级的指令就是行动的号令，保障输油气安全生产平稳运行是每一位西部管道员工的天职，郑枭雄虽有疑惑，但是并没有抱怨，更没有去细问。他带上工具、备上干粮，和同事屈义杰一道向西气东输二线三线的阀室出发了。

郑枭雄离开作业区不久，他的妻子到了站场。进入宿舍后，又是打扫卫生又是装点宿舍，当把带来的蛋糕和装饰品摆出来时，郑枭雄的房间顿时便多了几分温馨。

一切准备妥当，她就和儿子静静地坐着等着、盼着……可是，一直等到晚饭时间，郑枭雄也没有回来。

对阀门进行注脂保养，是为了保障输气管道在运行调整过程中阀门开关安全、操作灵活、密封可靠。

郑枭雄当天完成了8座阀室32台阀门的注脂、排污和开关测试。这些阀室距离作业区远近各不相同，最远的距作业区60多公里，需要跋涉很远的路才能到达。

各阀室并非聚焦在一处，相距也不近，其中29#、30#阀室相距30公里。另外，所走的路全程都是为了加强管道检修、维护及运营的需要而修建的伴行路，路况比较差，行走时还要拉着氮气瓶，因此，速度自然快不起来。

一直到晚上8点钟，郑枭雄拖着疲惫的身体回到站上，归置好工器具后，才往宿舍走去。此时，他还不知道已经多日没见面的老婆孩子在等待着他，期待着和他一起度过生日之夜。

"爸爸！爸爸！"当郑枭雄推开宿舍门的一瞬间，一岁多的儿子一边叫喊着一边向他飞奔过来。在儿子扑进他的怀里那一刻，郑枭雄全身的疲惫立刻烟消云散，人也好像瞬间满血复活一般，一下子将儿子抱了起来，在儿子香喷喷的小脸上亲个不停。

幸福的郑枭雄一家

亲着亲着，一抬头，看到妻子就站在面前笑着。他一伸手，将妻子也揽在怀里，三个人紧紧地相拥，好久无言。

看到妻子为他精心准备的蛋糕和简单装扮的房间，郑枭雄的眼泪开始在眼睛里打转，太多的感动让他在那一刻不知道说什么才好。

话虽不多，但那是一个浓缩了太多情感的生日之夜，他们彼此祝福，相互嘱托，共同的心愿是干好工作，当好西部管道人，为国人守护好西气东输的福气……

世间家庭团聚的幸福十分相同，世上妻子为丈夫过生日的形式却多种多样。西部管道人的妻子，注定在聚少离多中度过一个又一个富有纪念意义的日子。

对于他们来说，不能如期团圆，也许有着些许的遗憾。但正是这些大大小小的遗憾，闪烁着西部管道人的生命之光。

"爱哭女孩"的工作与爱情

桑朋蛟，2022年9月从东北师范大学毕业后，入职西部管道公司，分配在乌鲁木齐输油气分公司玛纳斯作业区。

时间不长，同事们就发现桑朋蛟遇到点委屈或困难的事就爱哭。活儿不会干了、工作忙不过来了、各专业配合不默契了……都能成为她小哭一下的理由。

又过了一段时间，同事们又发现，桑朋蛟哭过之后，并不是知难而退，而是红着眼睛、噘着嘴发狠地加倍工作。

时间一长，了解了她的同事们对她的爱哭"习以为常"、见怪不怪。他们时常会向她投去关怀的目光，但不会再去安慰她，因为他们都知道，桑朋蛟是乌鲁木齐输油气分公司玛纳斯作业区的小忙人，她在用哭泣积蓄力量。

桑朋蛟是一名新员工，在2023年转正后，便独立在站顶起作业区安全和计量岗位，身上承受着许多不为人知的压力。桑朋蛟浑身充满的较真的倔劲儿，让她顶起了这个岗位，也让她吃了不少苦头。

安全和计量岗位工作难度不高，但耗时、繁杂，海量的表格、大量的临时性工作，非常挑战人的耐心和毅力。桑朋蛟刚接手这项工作，师傅便休了假，岗位上只剩桑朋蛟一人。

气质组分录入、流量计送检等基础作业她还不够熟练，能耗报表、电费核算等周期性工作还不够精通，发改委、应急管理局等单位的迎检工作还不够娴熟。刚转正的桑朋蛟遇上这些工作成堆地涌到她面前时，她蒙了，急了，也哭了。

2023年深秋的一个夜晚，桑朋蛟盯着705站北疆管网工艺改造的特级动火方案哭了一遍又一遍，因为领导将动火前的票据准备工作交给她负责。彼时的她连705长什么样都没有概念，泵房、管汇间在哪儿一概不知。没有动火经验的她，第一次看见动火方案完全理不清头绪。

她把动火方案、工艺流程图看了一遍又一遍，总算理清了动火流程。票据

有一种温暖，与 马兰花 同开

来来回回改了7遍，她也来来回回哭了7回。她哭过之后，不但没有敷衍了事，反而更加坚定地投入工作之中，她办理的票据实现了全部无差错。

作为一名入职一年多的新员工，工作的繁重与业务不熟练，骨子里急切地想把手里的活儿干完干

桑朋蛟在进行流量计数据检查

好，是导致她每一步都走得坎坎坷坷、让她哭哭啼啼的主要原因。一路的泪流满面，一路的不断向前，她付出了和同事们一样多的汗水同时，也流下了别人不曾流过的泪水。

她的工作之路"一步一个坎"，但留下的，是她的一步一个脚印。刚转正时，能耗报表不会填，她就对着前几个月的报表算了一遍又一遍，理清每一个数据来源是她追求的执着；各级检查应接不暇，白天的工作忙不完，她就用每一个深夜去弥补；深知自己的差距，每一次送外培训，密密麻麻的笔记，镌刻下的是她对工作热爱的深沉。

在别人欢度国庆和元旦的时候，她仍然埋头在电脑面前，认真填着月初必须完成的能耗报表和月度盘库；在别人下班休息时，她却常常在不同表格之间穿梭、切换。也许只有她的办公电脑知道她在电脑前死磕了多少个中午和深夜，流下了多少焦急而不甘的眼泪。

汗水和泪水换来了桑朋蛟的进步。现在，她的办公桌前是作业区人流量最高的地方，前来咨询问题的人络绎不绝，她却总能笑着给出准确回复。危险作业与作业许可管理，一直是让员工感到头疼的难题，但桑朋蛟却将这些规范要求记得清清楚楚，作业区涉及危险作业、电子化作业许可、HSE系统录入等工作，人们想到的第一个人总会是她。

73

桑朋蛟每次哭泣的时候，有个男孩子一直在默默地观察她、关注她，这个人就是付伍权。2021年9月，付伍权从西南石油大学机械自动化专业毕业后，入职西部管道公司，分配在乌鲁木齐输油气分公司玛纳斯作业区。

入职没多久，在压缩机12000小时平稳运行攻坚战期间，作业区给付伍权一个课题"压缩机的各个控制系统、模块是如何进行通信传输的"。带着这一课题，付伍权经常一个人在现场待到后半夜，最终如期完成了任务。

在2023年9月的集中动火作业中，付伍权可忙坏了。五天五夜的监护，尽心尽力，任劳任怨。有一天晚上，锅炉调压箱进口管线焊接作业，付伍权作为安全员，现场监护至凌晨3点结束，最后一个离开现场。

在焊接压缩机厂房通风地道内的管线时，付伍权钻进地道内检测环境安全，在狭小的空间内，把防火毯、灭火器摆放好，忍受着刺眼的弧光和刺耳的砂轮机打磨声、浓烈的烟味，坚持完成了监护任务。

桑朋蛟看到眼里，心想：行啊！小子，刚来就这么厉害。她心想：咱得向人学啊，不能总哭，光哭不解决问题。

参加乌鲁木齐输油气分公司能力素质考试，桑朋蛟获得第一。参加乌鲁木齐输油气分公司作业许可知识竞赛，桑朋蛟勇夺个人一等奖。桑朋蛟迅速地从那个爱哭的女孩成长为顶梁柱，在岗位上顶起了半边天。"你厉害？我也不差！"桑朋蛟对着付伍权挂在文化墙上的照片说。

心有灵犀一点通，两个人相识、相知、相处……经过一年时间的磨合，在玛纳斯作业区相爱了。白天，他们一起去生产区巡检，晚上，他们一起在阅览室学习，闲暇时光，他们手挽手、肩并肩在院子里散步。

爱运动的付伍权经常叫上桑朋蛟一起在篮球场上投篮，一起在活动室里打台球，一起坐一张桌子吃饭。爱哭的桑朋蛟眼睛一红，付伍权就会来到她的身边，默默地安慰她。两人在学习上共同提高，在工作上互帮互助，在生活上相互照顾，爱得真挚热烈。

2023年6月，他们一起休假，一起去看望了桑朋蛟的父母。2023年9月，他们又在休假时看望了付伍权的双亲。双方的家人都对他们的小站之恋表示赞

有一种温暖，与 马兰花 同开

同，并期待着他们早日走入婚姻的殿堂。

玛纳斯压气站是玛纳斯作业区中的一座输气站场，他们热爱这座小站，他们在这座小站上也在热烈地相爱。爱情让他们在这里深深地扎下根来，并为呼啸而过的气龙当好合格的守卫者。

付伍权和桑朋蛟在玛纳斯作业区

他们已经规划好了未来的生活，他们要在 2025 年上半年在乌鲁木齐买套房子，在 2025 年下半年举行婚礼，在 2026 年或更迟一些生个胖娃娃……

"历尽天华成此景，人间万事出艰辛。"没有人知道桑朋蛟流了多少泪水，目之所及的，是桑朋蛟历经泪水灌溉之后的茁壮成长。她还是爱哭，但历经坎坷波折、风雨摧残之后的她，不再是那个单纯的"爱哭鬼"，而是化身顶梁柱，撑起了作业区安全和计量岗位的一片天，在岗位上闪耀出夺目光芒。

一路的泪流满面，一路的不断向前，在汗水和泪水中，桑朋蛟成长为能独当一面的坚强女孩。她与付伍权相互扶持共同进步，事业爱情双丰收。

75

爱是默默地陪伴

"亲爱的，你下周休息不？"

"你不休息的话，我周末去作业区看你吧！"

早晨还没起床，李梦然就收到了妻子在微信上发来的两条信息。李梦然没有及时回复，因为这几天很忙，妻子来了没时间陪。

没有收到李梦然的回复。过了半个小时，性子急的妻子又打来了电话："亲爱的，我周末去作业区看你。"

"想来就来吧。"李梦然的回答有些勉强，但还是高高兴兴地答应了。

"好吧，知道了。"妻子兴奋地回复着。

李梦然是西部管道玛纳斯作业区的一名员工。今年55岁，今年和妻子结婚正好三十年。他们的家在新疆石河子市，距离玛纳斯作业区30公里。

平时，他都是吃住在作业区，轮休的时候才回家。遇到工作忙的时候，一两个月才回家一次。因此，三十多年来，李梦然与妻子始终过着聚少离多的日子。

入职西部管道公司之前，他在新疆油田公司彩南油田上班。彩南油田地处准噶尔盆地古尔班通古特沙漠腹地，距离准东石油基地120公里。

工作性质决定很多石油人必须远离繁华的城市，在人烟稀少的地方工作。那时候，李梦然刚结婚，妻子经常到沙漠腹地与他团聚。

她一直在想，多来看看丈夫，他就能少往家里跑，少耽误一些工作时间。

这么多年来，李梦然没有买房子，而是在哪里工作就在哪里租房子，妻子无怨无悔地跟着他一次又一次地搬家。

爱一个人就要支持他、关心他。妻子操持着小家，也担负起了照顾双方年过七旬父母的责任。

李梦然和妻子的父母一对在内蒙古，一对在新疆伊犁。她不得不经常两个地方来回跑，给他们洗衣服，陪着散散步、说说话，尽力为双方父母多尽些孝心。

老夫老妻

说来就来,这一天下午,正好是周末,妻子如期抵达。她一进宿舍,环顾房间一圈,嘴里"啧啧"了两声,就开始收拾起宿舍的卫生来。

男人的宿舍,被子总是胡乱一团靠在床头,衣服搭在椅子上,鞋子东一只西一只,床头柜上摆满了凌乱的日用品……

半个小时后,宿舍焕然一新。"宿舍和家一样,没个女人收拾真不行呀。"李梦然开玩笑地说。

晚上,妻子把床单、被套换洗了,把李梦然的内衣、外套也洗了。还说男人就得穿得干净、收拾得利落。

吃过晚饭,李梦然刚靠着被子在床上躺了一会儿。妻子就把他拉起来,要出去走走。

妻子喜欢散步,总劝他"饭后百步走活到九十九""生命在于运动""身体是革命的本钱""今日不养生明日养医生",告诫他要多锻炼身体,不能吃完饭就躺在床上看电视。

他们先是到作业区开垦的菜地里摘了几个黄瓜,在国道边看水渠里的浪花。在回来的路上他们还互相背着对方走了一段,还在没有人的地方大声唱起了情歌……

时光飞逝,在妻子的陪伴下,一个愉快的周末很快就过去了。55岁的李梦然感慨着时光的飞逝,也在心里默默地感谢着妻子的陪伴。

这是李梦然在西部管道工作时,妻子无数次来到工作站场上来陪伴他的情景。从新疆油田公司到西部管道公司,从克拉玛依到准东石油基地,从独山子到石河子,李梦然每到一个地方,家就搬到一个地方,妻子就跟着换一个探望的地方。

李梦然与妻子虽聚少离多,但妻子始终默默地陪伴、支持他的工作,夫妻二人共同面对生活的挑战,铸就坚如磐石的爱情。爱也许是浓烈的海誓山盟,但更多的时候,是默默地陪伴。

爸爸的家在德令哈

2019年的"五一"假期,卓玛吉带着5岁半的女儿仁茜昂毛,从西宁出发,前往丈夫加羊多杰曾经工作和生活过的涩宁兰天然气管道的德令哈作业区去"探亲"。

仁茜昂毛小名叫阿毛。她牵着妈妈的手,紧紧地跟着前面的一双大脚,迈着自己的一双小脚。

"阿毛,咱们快到了,前面就是德令哈作业区了。"

"是吗?就要到爸爸的家了吗?我们现在走的路,爸爸以前也经常走,是吗?"

妈妈没有回答,只一味地向前走。

"德令哈"这三个字,爸爸以前经常对阿毛说起。爸爸说,在遥远的青藏高原,有一个地方叫德令哈。那里离他们在西宁的家有500多公里,要坐大半天的车才能到达。德令哈有他的另一个家。他如果不在西宁陪伴她,就是在那个家里工作和生活。

加羊多杰工作照

"爸爸为什么会有两个家呢？爸爸在德令哈的家是什么样子？"阿毛从记事儿的那一天起，在小小的心灵里，就一直有这样的疑问。

　　自从2018年7月以后，爸爸再也没有从德令哈的家回到西宁的家，包括在手机视频里，阿毛再也没有见到过爸爸。爸爸去哪儿了呢？

　　来自青海西宁的藏族80后青年加羊多杰是涩宁兰天然气管道的第一批压缩机操作工。生前，他和同事们常年坚守在青藏高原平均海拔超过3000米的油气管线上，先后在涩北、羊肠子沟、德令哈等天然气站场工作。他和同事们守护的那段天然气管道，属于涩宁兰天然气管道的一部分。涩宁兰天然气管道西起青海涩北气田，东至甘肃兰州，全长接近1000千米，是世界上海拔最高的长输管道，大部分管线在海拔3000米以上。

　　2018年7月8日夜间，加羊多杰在工作岗位上突发疾病，不幸离世。站上的同事直到现在也难以相信，活蹦乱跳的加羊多杰怎么说走就走了。

　　当时，阿毛只有4岁半。四年半的时光，聚少离多，阿毛还来不及长大，爸爸却永远地离开了！

　　爸爸突然不再回来了，让她心生疑惑。"爸爸为什么不回西宁的家了呢？他在那个家里很忙吗？"阿毛问了妈妈一遍又一遍。

　　开始，卓玛吉含着眼泪对她说："爸爸在那里太忙了，没有时间回来陪阿毛，你要理解爸爸啊。"

　　后来，阿毛再问的时候，卓玛吉告诉女儿说："爸爸出差去了，到一个很远很远的地方，很长时间回不来。"

　　再后来，阿毛问："爸爸出差做什么？什么时候回来？"时，卓玛吉说："这个世界有些地方太冷了，爸爸在天上、在地上，在每个地方，忙着给寒冷中的人们输送天然气。"

　　"天然气是什么？"

　　"天然气是一种可以产生光芒和温暖的气体，爸爸就是运输它们的人。你的爸爸很了不起！"

加羊多杰生前与女儿阿毛在青海湖边

"爸爸那么忙，回不来，我们去看他好吗？"

"好的，等你长大了，我一定带你去。"

"一言为定！拉钩！"

母女俩的手拉在了一起。思念和悲伤也盈满了卓玛吉的内心。

善意的谎言再美，也有瞒不住的一天。孩子总会长大，真相总会大白，应该让她明白，爸爸短暂的一生虽然很平凡，但也很伟大。卓玛吉思前想后，决定兑现自己对孩子的承诺，带阿毛去看望爸爸。

在加羊多杰去世10个月后，卓玛吉决定带着女儿去丈夫工作过的地方去看看，也将事实的真相告诉女儿。

2019年的"五一"假期，她带着女儿踏上了去往青海德令哈的路。

当他们的车子到达德令哈作业区时，一群穿着工装的叔叔们，已经等候在门口，迎接着母女俩。

多么熟悉的衣服呀！小阿毛想起爸爸以前穿过，在手机视频通话里穿过，在回家的时候也穿过。爸爸说过，那是他和同事们的工作服，就像她们幼儿园的园服一样。

"阿毛，来，穿上工装，戴上安全帽！"一位叔叔走过来，拿来一套工服给她穿上。衣服很大，裹着她的小身板，像被爸爸的气息拥抱一样。

"阿毛，我们现在走的这条路，就是你爸爸以前巡检的时候经常走的路。"一位叔叔说。

"阿毛，这就是爸爸给你说过的压缩机，它就像是人的心脏。"

"阿毛，来听听，这里面就是天然气流过的声音。"

"阿毛，来，替你爸爸和叔叔们一起升一次国旗。"

……

阿毛和工人师傅们在作业区

"为祖国输油气,为人民送福气。"一天下来,在爸爸曾经生活过的这个家,阿毛也可以熟练地说出爸爸教过她的口号了。

大家很担心年幼的阿毛受不了。但是在操作区,当阿毛听到叔叔们说,面前就是她爸爸检修过的设备后,她迟迟不肯离开。

第一次来到爸爸的"第二个家",第一次穿上像爸爸那样帅气的工装,第一次走进爸爸讲过无数次的压缩机厂房,第一次听到管道中流过的气流声,第一次替爸爸升起鲜艳的五星红旗……

管线、阀门、安全帽、工装……记忆的碎片在一个五岁的孩子心里一点点拼凑起来,一幕一幕的回忆重现眼前。一切似乎很熟悉,但好像又有点陌生。

"爸爸,你在哪里?"

"爸爸,我想你了!"

……

加羊多杰出事后,他的同事们纷纷伸出援手,帮阿毛一家解决了后顾之忧。这次探亲,卓玛吉带了一只羊和几箱水果,以表谢意。

> 孩子也因自己的父亲感到自豪,她说:"幸亏有这些叔叔们为我们输送天然气,不然我们就做不了饭,冬天烧不了暖气了,我长大也要当他们那样的人,为大家送福气。"你们对这份事业的热爱和热情,深深的感染了我,这将会一直照亮我前行的路。
>
> 我的感激之情已无法用言语来表达,我会继续在自己的工作岗位上踏踏实实的工作,更好的为广大妇女儿童服务。真正的教育是在为现实生活做准备,我会培养好孩子,让她健康快乐的成长,长大以后做个对社会有用的人,或许她就是你们的下一个接班人。

卓玛吉写给作业区的信

在他们临走时,也收到了加羊多杰以前同事们的很多礼物。卓玛吉写下一封感谢信。在信中最后,她说:"我会培养好孩子,让她健康快乐地成长,长大以后做一个对社会有用的人,或许她就是你们的下一个接班人。"

三天的时间很短,阿毛也许还不能完全理解妈妈带她来到这里看望爸爸的苦心,也不会完全理解一个人死去的真正含义。但她意识到了,爸爸的"家"十分艰苦,与众不同,爸爸的"家",温暖了很多远方的家。

时间转眼到了2024年,阿毛已经背着书包上小学了,她已经知道爸爸永远也不会回来了。

更重要的是,她也知道了爸爸从事的工作意义非凡,知道了给世界运送光芒和温暖的人,永远会得到人们的怀念。

有一种平凡，与骆驼草同根

在我国新疆、甘肃和宁夏等地的沙漠和戈壁深处，生长着一种和胡杨、红柳并称为沙漠三宝的植物，在戈壁滩和沙漠中骆驼以它为食，故名骆驼草。这种植物茎上长着刺状的很坚硬的小绿叶，故又叫骆驼刺。骆驼草是一种豆科类落叶灌木，枝上多刺，叶为长圆形，花呈粉红色。这种长相低矮的地表植物，没有高大挺拔的身姿，没有硕大艳丽的花朵，但根系发达，一般可深入地下20米，可以从沙漠和戈壁深处吸取地下水分和营养，供自己在最为严酷的环境中生存下来。它生得随随便便，长得漫不经心，却以抗寒、抗旱、耐盐和抗风沙的特性，顽强地生存于沙漠、戈壁之上，成为西部地区防止土地遭受风沙侵蚀的"沙漠勇士"。而与他们相伴的西部管道人像骆驼草一样，虽然固守荒漠戈壁，但却将大爱通过油气管网，将油气资源输送至全国各地，为5亿居民送去了温暖。

王善师的幸福生活三部曲

2007 年，王善师大学毕业后，成为西部管道公司新疆输油气分公司鄯善作业区的一名输油工。

在这里，他从单身小伙，到夫妻双双，再到两娃入室，他的生活地也从火车站镇、鄯善县再到乌鲁木齐，演绎了王善师工作与生活的三部曲。虽然也有夫妻吵架、带娃之苦和工作之难，但总体上这三部曲是幸福满满的。

在认识自己的老婆之前，王善师几乎极少到火车站镇上去，待在作业区的公寓和厂区里，不是读书就是干活。对于他来说，干好工作就是对爷爷奶奶最好的怀念。

王善师从小是跟着爷爷奶奶长大的。报到上班时，爷爷说："出去了好好干工作，和同事搞好关系，别老想家。"到了这里之后，王善师每半个月给爷爷奶奶打一次电话。可是有一段时间，打电话就只有爷爷接，不见奶奶说话。

王善师觉得不对，就追问母亲。母亲知道瞒不住了，才对他说："你奶奶走了，走了一个多月了。走的时候没告诉你，你爷爷不让说，怕耽误你工作。"王善师听了泪流满面，就订了车票准备往回赶。

爷爷在电话中劝他，"你刚参加工作，我和你奶奶就是希望你干好工作。现在人都已经走了，你回来了也看不到她了，回来有什么用？还是别回了！"爷爷有些生气地说。

王善师听了爷爷的话，没有回去。谁知不到半年的工夫，再次打电话时，爷爷也不再接电话了。他就问母亲，妈妈说："你爷爷前几天也走了，走前嘱咐了，不让你回来。你是在输油气管线上工作，事关重大，不想影响你。"

王善师还是请假回家了，去给爷爷奶奶扫墓。多年以来，他始终将工作放在第一位，这与不想辜负爷爷奶奶的心愿有直接的关系。

2009 年，王善师在一次偶然的机会认识了鄯善县的女孩刘洋。两个人相处十分融洽。她觉得王善师人品好，诚实可靠。王善师认为她善良大方，可以陪伴一生。就这样，他们在相处一年后，顺利地步入了婚姻的殿堂。

结婚后，他们在离作业区最近的火车站镇租了一个连洗手间、取暖设备都没有的房子，又从亲戚那借了1万块钱购置了结婚用品，算是安了家。王善师给刘洋买的一枚戒指就是他们最贵的财产。从此，他们过上了幸福的二人生活。

王善师结婚时只请了三天婚假，结婚后正值作业区人手少、工作忙，他也没和媳妇去度蜜月，直接就上班去了。媳妇也没有什么怨言，全力以赴地支持他上班。

2011年，他们迎来了第一个孩子的诞生，夫妻二重唱变成了三重奏。孩子的到来似乎给王善师带来了好运，自2012年之后，他的工资不断增长，妻子的服装店生意也不错。

到了2013年，考虑到孩子将来上幼儿园和上小学，他们决定将家庭从火车站镇转移到鄯善县城。

到鄯善县城去生活意味着王善师无法每天和他们在一起。但是火车站镇太小、太偏僻了，为了孩子的教育与生活，他们还是做出了这样的抉择。

他们贷款在县城买了一间房子，小小地装修了一下之后，打开了他们生活的第二个篇章。

回到鄯善县的刘洋独自带着孩子开始了繁忙而紧张的生活。结婚前，她也是家中不下厨房的娇娇女；结婚生娃后，不仅家务做得风风火火，新开的一家服装店经营得有滋有味，每天骑着电动车接送孩子也十分拉风。按她自己的话说就是没有办法，贷款买了房子，得努力还贷款。

支持王善师的工作一直是她生活的主题。有一天孩子发烧39℃，她独自一人深夜去了医院，回来守着孩子一夜没有睡。这一夜，她感觉到了一个人的孤独无助。

她坚持没有给丈夫打电话。她怕他会惦记孩子连夜跑回来，影响工作。第二天天亮，孩子体温降下来了，她才给他报了平安，说孩子没事，让他放心。

王善师的作业区离县城虽然只有40公里，但每天加班加点，无法每天回去，只能按干40天休20天的假期来休息。对于他来说，妻子和孩子所在的地方是家，作业区的公寓和岗位也是家。爷爷的叮嘱让他不敢怠慢，必须干好工作才能让二位地下有知的老人瞑目。

不过，一个娃还好应付。2019年，他们又有了第二个娃。光是带两个娃已经让人筋疲力尽，何况妻子还开着一个服装店！刘洋突然感觉到了生活的紧张与劳累。她开始有些委屈，有些想不开，有时甚至抱怨和指责王善师只干工作不管家。

王善师十分理解妻子的处境，曾经让父母过来帮忙带孩子。但是，二位老人对这里的生活十分不适应，加之母亲患有夜盲症，带孩子十分困难。因此，最终仍然是妻子一个人围着两个孩子转。好在两个人吵架不隔夜，到头来都会化解于无形。

每当这个时候，王善师都会说："我们已经很幸福了，家中要是有急事，40公里的路，我可以一个多小时就回来。我们作业区多数人的家都远在外省，事事都只能等假期，回不去，和他们比，我们已经很幸福了。"

妻子一听笑得合不拢嘴，自然心里生的那点小气也就烟消云散。

每次休假回来，王善师不仅想办法哄老婆高兴，还积极地将家中家务做个一干二净。一有空闲还陪着两个孩子玩耍，好让妻子多休息一下。

2020年，新冠肺炎肆虐，王善师不是被封控在作业区，就是家里那边的社区不让回去。短短的40公里，成了长期无法跨越的距离。

最长的一次封控长达半年有余，王善师回家时，小儿子愣愣地认不出来是谁。王善师就说："我就是经常跟你视频的、'神出鬼没'的爸爸，你不认识吗？"

家安在鄯善县期间，王善师在普通的输油工岗位上也是成绩斐然，2008年升职当了调度班长，主管作业区的生产运营。2017年又考上了输油技师，2018年被评为初级助理工程师，2020年被评为中级工程师。

2013—2017年，他转岗为安全员，负责作业区HSE，在考上输油工程师后，又调回到调度岗位担任工艺技术员。2019—2023年，他还连续被评为新疆输油气分公司安全生产先进个人。

王善师与妻子在乌鲁木齐的新居

2023年，王善师与妻子的勤奋和对生活的热爱，让他们的生活进入了第三篇章。经过多年努力，他们在乌鲁木齐买了一所不大不小的房子，成功地"移民"乌鲁木齐。

妻子的目的只有一个：为了孩子有更好的教育条件。

但是，一切幸福生活都伴随着说不清道不明的眼泪。2023年元月，他们正式从鄯善县搬到了陌生的乌鲁木齐。每搬一次家，距离她梦想的生活目标就近了一步，也和自己的母亲、姐弟等亲人又远了很多。

在乌鲁木齐的新家里，王善师只过了一个元旦，就不得不踏上了归程。妻子把他送到公交车站，注视着他乘车离开之后，才恋恋不舍地返身往回走，眼泪不听话地流了下来。

王善师知道妻子内心有着无尽的委曲和说不出的埋怨，他自己的心里也十分不舍。但是，他肩负着输油气的责任，记挂着爷爷的叮嘱，不敢怠慢。

作业区有8个一级重大危险源，安全管理与监控十分重要。2023年4月，作业区领导为了充实安全管理岗位能力，将王善师从工艺岗位又调整到了安全岗位，让他负责作业区的HSE管理。

他的担子更重了，回家的时间也更少了。但他和妻子每天都能够看到自己的两个孩子在学校中读书，在操场上奔跑，在阳光下微笑，那是他们幸福生活第三篇章中必不可少的主旋律。已经奏响和将要奏响的都已近在眼前，清晰可见。

一棵高原骆驼草

张洪涛从学校毕业时，遇到了人生中的第一次选择：一是回老家甘肃通渭当乡干部；二是上青藏高原当工人。很多亲人朋友认为，考公务员，当乡干部工作稳定，离家近，一家人在一起最好。

但当工人可以圆张洪涛从小爱好机械、爱捣鼓铁疙瘩的梦想。左思右想，最终他决定还是遵从内心的选择，当一名石油工人。就这样，他来到了涩北，开始了与铁疙瘩打交道的人生。

涩北原来是一片戈壁荒滩，寸草不生、渺无人烟。直到石油人在这里找到油气，因其位于涩聂湖以北，故取名涩北。周围是戈壁盐碱滩，寸草不生，没有生命迹象，渺无人烟，含氧量也不足平原地区的一半，曾经被称为"地球上的月球"。

建在这里的涩宁兰管道从涩北气田出发，途经德令哈、乌兰，穿越柴达木盆地，之后向东沿青海湖南岸直奔西宁、兰州。涩北压气首站海拔2750米，是国内第一条长距离、大口径、高智能输气管道，也是目前世界上海拔最高的输气管道。

张洪涛到涩北的时候，涩北气田还处在开发初期，涩宁兰管道建成通气不久，交通生活闭塞，设施落后，条件非常艰苦。初来乍到的张洪涛和另外七个同事挤在一间没有暖气的铁皮野营房里开始了艰苦的生活。

当时，大家最苦恼的是寒冷的冬天，房子里没有卫生间，上厕所还要摸黑走10多分钟。另外，涩北地处高原，缺氧，气候干燥，生活枯燥，待在这里心情也莫名地烦躁。

时间不长，和他一起来的四名同事走了三个，他们有的去了大城市，有的回家当起了小老板。四人同行变成一个人的坚守，张洪涛也开始动摇了。

老站长看到他也想退缩，有一天就带着几个员工步行十几公里到乌图美仁河畔看树。站在树前，他说："石油管道是个苦差事，涩北更是个苦地方，年轻人，既然你来到了这里，就已经与这个地方结缘，以后无论走到哪里，这感情就再也割不断啦！因为管道是有生命的。"

从他那闪着光的眼神中，张洪涛看到了涩宁兰管道人的执着和坚守，也读懂了老站长对他的期望。那天晚上，他躺在床上辗转难眠，悄悄给自己定下一个小目标："我绝不当逃兵！"

理想很丰满，现实却很骨感。张洪涛很快就体验到什么叫"天上无飞鸟，地上不长草，风吹石头跑，氧气吃不饱"。

有一次，站长带着他处理阀室设备故障遭遇了沙尘暴，霎时间狂风大作，黄沙漫天。大家只好蜷缩在阀室避风面墙根下，扯下衣服把头蒙住，风沙过后。几个人你看着我，我望着你，个个灰头土脸都成了"沙塑"的人。脸上的灰能厚到一个同事可以在张洪涛脸上清楚地写下"你好"两个字。

当时，涩北压缩机组刚投产，设备故障比较多。有一次，一台进口装置出现故障，站里请来外方专家维修。张洪涛和几位同事想跟着学习观摩，外方专家却客气而坚决地清场，关起门来维修。

这件事深深刺痛了他，"设备可以花钱买，技术不是想买就能买得到的。我一定要弄懂这压缩机，外国人能做到，我一样能做到。"张洪涛的内心无比坚定。

从这以后，他彻底把想当逃兵的事忘得一干二净，努力钻研压缩机技术，没事就在设备间转悠，随身携带个小本子，走到哪里记到哪里，记录装置运行参数和管理心得，也记录发现的问题。

为了深入研究，他还主动减少休假，增加自己的学习时间。涩宁兰首台压缩机组安装调试时，现场来了很多"洋专家"。就在大家讨论技术问题的时候，张洪涛"不请自来"，干起了端茶倒水的服务行当。

看似在为客人当服务生，其实在偷偷旁听，时不时拿着小本子记录。在之后的机组调试过程中，他更是精心听、看、记，整整记了满满三大本。后来，这三本笔记成了涩北压气首站的技术培训教材。

通过学习钻研，摸索分析，他动手处理和解决问题的能力大大增强。有一次设备出现故障，厂家派来两名技术人员，折腾了3天也没成功。一直跟在现场的张洪涛自告奋勇："要不让我试试？"最终，他成功排除了故障，让厂家的人刮目相看。

2015年11月17日，涩北压气首站站控室的报警器突然"嘟嘟嘟"响起，原因竟然是上游气田来气含水量超标了！

如果让含水天然气进入压缩机和下游管网，一方面会造成输气管道"心脏"——压缩机的内部机械损坏，导致压缩机在很长时间内不能启机运转；另一方面如果含水气进入下游管网，会造成管线冰堵甚至损害下一座压气站的压缩机组。而最后的结果将是全线的长时间停输，下游青海、甘肃两省的用气将得不到保障。

面对突发情况，张洪涛和小伙伴们及时进行了处置，有效阻止了含水气进入压缩机和下游管网，避免了严重后果的发生。

在应急处置过程中，他总结出了"压力反冲低位排水法"，达到了操作可靠、风险性小、费用低、耗时短、排水彻底的效果，为以后应对处置上游天然气含水量超标提供了宝贵经验。

多年来，涩宁兰输气管道从单线发展到双线，涩北压气首站也从最初的计量站升级成增压站，日输气量从几万立方米增加到一千多万立方米，年进气量超过45亿立方米。伴随着涩宁兰管道发展，张洪涛与涩北压气首站一同成长，他也从操作岗走上了技术员岗位，再到后来的副站长、站长。

走上领导岗位后，张洪涛更加重视技术培训。"每周一课"成了涩北压气首站雷打不动的集体学习活动。在这节课上，每周确定一个主旨问题，员工们轮流主讲；同时进行探讨，大家你问我答，相互谈论，气氛热烈。

某天，站上压缩机设备出现故障。现场员工按照平日里学到的方法步步实施，在规定时间内使设备恢复运转。首站2#燃机3万小时大修后返站回装，张洪涛把在站员工全部拉到回装现场，白天作业实操，晚上利用停工时机现场开"小灶"，解答大家在维修和操作方面的疑问。

张洪涛还带领大家编写了《压缩机组操作规程汇编》《压缩机组简易操作手册》《压缩机站员工培训教材》《涩北首站故障停机预案汇编》等技术资料，近30万字。在兰州输气分公司技术比武中，涩北压气首站多次捧回团体冠军的奖杯，获奖人次在十几个站队中排在前列。

在2016年西部管道公司压缩机生产运行劳动竞赛和现场应急能力测试中，涩北站又一举夺得冠军。同年底，他们在备机大修无法投用的情况下，两台机组同时24小时不间断运行，完成了"炼狱"般的冬供任务，并在12月15日创造了建站以来1541.8336万立方米的单日最高输量纪录。

工作中的张洪涛

在荒凉的涩北，他一待就是14年。他对岗位的坚守、对技术的钻研，让大家众口称赞为"沙漠骆驼草"。张洪涛喜欢这个称号，更喜欢骆驼草扎根戈壁顽强生长不服输的精神。

在一次优秀人物演讲中，他动情地说："那14年不仅是我人生中最美好的14年，也是我人生历程中最重要的14年。在涩北，我体验了成长的艰辛，收获了成长的喜悦，但最重要的是他教会了我怎样做一名合格的管道人！"

2017年初，他恋恋不舍地离开了涩北，调到德令哈输气站担任站长，成长为"百面红旗"单位的德令哈站的"掌门人"。

德令哈输气站是世界上海拔最高的输气站，也是西部管网的精神高地，摊子大、责任重。但是，由于人员流动较大等原因，德令哈的"高原精神"却出现了滑坡，当年年终绩效分公司排名倒数第一。

来到德令哈以后，他和支部书记李军并肩作战，开始了新阶段的红旗大院的建设。他以骆驼草的精神，和同事一起打造红旗尖刀劳模工作室，攻克了一

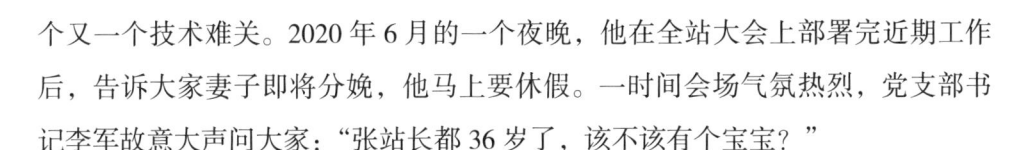

个又一个技术难关。2020年6月的一个夜晚,他在全站大会上部署完近期工作后,告诉大家妻子即将分娩,他马上要休假。一时间会场气氛热烈,党支部书记李军故意大声问大家:"张站长都36岁了,该不该有个宝宝?"

"应该!"众人肯定地回答。

"但是他不放心站里的工作,我们能不能做好自己的事情,让张站长放心?"

"能!"

"声音太小了,听不见!"

"能!"大伙扯开了嗓子喊。

那天,张洪涛的眼眶湿润了。他说:"你们的决心就是送给我和孩子最好的礼物。"

6月19日,张洪涛的宝宝顺利降生,取名张语桐。他总是谦虚地说自己只是一株骆驼草,但他希望孩子长大了能像一棵梧桐树,扎根一方热土,枝繁叶茂,凤凰涅槃。

从喧嚣都市到荒凉戈壁,从一名普通输气工成长为输气站站长,从青涩的输气新兵到"西部管道公司首届十大杰出青年"和西部管道劳动模范,张洪涛在一次次选择和挑战中拓展着人生的高度。

骆驼草并不伟岸,但是因为它扎根在高原,生长在荒漠,它在人们的眼中更显得魅力无限。

"原来真的是你啊！"

要举办叉车驾驶员培训了！这一消息可乐坏了被列入培训名单中的实习生小段。盼星星，盼月亮，终于盼来了出门的机会。

小段是谁？小段大名叫段团欢，也常被人称为"欢欢"。小段是红柳作业区新入职的青年员工，出个门为啥这么兴高采烈？因为这是他连续在红柳作业区工作186天后的第一次出门。

他这186天所待的作业区位于新疆维吾尔自治区和甘肃省交界处的安西国家级极旱荒漠自然保护区境内，处于漫漫荒漠的包围之中，驱车到最近的镇子也需要一个多小时。

不过，这个作业区可不是一般地方，这里是西气东输一线、西气东输二线和西气东输三线在甘肃省的第一个枢纽站场。

一个人在荒漠中待了186天不出来，那种孤独与寂寞，对于一个刚从西南石油大学毕业的大学生来说十分难熬。

小段一个实习生能够获得培训的机会，奔赴的目的地又是甘肃省酒泉市，离红柳作业区400多公里外的一个大城市，他的激动之情更是可想而知。

经过一个多小时的"搓板路"加4个小时的火车硬座，小段来到了渴望已久的酒泉市。呼吸着西北城市里略带沙土腥味的空气，看着一辆辆穿梭的汽车和稀疏的人群，小段感到浑身舒畅无比。

这是他第一年上班。从一个伸手要钱的学生转变成了一名肩负责任的工作者，迫不及待地想着把攒了半年的实习工资打给远在千里之外的母亲，好让母亲真正地感受到自己的成长。

那是移动支付还不发达的年代，小段得把工资卡插进自动柜员机，一步一步地开始操作。输入密码的时候，小段仔细观察了一下四周，确认周围很安全，这才快速地开始输入密码。

小段盯着屏幕，可是上面却很不配合地显示了"密码输入错误"。小段略显失望，安慰自己说好长时间没用银行卡了，记错了情有可原。

经过自我安慰，小段又信心十足地输入了第二次密码。预想中的喜悦神情并没有在小段脸上出现，这次又错了。

小段开始略显紧张了，他谨慎地翻了翻手机，手有些颤颤巍巍地再次输入了一次密码。豆大的汗珠从小段黝黑的脸上冒了出来，密码又错了，卡被吐出来锁住了。

失落的小段来到了银行大厅，找到银行工作人员陈述了自己的情况。快要下班的银行大姐显得有点不满，冰冷地说挂失改密码就行了。小段感到了大姐的不满，但还是挤出笑脸连声说谢谢。

小段紧张地把银行卡和身份证递给了大姐，然后有些讨好地问："改了密码后是立即生效吧？"

大姐对着身份证和小段疑惑地看了很久，又不断举起身份证和真人反复比对，忍不住问："这身份证是你的？"

这么一问，把小段一下子弄蒙了。我是不是小段？他问自己，得到了肯定的答复之后，他迫不及待地向银行大姐证明自己的身份："这就是我，半年前才办的身份证，身份证号是……"

大姐并没有因小段流利的陈述而改变自己的怀疑，她叫来了同事再次确认。大姐同事略显尴尬地摇着头说："小伙子，这才过去半年时间，怎么可能有这么大的变化呀？"

一听这话，小段内心开始充斥着绝望。我确实是段团欢本人，我一直是我自己，不是别人。他辩解着，但自己证明自己是自己确实没有用，而且尴尬万分。

"小赵，你快过来一趟吧，我在银行呢，尴尬了现在。"小段迫不得已叫来了同事来证明自己的身份。

同事小赵来了以后，看了下小段的身份证，又看了看小段本人，疑惑了半天，才突然哈哈大笑起来。

"你笑什么呀，你快证明一下我是我，我是段团欢！"小段急了。

小赵不理小段，不紧不慢地转过身来，对着银行大姐说："这确实是我的同事小段，不过怎么看都没有想到他这半年变化这么大！你看看身份证上的照片，他半年前可是一个帅小伙。"

小赵把在这半年来小段的经历简要地讲给大姐听。银行大姐也很幽默地说："原来真的是你啊！半年就这么大变化，说明你的工作干得好、干得勤奋、干得都不是你自己了。"

小段为什么会闹这么大的误会呢，说起来话长了。为了解决红柳压气站西气东输二线40#、41#阀室引压管崩脱隐患，维抢队开始进行紧急抢修改造，红柳作业区范围内，由担任安全员的小段全程跟随施工单位作业。

每天早上6点30分，段团欢就带上他那能存750毫升水的大水杯以及榨菜馍馍出发了，晚上10点后才回到站里。一施工改造顺利完工，段团欢原本白皙的肤色也变成了古铜色。

在经过随后两个月的生产现场户外作业后，戈壁滩上强烈的紫外线让"古铜色"的段团欢彻底成了个"黑炭头"。站里的同事都纷纷调侃他："欢欢啊，晚上出去巡检，最好一路笑着去啊，看不见你的大白牙，我们可找不见人啊！"

就像银行大姐推测的那样，他在戈壁滩的烈日下一干就是十几个小时，仔细地对每个点进行检测。工服被汗水打湿，又被太阳烤干，然后又被打湿了，反复几次已经数不清了。

三十厘米一夯实，细土两次筛检，一道工序都不能差。看到他认真的样子，施工单位的人都忍不住抱怨："见过傻的，没见过这么傻的，这么毒的太阳，到房子里去吹会空调不好吗？"

工程即将结束时，他拉着施工单位负责人一个点一个点地核实验收，不放过任何一个细节。对于发现的问题，他就现场盯着施工单位按照要求进行整改。

仅仅在一周多的时间里，戈壁滩毒辣的太阳毫不留情地褪去了他青春的痕迹，变成一副黝黑粗糙中年大叔的模样。

虽然他原本肤色就不怎么白，但是经过戈壁滩烈日的洗礼，安全帽的下颌带在他黝黑的脸上留下的痕迹像是一条无法抹去的白丝带，向别人诉说着他过去这些天的努力。

就在这段时间里，管道沿线下了一场很大很大的雨。施工单位人员在雨后来到了红柳作业区查看原来施工的位置是否存在塌陷。经过排查，在小段监护下完成的工程依旧和刚完工时一样。

施工单位连忙找到小段说："多亏了你当时要求严格，现在我们干的几个站，就你们这儿不用返工。真的谢谢你了！"

这个故事让很多新入职的人听完之后，心里都会激起一片小小的波澜。如今，年少的小段已经从青葱少年成长为一名优秀的管道工作者。在时光和环境的共同作用下，彻底改变了他的容颜。虽然青春不再，但他的眼神里多了一丝成熟和勇毅。

这些年来，红柳作业区很多老大哥们和小段一样，历经了风风雨雨，脱去了青春的容颜，从激昂年少到沉稳老练，始终不改的是那如红柳一样扎根在祖国最需要的地方的坚强意志。这一切正如红柳精神那样——守得住荒漠，咽得下风沙，扛得起重担。

张英的菜园、果园和农场

散布在沙漠边缘或戈壁滩上的大大小小的作业区、压气站，是油气管道的接续"加油站"，因为缺少水源的原因，大都缺少一种令人赏心悦目的颜色——象征着生机与活力的绿色。

为了给员工们营造更好的生活环境，在生活区和生产区周边，利用现有的条件搞一些小型的绿化项目，营造一份绿色的氛围，成为很多作业区富有情趣的工作任务之一。

在这几年里，孔雀河压气站不仅开辟出了一片瓜果飘香的小果园，一块绿意盎然的小菜园，还有一个养殖了很多家禽的小农场。只要你在夏秋之际来到这里，就会看到压气站周边一片绿意盎然，嗅到蔬果之香扑面而来。

这样的环境，得投入多少人、花费多少工夫啊？但让人想不到的是，带着四五个人利用工余时间参加菜园、果园和小农场建设的人，竟然是一位个子不高、身体柔弱的女性，她就是从北京来到新疆工作的张英。

2000年6月，张英通过北京输油气公司组织劳务输出来到当时的中国石油管道公司新疆分公司。先是在轮南压气站从事了7年输油计量工作，2019年又来到了孔雀河压气站，从生产一线转入综合岗。

综合岗说白了就是除了一线的生产之外，包括财务报销、物资采购、食堂管理、场所维修、安全检查、卫生医药和工会党团等，样样都少不了。这种繁杂而琐碎的工作需要极大的耐心和细心才能完成。

压气站的女性员工极少，甚至长年只有她一个女性在站上坚守。性格内敛但做事果敢的张英来到这里以后，知道自己担负的责任虽不是事关重大，但却不可或缺。

不等不靠，全是自己来。没多久，她就以压气站全体员工的"贤内助"的姿态，把这些大事小情管理得井井有条。

付出与收获

到了夏天高温季节，张英带着人给大家去采野生的酸梅制作冰镇酸梅汤，让每个下班的人都能喝一碗解暑。过节的时候，她带着人到远处树林里去采槐花和榆钱，给大家做北京人爱吃的槐花饭、榆钱儿饭……这些地方特色美食，在孔雀河压气站，甚至在整个西部管道的食谱上，从来都没有过的。

"选张英过来管家，真就是选对了。你看看，这生活区的院子、这公寓的各个房间，还有这吃饭的食堂，有个细心的人来管就是不一样，干干净净看着就舒服。"不少员工和来访的客人吃完了榆钱儿饭后，都对张英竖起了大拇指。

如果这些是张英的本职工作，那么菜园果园和小农场的工作，则是她在工作之余承揽的一项有些超出她的专业能力的"事业"。在此之前，在城市中长大的她真的对"农林牧副渔"一无所知。

2020年初，一直提倡"放心精神"的压气站主任罗潇用商量的语气向张英提出来："能不能试试在站外荒地上建设菜园？"张英二话没说，满口答应，在周边种点菜，既能增加一片愉悦的绿色又能改善生活，何乐而不为。

周边都是不曾种植过任何植物的荒地，且布满了大大小小的石子。在当地一些农民的建议下，张英带着大家一起利用工余时间，从远处的农场拉来一些熟土，撒了一些羊粪，开始进行土壤改良。

然后，按照当地一些农户的指点和从网上学来的一些地膜使用、种子选择等知识，张英等人从种鬼子姜开始，陆续种上了玉米、黄瓜、辣椒、丝瓜、紫苏、西红柿和哈密瓜，小菜园建设进展顺利。

他们万万没有想到，这个小菜园在接下来的疫情食物供应的过程中，发挥了巨大的作用。2020年之后，各地疫情严重，陆续进行了长时间的封控期。

民以食为天，压气站的蔬菜供应中断，严重影响了员工们的日常生活。此时，小菜园喜获丰收，陆续有蔬菜进入员工餐桌，让大家喜笑颜开。

时间进入2021年春天。看着已成规模的小菜园，作业区主任罗潇说："如果能养一些小鸡小鹅，不仅能听个响动，我们也有个伴。"

说者无心，听者有意。素来喜欢小动物的张英听了这话后，就开始在院子后面的一块小空地上捣鼓起了家禽屋舍。建成之后先是买了鹅，鹅下了蛋后又买了孵化器孵出了更多的鹅。不久，自孵的小鸡也出了壳。

一人张罗，全站出动，小农场经过两年的建设，除了鸡鸭鹅之外，不仅有看家的狗狗，还有一对蓝孔雀。小农场不仅可以为大家提供日常生活所需的食物，最为重要的是，在这荒寂的戈壁滩上，这些小动物们成为员工回忆平凡生活、释放工作压力的伙伴，让他们感觉戈壁生活与外界生活似乎别无二致。

张英和其他员工每次切完鸡食之后，就会坐在那里，观看一会他们养大的小动物们，沙漠中的空旷与沉寂造成的孤独与烦躁就会渐渐消退，拥有了平静观赏和感受平凡生活的能量。这里就是家，张英在紧张的劳动中有了踏实的内心感受。

相比之下，小果园的建设让张英费了太多的心思。对于一个普通人来说，养鸡种菜似乎可以无师自通，但是种树，尤其是种果树似乎是进入了一个更为专业的领域。

罗潇说："这不是你一个人的事，也不是我一个人的事，这是压气站的事。有什么困难，大家都会过来帮忙。"张英虽然有些犹豫，但还是和罗潇忙碌起来。

张英对种树可以说一窍不通。先要学习这方面的知识，除了在网上查资料外，她还在休假时到图书馆去找。找到了合适的书，舍不得钱买，就用手机拍下来，回家一遍遍地读。还有读不懂的怎么办呢？压气站旁边正好有当地的护林办在这里办公，护林办有很多专家，张英就抽时间跑过去咨询。

虽然前期准备得还算充分，但果园建设还是出师不利。库尔勒的香梨名满天下，果园最先想到的就是种香梨。但是，十几棵成品香梨树种下之后，第二年并没有结多少果子，结出的果子又小口感也很差。这可急坏了罗主任和张英等人。

张英到护林办一问，专家们说："你们的果园种没有种党山梨呢？"张英说"没有。"专家说："花儿是蜜蜂授粉，而党山梨是给香梨来授粉的，不种党山梨的话，香梨树就等于没有成婚，根本结不下来果子的。"原来如此，张英这才恍然大悟。第二年，迅速地买了成品党山梨种上之后，香梨树这才如愿地"结婚生子"，梨香四溢。

此后，桃树、酸梅和小白杏等果木陆续种进了果园。规模虽然不算太大，但足够整个作业区的人吃用，果园花开满树之时，员工们也有了遛弯休闲之地，倒也开心不少。

从菜园到小农场到小果园，张英的帮手只有一个保安、一个绿化工、两个厨师和两个服务员，他们白天晚上在站上生活，大部分工余时间都投入到了作业区的"农林牧副渔"之中，整天都忙得不亦乐乎。

忙归忙累归累，每年瓜果飘香的时候，看到员工们能够吃上香甜的自种水果，那就是张英最幸福的时刻。

"罗会长"的茶室

"太冷了,太冷了,现在零下二十多度了,千万别再出什么问题。"

"看看 2# 机组的燃料气温度,再关注关注箱体风机的运行状态,我们一定要盯住。"

……

一群刚从现场启机回到宿舍来的"红柳勇士",打破了凌晨一点本该有的宁静。

"'会长'呢?"有人问道。

"这还用问,楼道里到处是茶香,肯定是我们亲爱的'会长'又给我们煮茶了"。有人回答。

小马急匆匆地跑进"会长"的 106 宿舍,指着熬好的茶大声喊道:"哈哈哈,这天气,红茶配大枣,正合我意。记得多放点糖哦。"

喝上了茶,争论继续。

"你说的不对吧?液压启动系统过滤器堵塞和安全阀泄放压力设定低都会产生这个问题,现在低温环境那么低,液压启动系统中的矿物油比较黏稠,造成过滤器堵塞的可能性比较大,我们盘一次车,将液压启动系统中的冷油置换掉就能解决。"

在今天启机过程中,液压马达转速上不去,导致暖机失败,两名新入职的大学生回到了宿舍还在较劲。看着这些因为工作争得脸红脖子粗的小朋友,大家都不由自主地笑了起来。

老周也感慨道:"多像我们以前,现在看着他们这样吵吵闹闹的样子,是不是我们当初也是这个样子,在我们师傅眼里,又傻气,又可爱。"

正当大伙调侃两位年轻人的时候,"会长"从柜子里面抱出一堆破破烂烂的"传家宝"——机组控制图纸。他说:"孩儿们,过来吧,让我们这些老家伙们再教你们一招。"

瞬间,"会长"的"茶室"秒变"充电站",新老员工的沟通交流,技术知识的融会贯通,在凌晨的深夜,把红柳作业区的坚守和传承发挥到了极致。

如此和谐、专业的"会长茶室",到底是怎么样一步一步地发展起来的呢?这个话题可有点久远了。

"会长"本名罗振泽,是红柳作业区机械班副班长。至于为什么叫"会长",经过考证仍不得而知,"会长"本人也一直不曾透露。因此有人猜测是罗振泽喜欢喝茶,也喜欢请大家喝茶,经常在他的宿舍里聚会喝茶而得名。

106房间是"会长"的宿舍。在"会长"闲暇之余,宿舍中总会飘来一阵阵茶香。天冷了有红茶,天热了有绿茶,流感季节了喝果茶。

"会长"泡茶的功夫虽不能和正儿八经的茶道师相比,但那手艺在这个站场上也绝对是没的说,喝过的人都想说一句:"小二儿,再来一壶!"

暖暖的红茶,慢慢地祛除了大家身上的寒意。看着忙前忙后的"会长",大黄忍不住问道:"电子科技大毕业的帅小伙,15年的管输事业,一刀一刀硬生生地把一个贵州帅哥刻画成西北大叔,趁着茶没喝多说点真话,你后悔过吗?"

"会长"看了看大家,好像认真地说道:"今天怎么说起这个来了?太严肃了吧?"

"你就当接受记者采访了,别总装'会长',今天必须说。"小李说。

"那我就正经说了啊。""会长"也板起了脸,"本人15年前的帅气是外表,现在的帅气是管输事业蒸蒸日上带来的信心……"

"会长"在那儿喝醉了般地慷慨激昂,很多年龄大些的员工却忽地想起了"会长"初来时的模样。那是2016年的5月,白净、消瘦的罗振泽入职红柳作业区。当时正值红柳三站二期投产,所有人的视线都放在了西三线压缩机组,几乎没人关注到这个新来的靓崽。

他却借着这个大好时机,看图纸,跑现场,一个一个设备地过,一个一个零件地查,那细心劲儿比找媳妇儿还挑剔。

他很严肃地说:"以后的安全生产,就是要靠建站初期的查缺补漏,这个时候所下的功夫,都会有事半功倍的效果。"

就这样,经过大家的共同努力,红柳三站站场如期开始增压输气,也正是因为有这么一群一丝不苟、认真负责的小伙子们,才得以保证站场的安全平稳运行。

在接下来的日子里,"会长"不断地走向成熟,并不出意外地走上了红柳作业区机械班副班长的"领导岗位"。要是用最简短的话形容他的性格特点,那就是一个字——倔。

"会长"习惯以生产中曾经遇到的问题为例,抽丝剥茧,用"打破砂锅问到底"的精神解决问题。查资料,找专家,跑现场,把整个设备安排得明明白白的,不留一点死角。

"会长"钻研技术知识"无底线",因此经常摆好茶水请师傅们来喝,边聊边请教问题,在无形之中学一些专业知识。时间一长,他也从徒弟成长为师傅了,因此再摆上茶时,就成了别人向他来学习,106室的"茶室"就传承下来。

正是他这种又倔又犟的钻牛角尖的精神,与大家经常切磋交流,以茶会友的方法,在自己迅速转变成红柳作业区的技术骨干力量同时,也带领大家在技术上逐步提升。而他的宿舍也成了大家在工余时间学习与传播技术的主要场所,罗"会长"的"茶室"也就顺理成章地火了起来。

不过,"会长"的"茶室"并不只是干巴巴的工作室,它还具备很多充满温情的生活功能。

"'会长',有没有咳嗽药,我刚才听欢欢在咳嗽呢。"有人来问。

"哪种咳嗽?还有没有其他症状?咱俩一起过去看看吧。""会长"答。

"'会长',我想孩子了,两个月没休假了,太难受了。"有人有了痛苦或伤感的事情,他这里又成了倾诉的地方。

"想孩子想老婆正常,我也想,但是……""会长"拉开话匣子。

生活中排忧解难的事儿，也不会少。跌打损伤，头疼脑热，"会长"宿舍永远不会断常备药，这时候"茶室"又变成"医务室"，凭借着多年的"会诊经验"，这些小问题也都是药到病除了。

可别小看这小小的"茶室"，有多少人在里面讨论过工作中的疑难杂症，有多少人在里面倾诉过自己的辛酸苦闷，又有多少人在里面暂时放下了自己远离家庭的孤独……

人，终究是群居生物，正是这样一个小小的"茶室"，不仅承载着作业区的技术传承，也给了大家亲人般的温馨。

罗"会长"的"茶室"，不仅仅是个"茶室"。

有故事的"戈壁老王"

"金子总是会发光的,模范到哪里都是楷模。"

"太激动了!家族的骄傲!哥哥最优秀,以您为骄傲!"

"木头班长变成戈壁老王,变的是身份,不变的是真心。"

……

2022年6月,一则《管道保护》杂志发表的题为《王发怀:有故事的"戈壁老王"》的文章迅速在朋友圈传播,王发怀这个王家沟油库曾经的劳模班长在55岁这一年又火了一把。

老王,本名王发怀,管道保护工,一名老党员。1984年,18岁的王发怀一脚迈进了石油行业的大门,从此开始了他在石油生产一线摸爬滚打的30年,成品油的输、转、发的工作早就烂熟于心。

1996年,他竞选成为王家沟油库运行班班长,倔强的性格、直来直去的沟通方式让他收获了一个响亮的外号——"木头班长"。"王班长就是块木头,说啥就是啥,一根筋不知道拐弯的。"——这是同事对他的评价。

但是,凭着输人不输阵的倔脾气,这样的王发怀多次获得公司劳动模范和先进个人荣誉称号,在100多号人的王家沟油库无人不打心眼里佩服他。

在王家沟油库的第三年,他与妻子因油结缘,不久就在新疆组建了自己的小家,生活顺风顺水,本以为一辈子就要在王家沟干到退休的王发怀,没想到人生的路还有一次大的转折。

2014年,王家沟油库实施作业区改造,部分人员要分流到新的岗位上去,王发怀被分到了甘肃省安西极旱荒漠自然保护区深处的红柳作业区,此后,他就有了一个新的称谓——"戈壁老王"。

听说老王要调到红柳作业区,老王的妻子一百个不愿意、不放心。从乌鲁木齐家中出发去报到的时候,妻子不舍地握住老王的手说:"如果想家就回来吧，听说那里条件可艰苦了，啥都没有，连水都没有。"

"谁跟你瞎说的，那里风景可好着呢，下次带你去看看。"说罢，老王就匆匆踏上了新的征程。

48岁的王发怀初到红柳作业区，尽管心里已经做好了充分准备，但看到荒凉的戈壁、稀疏苍黄的骆驼刺还是不免有些失落，有一种被"流放"蛮荒的感觉。

"难道余生就要在这戈壁滩上度过了吗？搞了一辈子油，如今换成搞天然气，我搞得来吗？"他自己也有点失去了信心。

初来乍到，身为一名红柳作业区管道岗的"新兵蛋子"，面对与自己儿子同龄般大小的"师傅"，老王最怕干不好工作丢面子。

时任红柳作业区书记的王琪看出了老王的心理，就亲自带他一遍遍熟悉站场工艺运行，还对他说了一句影响极深的话："王师傅，你是老管道人了，你要是在红柳都守不住，那这些孩子们怎么办？"

一语点醒梦中人，作为一名十多年党龄的老党员，他心想：这风风雨雨的30年什么时候怕过？什么时候退缩过？他打定主意要争这一口气，不能让人看扁了。一定要在祖国最艰苦、最需要的地方坚守住，给这些年轻娃娃做个榜样。

理想很丰满，现实很骨感。打定主意要在管道保护岗位大干一场的老王，看着二十几岁刚大学毕业的年轻人，再看看自己奔五的年纪和高中毕业的学历，老王还是有些心慌。更主要的是，他对站场阴极保护知识的欠缺，管道线路上的"三桩一牌"的茫然，让他无所适从。

老王思来想去。只有一个办法，就是从头学。靠自己学、自己悟不是办法，面对和自己的儿子一般大的师傅，他必须低下头，"厚着脸皮"到现场去"凑热闹"，到管道班小年轻们的后面去磨耳根。

久而久之，老王不仅和那些孩子辈的青年人混熟了，也学到了他们口中的一些工作常识。尤其是在刘化军、肖浪两位"小师傅"的指引下，他从最基础的自然电位、保护电位绝缘接头测试工作做起，很快地适应了这项工作。

583千米管道，茫茫荒野戈壁，多的是车去不了的深沟丘壑、沼泽灌木。

老王就自己绘制一套表格，标注每条管线测试桩周围的地形、地貌，不断加深记忆。

2018年7月，一次管道干线换管动火作业期间，作业区安排老王负责跟球，"后来居上"的老王给作业区的年轻人漂漂亮亮地上了一课。

那次跟球时，老王来到阀室，看到大伙儿一个个愁容满面，就笑着问："怎么蔫头耷脑的，和谁闹别扭了？"

听到老王的调侃，大伙儿解释说，由于这次动火工艺排油是"氮气反推法"，清管器声音很小，加上旁边铁路火车经过的声音，要想准确判断清管器的位置确实有一定难度。

老王托腮想了一会儿说："这样，你们算好时间去下一个阀室，我去找个听诊器来。"

"听诊器？你以为大夫给人看病那么简单啊？这是地层里的管线推球！"有人笑着说。

但是，看到老王一本正经的样子，大家还是半信半疑地前往下一个阀室而去。不一会儿，老王带着听诊器回来，二话不说跳进阀井，将听诊器放在管壁上，像位主治大夫似的有模有样地趴那儿侧耳倾听。

过了一会儿，老王喊道："清管器过来了！"

旁边的人也确认道："没错，是清管器的声音。"

大家对老王的"听诊器确定推球法"赞不绝口。老王却笑着说："很简单的事情嘛，你们年轻人不喜欢琢磨罢了，我们老年人没文化，只能天天想这些'歪招'了。"

几年过去，老王已经在红柳度过了多个春秋，曾经的管道保护新兵已经成了名副其实的"老师傅"。他不仅可以在技术上指导其他人，还凭借幽默风趣的行事风格抚平初入戈壁那些青年人的小焦虑、小浮躁。

大伙也都爱和老王聊天，工作上有什么搞不定的活儿、生活里有什么不如意的事儿都爱和老王唠嗑，私下里开玩笑的管他叫"戈壁老王"。

2021年8月，西部管道公司对全线"三桩一牌"进行更换贴膜工作，老王主动放弃休假全程跟踪监督线路的贴膜，他说："我喜欢在线路上跑，主要是能亲眼验证线路上设施的完好率及异常情况。"

一个月不到，累计完成测试桩更换铭牌490块，完成标志桩、加密桩、警示牌贴膜5274张。

2022年5月下旬是公司集中动火窗口期，红柳作业区要在此期间进行管道线路加装B型套筒动火作业。自从去年9月发现这一处环焊缝错边隐患，老王心里就一直悬着一块石头。

王发怀对"三桩一牌"进行更换贴膜

正在乌鲁木齐休假的他，看到作业区工作群里的动火计划，主动向作业区申请提前返岗，必须要亲自在现场看着将这个顽疾彻底根除，于是他再一次离开家人，踏上了返岗的火车。

老王不仅是作业区管班组的"贤内助"，还是能言善辩的"外交官"。在一次去柳园镇阀室的路上，老王看见高铁桥下管道穿越处有铁路巡警正在对铁路进行巡护，心里就嘀咕，如果能联合铁路民警定期开展武装巡线那该多好。

抱着这个想法，老王厚着脸皮来到高铁派出所找到所长，凭借三寸不烂之舌，与派出所达成共识。双方约定，每到重要节日，就联合开展武装巡线，共同维护管道线路安全运行。

如今，老王已经在这个天荒、地荒、水更荒的小站度过了十个春秋。这十年来，艰苦的环境锤炼着了老王的意志，红柳戈壁滩一年四季的风沙也在老王沧桑的脸庞上留下了去不掉的印记。

这就是戈壁老王的故事，一名"老骥伏枥、志在千里"平凡人的故事，也是一名普通管道人的故事。

"考证狂人"陆亚男

自从2009年到西部管道公司工作以来，陆亚男先后在塔里木输油气分公司库尔勒原油站、人事科、财务科、工程科和物资供应站工作。

不同的岗位专业跨度大，工作要求也不同。每转到一个新的岗位，她就逼着自己苦学专业知识，不断地提升自己，其中的标志之一就是她先后考取了与岗位相称的各种资格证书。

打开陆亚男办公室的卷柜，最让她踏实的不是各种卡卷，而是这些代表着能力与知识的证书。人力资源专业中级经济师证、会计从业资格证、中级会计师证、机电安装专业的一级建造师证，以及中国石油大学（函授）土木工程专业本科毕业证和学位证书……

这些证书不仅给她带来了"考证狂人"的称号，也见证着她在工作岗位上的不断成熟与蜕变。

在陆亚男的考证经历中，最为难忘的是国家一级建造师考试。考试时间是在2016年9月24—25日。因为国家一级建造师考试在库尔勒没有设考点，只能到乌鲁木齐参考。

巧的是陆亚男的第二个孩子出生在2016年8月2日，这就意味着她要在孩子出生50余天时，就得带着嗷嗷待哺的婴儿奔走乌鲁木齐。但这并不是最困难的时间段，她在一边带孩子一边复习的时光，才是最为艰苦的。

国家一级建造师考试内容较为庞杂，主要课题为建设工程经济、建设工程项目管理、建设工程法规及相关知识、专业工程管理与实务。

专业工程管理与实务涉及机械设备、电气、管道、静置设备及金属结构等专业的施工或安装技术，以及施工全部流程及质量管控等内容，内容杂、难度大。

陆亚男对建造专业并不熟悉，一切都要从头学起，考试难度本来就很大，加之她还是一个挺着肚子复习的孕妇，几乎是难上加难。但陆亚男信心满满，认为困难多多，但早准备、多学习，就可以弥补不足，没有什么大不了的。

就这样，在 2016 年初，陆亚男提前 9 个月就开始了备考。她搜集了大量的与考试相关文字、视频资料，一点点研读各种艰涩难懂的专业术语。除非特殊情况，她在这 9 个月备考时间里，几乎没有间断过学习。

时间虽然提前得早，但是作为西部管道公司的员工，上班期间没有半点学习时间，下班以后到家了还要带娃，想挤出一点时间来并不容易。

但倔脾气的陆亚男说这个世界上没有做不到，只有想不到，没有时间永远不应该是放弃学习与提高的借口。陆亚男的做法是下班后不论去哪，随时随地都带着一本书，稍有空闲就读一会儿。

有一次，一家三口人去孔雀河边去看天鹅。父子二人看天鹅，陆亚男挺着肚子在河边看书。晚上回家一边辅导老大作业，一边看书。早上五点，两个孩子和家人都在休息，陆亚男已经起床开始读书了。长期睡眠不足，导致她脱发严重，在别人的印象中老了许多。

生完老二，回到家的第四天，她就如常打开了电脑，爱人不让她看，但她采用了听的办法，边听边在脑子中记。

月嫂感动地说："我做了这么久月嫂，见过太多哭哭啼啼、陷入抑郁焦虑的产妇，产后还在坚持学习的就见过你一个。"

陆亚男笑着说："我哪有时间抑郁啊，我现在争分夺秒都怕不能通过这次考试。感觉有太多的难题没有复习到。"

就在她将这些困难都一一克服以后，在考试前的一天，也就是即将去乌鲁木齐的时候，在去不去考试的问题上，陆亚男犹豫了。

陆亚男和她的那些证书

毕竟要带着不放心她的婆婆和刚出生50多天的婴儿去乌鲁木齐，听起来够疯狂，因为风险确实有些大。而且实务这门考试时间长达4小时，宝宝怎么办？婆婆会不会反对？

就在陆亚男想打退堂鼓的时候，她的婆婆对她说："去吧，你付出了这么多，坚持了那么久，放弃了太可惜了。"陆亚男心里热热的，这才决定参考。

到了乌鲁木齐，婆婆和孩子在靠近考点的一个小宾馆里安顿下来。因为换地方不习惯，婆婆几乎彻夜未眠。陆亚男内心也是十分焦虑，也辗转反侧地难以入睡。所幸陆亚男的二宝很给力，除了饿了吭哧一声之外，一直静静地睡觉或玩耍。

考试那一天，陆亚男的状态并不好，但还是较为完美地考完了所有科目。等她憋着一口气考完走出考场的时候，才发现自己的腿都软了。她和婆婆带着孩子勉强地回到了库尔勒的家中后，除了喂孩子，她不管不顾地睡了两天。

梅花香自苦寒来。过了不久，当陆亚男拿到的国家一级建造师证书时，她流下了眼泪。拿证拿到手软的"考证狂人"，也有手握证书激动不已的时候。对于不了解她这段生活与学习经历的人来说，似乎是难以理解的。

在考试中陆亚男的能力明显得到提升。在她刚到工程科时，一个施工单位技术员填写安全风险识别表格时，马虎了事，看出了问题的陆亚男就打电话让他重填。在来回沟通的过程中，技术员理直气壮地说了一句话："我不懂，你也不懂。"经过考证这一段时间的学习，这个技术员给她打电话却是这样问："陆工，这个活应该怎么干？你是专家，听你的。"

回望自己考证的经历，陆亚男从复习的过程中看到了自己身体和精神遭受的熬煎与压力，也看到了亲人朋友和公司领导对她的支持与鼓励。

她失去了很多快乐的玩乐时光，但也迅速了增强了自己的工作能力和自信心，各类施工图和施工资料她都可以秒懂。对施工质量、安全、进度风险的管控，让她更加得心应手。

更为重要的是，她在考证生涯中，磨炼出了坚强的意志。在面对工程难题时，不再有无所适从的沮丧，而是信步走来的云淡风轻。

完美与遗憾

不管是刮风下雨，还是酷暑严冬，在西部管网的油气管线边，总有一些人拿着焊枪，出现在最危险、最艰苦的事故现场，去给那些出现了问题的管线"缝缝补补"。

他们的"舞台"在高原山沟，在荒漠戈壁，在被人们忽视的角角落落。他们凭借着一飘杆焊枪和吃苦耐劳的精神，消除了一个又一个潜在的风险隐患，让温暖千万家的油气一路长虹般从祖国西部顺流而下，奔涌不息。

他们有一个共同的名字：管网铁军。德令哈作业区的韩生和，就是其中的一员。

说起韩生和，在西部管道公司兰州分公司也是数得上的技术"大拿"，他曾在国家管网集团 2021 年维抢修业务职业技能竞赛中获得焊工个人项目铜牌，在 2023 年获得西部管道公司第九届维抢修职业技能竞赛焊工个人项目银牌！

一银一铜，奠定了他的电焊技术地位。凭着对焊接专业的执着追求，将焊枪攥成"绣花针"，着实不易。但别人夸他的时候，他总是说："我前边还有金牌呢，我这算啥，得继续努力才行。"

韩生和是甘肃临夏人。天性乐观积极却不善言辞的韩生和，没有惊天动地的事迹，没有气壮山河的誓言。在工作、学习和家庭的多重空间里，演绎着一个西北汉子的多彩人生。

2011 年，在大学学习焊接技术及自动化技术的韩生和，毕业就来到了西部管道公司兰州输气分公司德令哈维抢修队，当了一名学徒工。为了学好电焊工技术，他尝遍了一名优秀焊工必须经历的酸甜苦辣。

刚开始只能给老师傅打下手。有一次去羊肠子沟压气站配合一家施工单位进行阀门注脂，刚好看到施工单位的焊工进行管道焊接作业，他就在后边偷偷学。

后来，为了详细学习他们的焊接手法，而又不影响他们的工作，他便找了一个简易眼镜去观察学习，由于忽略了面部的防护，导致紫外线将面部皮肤灼伤，脸上脱了好几层皮。

虽然有师傅带着学习，但是有焊接任务的时候，师傅没有多余的时间教你，应急抢险的时候更是如此。所以，他只能找时间自己练习，不懂的就向老师傅们请教，对于焊条的使用角度、焊接的电流大小、施焊的方法，他通通仔细观察，用心揣摩，反复请教、反复练习。

刚刚从学校的理论学习转为现场实战，难免有些手忙脚乱，手脚被烫伤是经常的事。但是，天生朴实的韩生和从未有过大学毕业却当了电焊工的失落感，反而从内心喜欢上了这焊花飞溅的灿烂场景。

在旁人看来，焊工这个行当有些辛苦，有些危险。但在韩生和的眼里，每天将有漏洞的管线补得完美无缺，让一根根管线重新连接起来伸向远方，会感到很开心，真是"痛并快乐着"。

一位老师傅看他天天忙得晕头转向，就告诉他："要想当一名合格的好焊工，就要不怕吃苦，练就扎实的基本功，手要稳、要准，眼神要好，还要能蹲的住。"老师傅的"蹲得住"这三个字，成为他学好电焊技术的座右铭。

2013年，作业区遇到一次动火作业，由于大家都是刚开始学习在线焊接，所以没有人敢上去处理，最后是请了外部人员来解决。看到他们熟练地操作，韩生和真是又羡慕又羞愧："明明我也是一名焊工，却无法处理。"从那时起，韩生和便下定决心要刻苦练习。

在日常岗位练兵过程中，为了练腕力，他像着了魔似的往胳膊上加配重块，累得手腕酸疼，但疲劳期过去之后，他迎来了曙光，笨重的焊枪在他的手里终于可以灵活自如地掌控，凭借着咬牙坚持的毅力，硬生生地把焊枪攥成了"绣花针"。

光有手上活不行，还得在下半身下功夫。为了练腿功，他平时做事尽量蹲着，当然不能乱蹲，而是蹲得有节奏、有时间、有章法。一来二去，他练就了蹲着连续焊接五个小时作业可以不停歇的"蹲功夫"。

几年下来，韩生和的技术日渐成熟，在多次生产抢险工作中，都表现出了一名成熟电焊工的专业水平。

2021年7月，甘西南牛津河动火作业期间，面对涩宁兰一线德令哈出站45度斜口焊接作业，他主动请缨担任这次焊口焊接任务。

这是韩生和第一次以实战的方式参加45度焊口焊接作业，既紧张又有压力。最终，经过努力，他成功了。整个焊接过程，他汗流浃背，衣服湿了又干，干了又湿，背上的汗迹仿佛刻意画上去的盐渍化。

韩生和最难忘、最艰苦的一次"攻坚"，是参加国家管网集团2021年维抢修业务职业技能竞赛。

在集团公司为期两个月的竞赛理论预赛备战阶段，为了更好地完善自己的理论知识水平，他利用工作闲暇之余和晚自习时间，查阅资料、借助网络等方式努力学习理论知识，拓宽知识面。

晚上守在书桌前和电脑旁，苦心钻研专业知识，学习法律法规、标准规范、"三湾改编"阶段性工作成果等内容。

韩生和在进行焊接前的消磁作业（左一）

在自学的那一段时间里，他找了一个笔记本专门记录经常答错的题目，进行专项训练，加密训练频次，确保理论答题不出漏洞。最终，在国家管网集团的200多名预赛参赛选手中，他取得第39名的成绩。

在实操集训期间，正值盛夏酷暑天气，湿热的空气中弥漫着铁锈的味道。练兵工位里，高温、烟尘加上飞舞的焊花，使得工位周围的温度瞬间飚过了50摄氏度！竞赛不仅是赛技术，也在比拼人的意志。

穿着厚厚的防护服，戴着手套、风帽和面罩，他在热浪包围中沉稳操作。施焊过程中，只见他或仰身，或弯腰，或半蹲，迎着刺眼的焊花，时时舞动着身躯，全身心地投入焊接工作。

有汗水渗进他的眼睛，他不敢眨眼，只有等一根焊条焊接完毕后，才能脱下手套擦掉眼里眼外的汗水，转头又继续操作。

高温之下，体力和水分消耗很快。为了争取更多的焊接时间，只有每个焊接项目完成后，他才能停下来给自己补充水分，不能是喝水，而是大口大口地"灌"水。

每次焊接完成后，他用焊检尺仔细地进行焊缝余高、高低差、焊缝宽度、宽窄差、咬边评判，发现问题及时记录。他常常与其他集训学员一轮轮地对比焊件，一次次地在"找茬"中自我否定，并重新开始。

在参加决赛阶段，对于平时腼腆少语、不善言辞的韩生和来说，还有一个比较难啃的骨头，那就是个人答辩和课件讲解。

如何克服讲话紧张，如何确保答辩过程中将所学知识完美地讲解出来，这都是他要面对的问题。教练告诉他："你不是没有表达能力，只是平时不太喜欢表达自己而已。你的知识积累足够你应付决赛中面对的各种问题。只要你心态平和，放松地去表达，根本就没有问题。"这样的开导给了他足够的信心。

为了确保讲话不紧张，在平时的训练中，他积极主动进行答辩讲解。在课后，他加强专项的训练，面对镜子自己当老师给自己讲课，自己当学生给自己评分。经过无数次练习，最终他信心满满地站上了总决赛的舞台。

在决赛中他不负众望，高质量地完成了个人答辩项目，最终获得了国家管网集团2021年维抢修业务职业技能竞赛焊工个人项目铜牌。

2023年，他再接再厉，又以优异的成绩，获得了西部管道公司第九届维抢修职业技能竞赛焊工个人项目银牌。

如今的韩生和，已经是兰州分公司的电焊工技能骨干。他主动承担起了"传帮带"工作，针对焊接技术不成熟的转岗员工，从焊接质量、焊接工艺到焊接操作方法等方面制订针对性的课程，每天利用下班时间进行技术培训，将自身所学毫无保留地分享给"新学徒"。在他的带动下,德令哈维抢修队焊接技术不断取得进步。

37岁的韩生和在工作岗位"扮演"普通的电焊工同时,在家里还"出演"父亲、丈夫和儿子的多重角色,可谓是上有老下有小,生活与工作任务都不轻。

在生活中,因为工作时间的特殊性,他很少回家,他觉得对家庭和孩子照顾得太少,亏欠的很多。面对媳妇的种种责怪和埋怨,韩生和只能把男人的歉疚默默地埋在心里。

对孩子更是如此,他只能通过微信视频和孩子聊天。在视频那头,每当听到年幼的孩子喊他一声爸爸,他就像打了鸡血似的,浑身使不完的劲儿,更加坚定了当好管网铁军一员的信心。

焊花飞溅,油气管线的很多漏洞被他焊补完整,但是韩生和的人生却因此而留下了一些小小的遗憾。

但他却说:"有些遗憾,也许正是完美的开始。"

焊花飞溅,韩生和将焊枪攥成"绣花针",把油气管线的很多漏洞焊补完整。他自己虽有诸多遗憾,但西部管线的完美无缺却是他一直追求的目标。

焊工"阿福"的华丽转身

日本动漫《灌篮高手》中，有一个被称作"阿福"的角色，长相平庸，天赋一般，却付出数倍于别人努力，为自己在球队换取了一席之地。西部管道公司新疆输油气分公司哈密维抢修队的赵增福不仅性格跟"阿福"相像，进取的精神更是神似，因此，同事们都称他为焊工"阿福"。2023年3月31日，参加西部管道公司第九届维抢修业务职业技能竞赛的赵增福迎来了高光时刻，凭借平时的技术积累和大赛时的专注，取得了焊工个人组银牌。

站在领奖台上的那一刻，胸前沉甸甸的奖牌提醒着朝气蓬勃的焊工"阿福"，九年的岗位实践与磨炼，终于开花结果。

每个人成功的背后，都可能有一段辛酸史，焊工"阿福"也不例外。2014年的时候，27岁的阿福已经是哈密维抢修队一名技能过硬的机泵维修钳工。当时队里只有借调的1名焊工，人员稀缺导致维修工作经常出现"卡顿"。

油气管道都是通过焊接一段段连接起来的。在维修过程中，焊接技术至关重要，往往是管道动火作业的关键一环。缺人也不能等着，我上！阿福向领导提出了要求。

有人劝他："你都是钳工大拿了，当老大不好吗？为什么要转岗当焊工？这会耽误你将来的职业发展的。你是不是有点傻呀！"

"也许会耽误我自己的发展，但不能耽误管道的发展。"阿福凭借着一份独有的热爱，鼓起勇气申请转岗当了焊工。

说来说去，阿福敢于转岗，也是想着多学门手艺，让自己更充实一点，再加上平时和焊工师傅接触的不少，多少也有一定的基础。没有想到的是，这个决定让自己走上了一条充满辛酸的焊工之路。

转岗之后，借调的焊工也走了，这让阿福面临的最大困难就是没有师傅带他，完全靠自学。他利用空闲时间从最基本的焊接知识开始，陆续进行自主焊接一些支架、结构件，把一根根的槽钢、角铁变成一个个箱体、平台、橇座。

经过一段时间的学习，他慢慢掌握了手工507焊接工艺。那个时候，焊工还没有像现在这么好的防护装备，在练习的过程中，打眼、铁水烫、焊花烫都是经常发生的事儿。

想不到的是，不到一年，507焊接工艺就因落后而被淘汰了，赵增福又开始着手自学氩弧焊。氩弧焊是利用氩气作为保护介质的一种电弧焊方法。氩气是一种惰性气体，它既不与金属起化学反应使被焊金属氧化，亦不溶解于液态金属。因此，可以避免焊接缺陷，获得高质量的焊缝。

刚学的时候，自己组对，自己磨口。没有接受过专业培训的赵增福对对口间隙完全没有概念，只能不停地查找资料研究。晚上队员休息了，他独自打开台灯，啃书熬到深夜。白天在空闲的时候，到练兵场上不断尝试、自我琢磨，花了整整2年才完全掌握氩弧焊工艺。

阿福在焊接技术的学习过程中，缓慢而扎实地前行着。在不断更新淘汰的焊接工艺和没有师傅指正的自学模式中，成就了他超强的自学能力、勇于尝试的探索能力和丰富的经验阅历。

如今的他，熟练掌握了氩弧打底+焊条电弧焊、纤维素打底+半自动填充盖面、52U+半自动填盖、氩弧打底+半自动填盖、全氩弧等多种焊接工艺和焊接方式，成为哈密维抢修队技术技能过硬的焊工能手。

虽然阿福转岗初步成功，因为没有受到系统专业的学习和培训，导致阿福焊工工种的理论基础不够扎实，实战操作中应对突发情况的应变能力比较欠缺。

2016年，在雅满苏焊缝缺陷换管动火作业中，焊接采用的是纤维素打底+半自动填充盖面。当时，阿福自学这项新工艺还不到半年。

虽然动火前的焊接练兵比较顺利，但动火作业当天，现场突然天气骤变，刮起沙尘暴，加之焊接管段存在应力大、磁性大、铁水不沾等情况，为动火作业带来巨大困难和阻碍。

作为哈密维抢修队的焊工主力，阿福连续坚守现场3天2夜，返修多次才顺利完成焊接任务。他从动火现场回来的时候，除了牙和眼珠子是白的，头发、全身都变成土色。

2019 年，在两次集中动火作业中，重复出现管内气体反吹，造成氩弧焊打底出现气孔。在一处阀室引压管改造动火作业时，阿福负责现场焊接 1 寸管线，一共 4 道焊口，由于现场风沙、管内存在气体反吹，导致 3 道焊口不合格。

阿福连夜返修，重新焊接，2 天 1 夜没有休息，连续返工 3 次，焊口检测才合格。阿福的心态差点崩了，那一瞬间，几乎接近失去信心，甚至后悔自己转岗的决定是不是有些冒失。

不管是动漫中的阿福，还是西部管道的阿福，最大的优点就是毅力出众，敢于坚持。度过了几天的低落期之后，他重新振作起来，开始迈向新的阶梯。

为了突破瓶颈，阿福十分珍惜每一次大小维抢修业务培训及技能比武的平台，多次主动参加国家管网集团公司及分公司技能竞赛，在集训中认真学习理论知识，在比武中交流分享焊接技巧。

"要想把焊工专

赵增福领奖的幸福时刻

业学好，一方面要多听、多问，把理论学好；另一方面要多上手练习，在操作中用心琢磨。"一位教练的话，似乎就是说给他一个人听的，让他深深地记在了心里。

此后，每次集训期间，阿福都坚持每天训练结束后，回宿舍静静地看会书和笔记，把老师的评点整理成学习心得，总结技能专家和众多金牌教练的指导技巧，认真记录，并针对自己的短板反复练习。

所有的努力与付出都不会白费。阿福默默积蓄力量，理论功底逐渐扎实，焊接技术和综合素质突飞猛进，单兵作战的能力持续提升，终于在2023年西部管道公司第九届维抢修业务职业技能竞赛中斩获焊工个人银牌。

对于阿福来说，银牌本身并不重要，它只是检验了自己一段时间的技术学习成果，证明了自己努力方向的正确性。接下来，他要将学到了技术应用于生产实践之中，去解决问题，保障西部油气管道的畅通才是重要的。

厚重的防护服、永不离手的防护面罩是焊工的标配。一年365天，焊工总是比其他工种更加深刻地体验着西部的"冷"与"暖"。

哈密的春天多数时候更像是一个"疯婆娘"，狂风嚎叫，沙尘弥漫。驻守在荒漠戈壁的每一次焊接作业，阿福或蹲、或站、或仰、或卧，总是逃不过满头、满脸、满口、满身的黄沙肆虐。

夏季，40多摄氏度的高温炙烤着荒无人烟的戈壁，热浪翻滚，阳光刺眼。阿福背上高温炙烤得发烫，脸上电弧烤得汗流不止，防护服里的工装半湿半干，说不清楚是被太阳晒干的，还是被汗水浸湿的。

寒风凛冽，大雪纷飞，阿福每一次作业都要贴在冰凉的地面和刺骨的"铁疙瘩"上，作业时双手、双脚经常被冻得僵硬、发麻。不懈的努力终于强大到可以让他独当一面。

2022年12月，新疆输油气分公司在哈密管道断裂控制试验场爆破试验区投入建设输氢试验平台，为西部管道公司开展在用管道输氢服役性能进行适应性研究和验证提供平台。

该平台是一项系统性的管道工艺装置，包括各类阀门仪表 26 个，大小焊口 108 道，是哈密维抢修队首次整装建设的一座工艺装置平台。

由于哈密市当时受到疫情封控影响，除了驻站的焊工，当时队里只有阿福一名焊工，这意味着输氢试验平台项目 108 道焊口，全部由他一人完成。时间紧、任务重，阿福来不及考虑，二话不说投入到焊接任务中。

108 道焊口，最终在不到 20 天的时间里按计划完成了任务，且焊口射线检测一次性全部合格。这是阿福职业生涯中独自一人完成焊口数最多、焊接质量最高的一次作业。

从钳工到焊工，阿福利用将近十年的时间成功完成了一次沉重的转岗，也完成了自己人生的一次华丽转身。

一扇门关上了，另外一扇门被打开。阿福的故事，并不惊天动地，但却启迪深刻：有的时候，为了西部管道，转身比坚持更有意义。

"沟里人"的抢险日记

在兰州输气分公司德令哈作业区羊肠子沟压气站，有一群人因为常年穿着厚厚的棉服，忙碌在地处高原戈壁深处的工艺区各个角落，因此，他们被亲切地称呼为"沟里人"。

2021年10月28日，一个让"沟里人"回味许久的故事发生了。在这一天，"沟里人"以他们的责任和担当，谱写了一段保障涩宁兰管道下游万家温暖的故事。

10月28日中午15时27分，羊肠子沟站员工正在对站内试运行压缩机组进行启机测试。在压缩机厂房内，值班班长慕涛与员工任旭江正在查看试运行3#压缩机组箱体内部情况。

15时57分，打开箱体门的瞬间，一股异常气味窜入慕涛与任旭江鼻腔。此时正值冬季保供重要时期，每一台机组的正常备用关系到数以百万计下游用户的供气保障。

"不正常！是哪里散出这个烧油味？！"慕涛和任旭江心头一紧，立即对气味散发源进行寻找检查，同时向值班室及值班站长汇报。

值班站长接到汇报后，敏锐地嗅出了其中的危险气息，立即下令全体机械班成员暂停手头工作赶赴压缩机厂房集合，同时留下两人时刻监控3#机组运行参数。

16时02分，原本清冷的压缩机厂房即刻集结了机械班全员。

16时03分，站控值班室，值班站长紧盯UCP机柜内火气系统及控制系统参数，同时现场员工发现3#压缩机组燃气轮机扩压段下方散发不明烟气，并有胶状液体缓慢滴落。

此时，机组存在异常情况确认无误，风险正在悄悄降临！为避免事态扩大，值班站长下达3#机组试运行结束正常停车的命令，宣布全员立即投入应急处置。

险情就是命令，值班员立即向压缩机组管理部门汇报，并严密监控各项生产数据。

由于压缩机组处于正常停车后的保压阶段，暂时无法进行拆解维修，此时值班领导将全站员工分成三组，第一组员工在压缩机厂房检查是否存在其他油气泄漏点；第二组员工负责查找相关密封备件；第三组在站控室寻求科室和索拉工程师的技术支持。

三个小组有条不紊地做好各自分配的工作，等待着机组停机后保压阶段的结束。

转眼间已到晚上9时许，压缩机厂房内，大家伏着身子在拥挤的机箱内检查每一处连接管线。

10月的羊肠子沟站，夜间室外温度低至零下19摄氏度，大家脸上却一直挂着细密的汗珠。

经过数个小时的彻底检查，最终确定3#机组燃烧室下方2#轴承、3#轴承进油口管线存在漏油现象，燃烧室高温造成了油气逸散。

机组保压阶段已结束，第二组人员拿来找出的密封O形圈，大家拿起手中的工具开始拆卸气管线连接法兰螺栓。

"我要是再瘦一点就好了，这地方我实在是挤不进去。"慕涛看着这个狭小的操作空间，打趣地说道。

"慕师傅，要不我来试试吧。"一个弱弱的声音传来。慕涛回头一看，是刚满一年的新员工李想。

"你来得正好，试试这个地方能不能把手伸过去。"慕涛边示意边挪开了身子。

慕涛看着李想轻松就伸到了需拆卸的螺栓处，不禁羡慕地说："这瘦也有瘦的好处，来去自如啊！"

稍回过神来，他又提醒道："慢点拧，别用蛮劲。""小心头！"……在慕涛的一声声嘱咐下，李想顺利地将几处螺栓拆卸下来。

此时已经是次日凌晨3点，拆卸完成后，大家仔细检查了旧密封圈，发现有轻微破损，随即更换了新的密封圈，恢复了拆卸的滑油管线，坚强的"沟里人"在值班站长带领下，终于解除了险情。

值班员向上级汇报处置结果，众人也从压缩机组厂房出来，汗蒙蒙的脸瞬间就被寒风吹干。

此时，城市里面的人们都已进入了梦乡。羊肠子沟的夜晚一如既往的寒冷异常，气温下降到了零下22摄氏度，风呼呼刮着，仿佛在向羊肠子沟的橙军将士们示威。

凌晨4时，经反复确认其他运行机组和站场工艺参数正常和稳定后，员工全部回宿舍休息。

问题处理完毕后，站内完成3#压缩机组72小时试运行，无异常情况，这也标志着本次3#压缩机组油气泄漏应急处置圆满结束。

险情就是命令，滴水成冰、惊心动魄的12个小时里，压缩机组油气泄漏应急处置圆满结束。

金牌焊工的十年

"走在荒凉的戈壁滩，踏过贫瘠的祁连山，我的明天在哪里？在河西走廊深处的维抢中心……"这首陈晓自己改编的歌曲，讲述着一位焊工的心路历程。

2024年，是陈晓进入西部管道公司的第十个年头，身处酒泉输油气分公司酒泉维抢修中心的他，已在集团公司和分公司职业技能竞赛中先后斩获了5块奖牌，其中2块是属于他自己的个人金牌。

金牌焊工的十年，是坚守岗位、矢志不渝的十年，是闪烁的焊花照亮了青春的十年，也是他一生当中最为重要的十年。

第一年，下定决心一定不能当逃兵。

放下书本拿起焊枪，他才懂得其中的分量。2015年7月，焊接本科毕业的陈晓加入了酒泉维抢修中心团队。抢修班组的管焊工是一群"70后"老师傅，看着他一米七多点儿的个头，单薄的身体和白净的手，大家伙儿都替他捏了一把汗，担忧这个年轻人坚持不下去。

陈晓也没想到电焊行业如此辛苦劳累，如此枯燥乏味。第一年的第一个月，他的心理落差特别大。同事多是中专生、大专生，学历虽低，但实际操作能力特别强。陈晓呢，虽然理论上要更胜一筹，但实操时和其他人相比差之万里……陈晓一时陷入了苦闷之中。

酒泉维抢修中心主任房宗杰知道陈晓是一个不服输的青年，就在一个傍晚约他散步，不客气地说："不要以为大学生是宝贝很值钱，如果你学不出来，我照样不留你，你有理论基础只要静心学，5年你就能成为技师。"

房主任的话还真起作用，陈晓当时就说："我学不出来？谁说的？我只是得有段时间适应而已。你瞧着！"当时陈晓就暗下决心绝对不能当逃兵。

他扔掉了高学历的骄傲，拿出了不服输的劲头，一头扎入到焊接技术的学习之中。这一年，每天晚饭后陈晓都会独自一人去练兵场，为自己"加餐"两三个小时。如此日复一日，在师傅的关心和指导下，陈晓的焊接技术水平直线上升。

第三年，是留有遗憾的一年。

2017年，酒泉输油气分公司举行技能比武。陈晓和师傅一起参加集训。因为学习理论知识时间较多，他的笔经常会弄丢。

这一天下班，师傅把他叫到面前，从抽屉里拿出两个精美的盒子："来，我俩每人一支，好好练，争取在比赛中拿个好名次。"

原来，师傅特意在网上订购了两支刻着他们名字的钢笔。当时他的眼神就像父亲一样，充满了期望。

集训最后要选拔出三人代表中心参加公司技能比武。陈晓的理论占有优势，但实际操作还是落后其他人，他决心在自己的短板上多下点功夫。

集训期间，大家都是上午学习理论，下午焊一道 $\phi 660$ 的焊口，为了能赶上大家，他给自己改变了集训计划，上午和下午各焊一道，晚上学习理论，一天下来浑身酸痛，睡着翻个身都能痛醒。

师傅一直鼓励他咬牙坚持。最终在中心选拔时，他以第一名的成绩被确定为参加公司技能比武的人选。

可是事情总是一波三折，临近去德令哈参赛的前三天，他接到通知，因工作年限不够，不能参加此次比武。

职业生涯第一次比武就这样告终，心里有太多的不甘。

留得青山在，不怕没柴烧。当时他告诉自己：等！这一届不行，还有下一届。他相信机会总是垂青有准备的人。

第四年，一场大赛炼真金。

好事多磨，原定于2019年的技能比武提前一年举办，期盼已久的比武竟然提前一年到来了。

集团公司2018年管道技能竞赛管焊工集训选拔赛在酒泉维抢修中心举办。来自公司十家维抢修队伍的30名焊工选手，在酒泉维抢修中心展开激烈的角逐，最后选拔出十名焊工参加集训，最终确定 5 人参加比武。

经过 5 个月的集训和层层选拔，陈晓最终以第 2 名的成绩进入 5 人组。

8 月酷暑天备赛，要穿着皮衣皮裤在焊花的烘烤中持续焊接 4 个小时，一场焊接下来，陈晓全身的衣服像在热水里泡过一样，脱下来一拧直滴水。

管道预热温度保持在 100 至 120 摄氏度，长时间靠在滚烫的管壁上，虽然隔着手套，陈晓的手仍被烫出一个个水泡，他挑破水泡，包上纱布继续练习。真金不怕火炼，在决赛场上陈晓和队友们齐心协力，一举夺得团体银牌。

在赛场上，陈晓是考试型选手，在实战中也是不折不扣地拼命三郎。2019 年西三线 ϕ1219 管道换管动火作业，在家休假的他得知消息后，连夜坐车从一千公里外赶回了单位。

他主动请缨担任中心第一次大管径管道的焊接任务。中心负责人原本计划让他做辅助，但看到他坚定的眼神，领导改变了原有的人员计划安排，将重任交付给他。最终，他不负众望，交出了一份优秀的答卷。

别人不知道的是，在这次作业中，他连续焊接一天两夜近四十个小时未休息，为了提神，红牛饮料就喝了 9 罐。

工作中的陈晓

第七年，终于成为一名金牌焊工。

与全国的焊工高手切磋技艺后，陈晓的技术越发成熟了。

2021年4月，在分公司第八届职业技能竞赛上，陈晓以理论满分、实操第一稳夺焊工第一名。同年，他从焊工中级工破格晋升为焊工技师。大家给了他90后"金牌焊工"的美誉。

时隔5个月，陈晓参加国家管网集团首届维抢修业务职业技能竞赛，最终以第四名的成绩，拿到了铜牌。

见识了大场面，心理和技能都得到了历练，他在实际工作中的表现也更加突出。这一年他在各类急难险重的作业现场面前，总是第一个冲到一线。他在各个类型的管道动火作业中，出色地完成焊接任务40余次，焊接合格率达到100%。

第九年，得到第二金，但心有愧疚。

2023年春节，终于轮到陈晓回家了。他已经连续两年春节没有好好陪伴家人了。但是，在家没待几天，就又接到了新任务：酒泉输油气分公司要举办第九届维抢修业务职业技能竞赛了！

陈晓在得到竞赛通知后，没有丝毫犹豫，第一时间就返回了岗位。他在返回单位的火车上，妻子发来视频，他第一次听到了一岁多的女儿学会叫爸爸，当时又激动又愧疚。

正月里，紧张的理论+实操训练开始了。白天9小时以上实操，晚上学理论，备赛的日子里，陈晓宿舍的灯永远是整栋楼最亮的那颗"星"。

每当疲惫时，陈晓都会吃一口"提神药"——看女儿的视频，他深知给女儿的陪伴太少，唯有努力取得好成绩，才是给女儿的最好礼物。

可喜的是，在这次大赛中，陈晓过关斩将，又一次取得了金牌，他也如愿地成为西部管道的"金牌焊工"。

第十年，要向大国工匠看齐。

进入2024年，已经是陈晓来到西部管道的第十年。他如愿地成为高级技师。结果公布后，思绪万千，一夜未眠。

一个人的背影，一群人的拼搏。这一路，伴随着陈晓披荆斩棘、取得满满荣誉的背后，是家人、师傅的陪伴，是单位同事无私的帮助，是公司提供的成长舞台，才有了今天的成绩。

将这10年所学充分应用到生产实践作业中，保障西部管道的畅通，是他最重要的目标。参加工作10年来，在各类管道动火作业中，陈晓出色地完成焊接任务百余次，是中心焊工团队焊接合格率100%的保持者，他要将这个纪录一直保持下去。

一个人强大，做不成大事，一个团队强大，才能成就大业。作为分公司焊工技能骨干，陈晓积极推动焊接作业的标准化和规范化，多次组织单位焊工深入学习焊接工艺评定，对严格执行焊接工艺起到积极推动作用。

别以为金牌焊工陈晓的一双手只会搞焊接，他还爱好书法，是甘肃省书法家协会会员。他的床头挂着一幅自勉书——天下事有难易乎？为之，则难者亦易矣；不为，则易者亦难矣！

看到这幅字，很多人破解了他的成长密码。未来，陈晓的目标是向大国工匠看齐，不满足于金牌，静心做事，诚心做人，为国家管网事业大发展尽一己之力。

操作人员的"贴身保镖"

"小心,注意安全",虽然只有短短的6个字,但这句话的背后包含了太多太多的含义:它既有关心,也有警告,而更多的是一种对生命的敬仰。

在西部管道公司,有这么一群人,他们时刻在保护着我们的人身安全,守护着机械设备的正常运转。

他们是被贴上了多种"标签"的人,有质疑不解,有埋怨嘲讽,也有认可和理解。但无论如何,都阻挡不了他们"要安全"的步伐。

他们,就是一直默默坚守在一线的安全员。无论正常上班,还是放假休息;无论是室内,还是在野外。只要有人上班,安全员就得到现场监督、监护。

乌鲁木齐维抢修中心抢修队的齐龙就是一名安全员。从干安全员到现在,他一直认为确保安全的事怎么做也不过分,确定安全的话怎么说也不出格。

因此,在工作中,不管别人怎么说,他该怎么管还怎么管,该怎么做就怎么做。"宁听骂声,不听哭声"是他坚持的底线。"小心,注意安全"是他挂在嘴边的口头禅。在他的眼里,一切工作要以安全为出发点,从不讲情面。

有一天,他跟年轻的带班班长谢孔亮在作业现场因为气瓶使用后未关闭瓶体阀门起了争执。他义正词严对这种违章行为提出了批评,并指出了危害。

最后,谢孔亮虚心接受了建议,并按他的要求进行了安全防护作业,消除了安全隐患。他从不让步的工作态度受到了队上的表扬。

有人说安全员是"啰里啰唆的说教者",每天,每一时,每一刻,甚至每一秒,都想让别人记住安全这根弦,一直根植于心不放松。

要是有机会和齐龙到作业现场去,就会听到他这个安全员苦口婆心的唠叨声:"师傅,你已经进入生产现场,请正确穿好工作服,戴好安全帽,这样才能更好保障自身安全啊。"

"师傅,高处作业一定要牢牢系好安全带啊。"

"师傅，气焊作业要戴护目镜，并且氧气瓶、乙炔瓶的距离不得小于 5 米。"

……

小到提醒劳保用品的正确穿戴，大到及时对违章行为制止纠偏，齐龙面面俱到，从不落下任何一个环节。

有人说安全员是"挑三拣四的讨厌鬼"，但讨厌归讨厌，最终的目的却是让人们远离危险。

在日常现场监督、监护中，齐龙是这样工作的：岗位人员的劳保用品穿戴不全，现场立马纠正；高处作业没做好安全防范，立即监管到位；电工没有断电作业，立刻严厉阻止；吊装作业、吊装区域必须拉警戒带……

这一路下来不留情面地指指点点，常常会引起大家的不理解，认为这些都是小事，齐龙没必要这么较真，太较真了容易讨人嫌。

有的人远远地看见齐龙过来了，常常是马上溜之大吉。齐龙并不介意，你不理我我理你，忘记了规范我提醒你，违反了规定我警示你，触犯了 HSE 我惩罚你，从不留情面。

总之就是一句话，你可以对我不在意，但不能对安全不以为意。因为在安全上面有一次大意疏忽，不仅当事人会受到伤害，作业区也可能会出大问题。

有人说安全员是"面面俱到的多事者"，齐龙说："我就站在多事的岗位上，没办法。有我在，就是为了让安全的警钟在耳边长鸣，否则就是我失职。"

齐龙和其他安全员们聚在一起，经常说起的话题不是家长里短，而是交流和分享安全防范经验，讨论身边存在的隐患，用什么办法能更有效地提高员工的安全意识。

齐龙觉得针对行业内发生的事故，通过讲典型的事故案例来警醒员工是一个好办法，于是他从站场内外搜集了一些经典案例，汇集在一起，通过微信等多种方式分享给大家。

干了一辈子安全员的齐龙，他的强项自然是在现场监护。每次到现场，他那"火眼金睛"总能在第一时间发现安全隐患。

吊车底下人员聚集、安全警戒不到位、用电不规范等，他都会督促作业人员立刻整改恢复好。对于那些不按规范佩戴安全防护用品的人员，他总会扯着大嗓门喊，紧接着就是一顿苦口婆心的说教。

年纪渐长的齐龙，在和作业现场员工交流的时候也起来越来越掏心窝，有时对那些"死不悔改"的人，还会搬出老婆孩子进行安全教育："万一出了事，你死了一了百了，你考虑过你的老婆孩子吗？到时候你老婆就成了别人的老婆了，你孩子也成了别人的孩子了，你愿意看到你家孩子管别人叫爹吗？"

这些话说得有些"狠"，但在理。那些人每每听到这些话时，就会嘿嘿一笑，虽然被教育了半天，但并不忌恨他，因为他们知道这是为了他们好。最终的结果总是乖乖地佩戴好安全防护用品、把身边防护做好……

工作多年后，齐龙仍是一个小小的安全员。小人物作用大，他和其他安全员一起，确保了乌鲁木齐维抢修中心维抢修作业连续多年无轻伤及以上人身事故，成为名副其实的岗位操作人员的"贴身保镖"。

有一种平凡，与 骆驼草 同根

物资供应站的"活账本"

在塔里木输油气分公司，有一名普普通通的仓储保管员，自从她参加工作以来，就一直从事仓储管理工作。由于这个女子工作细致、办事认真，十分让人放心，年纪轻轻地就被人以姐相称。

久而久之，大家少有人喊她的名字，一直呼她"谭姐"。这位谭姐就是在塔里木输油气分公司物资供应站小有名气的"活账本"谭艳芳。

库房前的谭姐

从大学毕业后，谭艳芳就被分配到了物资供应站工作。这个岗位虽然技术要求并不高难，但需要超强的耐心、细心和熟悉的业务能力。这个岗位，没有两年是磨炼不出过硬的物资管理能力的。

谭艳芳天生是一个心细的人，从走上物资管理岗位那天起，就泡在了库房中，分门别类地熟悉，不厌其烦地默记，几个月后她就将库房中的各种物资的用途、放置位置和型号等牢记于心。

当大家来领取备件时，只要你描述一下需要备件的大概样子，谭艳芳就能知道你说的是啥，并且准确描述出存放的位置。

这虽然是一个物资管理人员应当做到的，但是能够在这么短的时间内做得如此出色，此前尚无人做到。因此，大家在领取物资时，看到业务如此熟练的谭艳芳，禁不住脱口叫出："你真是一个'活账本'啊！"自此，年纪轻轻的姑娘，不仅有了"活账本"的绰号，还被同事们尊称为"谭姐"。

有一次，塔里木输油气分公司库尔勒作业区孔雀河站要更换燃烧室的火焰筒。在此期间，维修人员发现有一颗螺栓已经无法使用，查遍了库存系统，发现最近备件也远在兰州。

这种螺栓是压缩机组的核心部件之一，谁都不敢马虎处理，束手无策地准备放弃维修，坐等备件从兰州送来。

压缩机停工一天，就会减少天然气输送，影响下游居民的生活用气，在场的维修人员在内心里承受着巨大的压力。

这时，有个员工说："为什么不拿着螺栓去谭姐那去试试呢？兴许在她那儿真的能找到一份惊喜。"大家一听也有道理，就派了一名员工去物资供应站找谭艳芳。

旧螺栓送到了谭艳芳手里，她拿着螺栓端详一阵儿，十分肯定地说："这个有。"随后在货架最不起眼的一个角落，找到了一包这种型号的螺栓！

维修人员惊喜之情溢于言表，也不禁疑惑地问："物资系统里可是都没有啊！"

谭姐呵呵一笑："这包螺栓是很早之前一个员工在清理集装箱时，清理出来的积压物料，交给了我，他也没说是干啥用的。他早就离开了，我就一直存着。没啥，能用就好。"

谭姐这个"活账本"，还具有遇事不计较个人得失，一心扑在西部管道事业上的主人翁精神。

2014年底的一个周末，孔雀河压气站2号机组防冰管线崩脱，急需防冰管及管卡备件。塔里木输油气分公司生产科的人到现场一看，先给谭姐打了个电话，把需要的备件进行了简单地描述。

电话那边，谭艳芳马上就说："库房里有备件，我立刻就从家赶到单位库房给你们拿。"现场人员看外面下着雪，又恰好是个周末，执意要派车去接她一趟。

谭艳芳不耐烦地说："救急如救火，一点儿都不能耽误，我自己打车去！"说着就挂了电话。

当出租车到了站门口，谭姐出来的那一瞬间，几个人赶紧迎上去开着玩笑："谭姐，今天我们算是知道啥叫最美女工了！"

一尘不染的库房，摆放整齐的备件，工工整整的账本，都是谭艳芳日常工作的真实写照。常言说，做好一件事不难，难的是一直坚持做好同一件事。

正是这种将一件事做到底的坚持，让谭艳芳慢慢地成为物资管理方面的专家。在西部管道公司第四届技能竞赛中，她以优异的成绩取得仓储管理第二名的好成绩。

时至今日，谭艳芳仍然一如既往地干着自己平凡的工作，这本"活账本"照旧清晰而准确地记录着塔里木输油气分公司的物资管理情况。各站队的物资管理人员，也随时都能接到谭艳芳亲切的电话提醒，到货、验收、出库，一道道工序井井有条。

谭艳芳在平凡的岗位上练就了一身过硬的本领，为分公司装置生产物资保供提供了坚实有力的保障。在塔里木输油气分公司，大家都知道，物资上的事儿，找谭艳芳，准行！

红柳压气站里的实习生

2019年，已经调到西部管道酒泉输油气分公司党群工作科工作的黄菊玲写了一篇题为《不忘初心 一路前行》的文章，回忆自己在基层站场工作的经历和人生体会。

她在开篇中写道："我在那里完成了从学生到管道人的转变。工作与生活给我的启发和历练，以及我对自身价值的不断探索，一一见证了我作为一名石油管道人的成长经历。我感谢这些经历，并愿意继续在这样的洗礼中一路前行。"

在黄菊玲一路前行的过程中，在红柳作业区实习的生活，在她的心灵里留下了清晰而牢固的印迹。

红柳作业区，位于甘肃省安西国家级极旱荒漠自然保护区内，地理位置特殊，距离出疆地标星星峡只有几十公里。作业区管辖的管道区域，穿越戈壁、山丘、湿地等复杂多样的地形地貌，工作条件复杂，生活环境也十分艰苦。

这片荒凉之地，却成为红柳精神的发源地，培养了一批批优秀的管道员工。黄菊玲在这里度过了将近一年的实习生活后，组织上决定将她分配到古浪作业区。

临走的前一天，才有人告诉她实习生要换站的消息。黄菊玲不舍地问："必须要换去别的地方吗？可不可以申请就在这个站待下去？"

换站的消息让黄菊玲的内心像打翻了五味瓶，乱了滋味。在红柳站的工作与生活的点点滴滴，一幕幕地闪现在眼前：第一次穿起橙红的工服戴上安全帽，第一次在孤单迷茫中给妈妈打出的电话，第一次调度值班参加巡检，第一次挨领导的批评，第一次接受组织的表彰，第一次明白什么是责任……

黄菊玲作为管道人的所有第一次，都留在了难忘的红柳作业区。时至今日，她还保留着当初的日记本，上面写着刚到红柳站报到时，站长给她们培训时说过的一句话：千里之行，始于足下。

得到一些东西的同时，也会失去一些东西，重要的是你做出了怎样的选择，付出了怎样的努力。在红柳站第一堂课，黄菊玲最大的收获就是理解了得到与失去的辩证关系，懂得了成长的意义、找到了前行的方向。

如果说入职第一课是言简意赅的教诲，那么后来黄菊玲学到的则是无尽、无形的牵引力量。红柳站的师兄师姐们不是用命令来指挥她，严厉地要求什么时间该做什么事，而是用他们的一举一动来影响、带动着这些实习生。

"我的工作我负责，有问题尽管来找我"的务实态度，那种"在岗一分钟，负责六十秒"的责任人意识，让她在顿生敬意的同时，肩上也陡然增加了管道人的使命。

更让她难忘的是红柳人辛勤工作的忘我精神。对待每一项任务，不需要谁来督促，有人利用中午休息时间来整理操作票、调度令、生产日报；有人不甘心机组总是受外电波动停机，晚上回到宿舍埋头研究，制订出一整套站场电源不停机切换的实施方案；在管道出现冰堵时，有人频繁往返于办公楼和工艺区切换流程、搬运滤芯，半夜还要到现场排水……

这些发生在身边的工作事迹，在很大程度上影响了刚刚参加工作的黄菊玲对工作的认知，让她知道了用心做事、坦诚做人，才会成为一个合格的红柳人。

她也有迷茫的时候，四班两倒的单一生活，有时候会让这个二十岁出头的少女也在想，是不是就一直在远离闹市的荒野工作下去，是不是放弃坚守在这里，去寻找自己的美好未来。

巡检的时候，她曾经站在变电所的二楼向周围瞭望，看到茫茫戈壁寸草不生，荒凉一片，尤其是下雪过后，天地白若虚空，恍惚间产生了一种被封锁世外的错觉……

单调的生活中，除了站里的兄弟姐妹，还有每天经过这里的火车。于是，数每天下班归来的火车，慢慢地成了她的一种消遣方式。

她经常一个人趴在宿舍的窗户边，数车厢有多少节，想象着这列火车从哪里来，都经过了什么地方，车上都有什么人，要去哪里，又有什么样的故事发生……

想着想着，她就会想起在大学毕业时写在日记本上的一句诗：我不去想是否能够成功。既然选择了远方，便只顾风雨兼程！

想着想着，她就会想起来到这里上的第一堂课，关于得到与失去的深刻含义。

每当想到这里，她就会重新坚强起来，坚定了自己在这里工作和生活的信心。

来这里之初，她不敢跟同学说在这里工作，此时，她终于骄傲地告诉他们说："我在大西北的戈壁为国家守护管道。我的位置，在西部戈壁的红柳树边。"

实习生活很快就结束了。她万般留恋也只能放下，服从组织的分配奔赴新的岗位。

黄菊玲知道，自己唯一能做也必须要做的，就是把红柳站放在自己成长的起点之上，时时回头去汲取力量；把红柳人的教诲牢记于心，时时转化成一种前行的动力，向新的征程出发。

时光流转，黄菊玲的工作地点也从作业区一线来到了分公司科室。虽然岗位发生了变化，但是红柳精神始终是她工作的指引之光。

2023年的一天，黄菊玲负责为新到来的2023届新员工讲解以"守得住荒漠，咽得下风沙，扛得起重担"为内涵的红柳品格。

"这里的秋天似乎来得更早一些。"

"这是我第一次近邻戈壁荒漠，好宽广、好震撼。"

"红柳树的年轮是红色的吗？"

"听说你也是在这里实习的，是吗？"

……

实习生提出的问题，她都实实在在地回答。答完她们的提问后，她就看着新来的实习生，双眼有些模糊，刹那间，她的思绪被拉回到她的实习时光。

接着，黄菊玲带领新一届大学生前往红柳作业区驻地参观。休息期间，黄菊玲随手折下一段红柳枝让大学生们传看。

"春天新发的红柳枝是绿色的，只有熬过一次霜雪才会变成红色，就像你们一样，只有经历磨炼才能成长为真正的管网铁军！"她对她们这样说，也对自己重复着。

外行出身的行家里手

在地处荒漠戈壁的新疆输油气分公司鄯善作业区，有一位个子不高却"地位很高"的女专家，她就是输油骨干罗光乐。她的专业不是计量储运专业，却在计量调度这个岗位一干就是12年。

一个非专业的毕业生在专业岗位上工作，需要付出更多的时间和极大的努力去补习专业知识。在基层一线坚持一年的专业学习不是难事，但在平凡的岗位上坚持十多年的学习、思考、实践，并最终成为行家里手却是难有人做到的。这不仅需要非凡的毅力和韧性，更需要一颗信念坚定、永不言弃的初心和精益求精、守正创新的匠心。

说起来容易，做起来却是一波三折。十余年的专业学习与实践，是罗光乐一次次提升自己的过程，也是她痴心苦熬、求得蜕变的反复闯关。

2018年，她勇敢报名参加了国家管网集团公司技能竞赛，虽然当时的理论成绩排名较好，但因是首次参加这样的大赛，缺乏随机应变的实操经验，最终遗憾地止步于最后一次选拔赛。

但她没有气馁，2019年卷土再战，她报名参加了行业标兵国际职业技能大赛。正是这个突如其来的机会，使她走上了一条意义非凡的人生之路……

有了2018年的比赛经验，罗光乐经过具有针对性的准备，在选拔赛中通过层层选拔，最终以西部管道公司"种子选手"的身份，进入集训大名单，开始全力备战，冲刺决赛。

但是事有不顺，在参加集训前，她的爱人突然在一次事故中跟腱断裂，必须进行手术。更麻烦的是，手术被安排到集训出发当天进行。突如其来的伤情，让一直做事果决的罗光乐陷入了犹豫之中，左右为难地不知如何是好。

站在决赛的门口，向前迈一步就拥有了挑战"国门外"的机会，但同时将无法照顾爱人与孩子。作为妻子，作为母亲，无论是谁面临这样的选择都是无比艰难的。到底怎么办？

罗光乐的爱人看出了她的顾虑，手术前一天拉着她的手说："作为你的爱人，也是你的同事，我非常清楚这次机会来之不易，也许在我们一生中只有一次，我不想你就此放弃，希望你去，更支持你去。"

罗光乐说自己是幸运的，在爱人的鼓励与支持下，她坚定了自己参加挑战的信心和决心。她决定珍惜机会，前去参加集训，并争取创造好的成绩。罗光乐把爱人送进手术室之后，便马上强忍泪水踏上了集训的征程。

在中国的最北端，黑龙江省漠河市的长达106天的集训生活中，罗光乐每天都在争分夺秒，反复刻苦学习、练习各个科目的知识要点。在训练中，累计产生25公斤的废液40多桶，配置溶液试剂100余次，使用了二甲苯200多瓶，填写各类计量表单上千份，使用手套1500多双，使用滴定萃取液6000多次……

这些数据的背后，是为西部管道人争光的坚定信念，也是她爱人术后从不提及每天穿着跟腱靴、瘸着腿、带着两个上幼儿园的孩子的辛苦，只为她加油的理解与支持。

生活从来不偏颇任何一人，机会永远都是留给有准备的人。通过不懈努力，罗光乐终于在那段艰难的苦训日子里取得了优异的成绩，获得了与世界各国选手现场比拼的机会。

在世界大赛的舞台上，她以过硬的技术、畅通的流程、高标准的质量摘得了行业标兵国际职业技能大赛输油工计量组银牌，并被授予中央企业"技术能手"、国家管网集团"技术能手"等荣誉称号，同时被聘为西部管道公司技能骨干、高级内训师。

通过培训、比赛获得的技能，应用于生产实践才会产生价值与意义。收获了荣誉的罗光乐回到基层一线，并没有停留在掌声与喜悦中，一如既往地坚守在平凡的岗位上，开始了新的征程。

"G1002罐液位上涨，进站阀后压力下降，流量数据正常……"对讲机里传来的声音，正是罗光乐在鄯善作业区站控室细心操作流程，查看设备的各项工艺参数和运行情况时发出的。

有一种平凡，与 骆驼草 同根

作为一名计量调度员，她的主要职责就是作业区的生产协调指挥。工艺参数值的设置、运行数据变化和设备运行状况，罗光乐都要逐项进行排查，监测到位，用心分析，精细操作。

比赛中的罗光乐（右二）

在这平凡但又极需要细心、耐心和真心的工作岗位上，罗光乐一直用参加国际职业技能大赛的拼搏的劲头、学习的勤奋和力争上游的精神，应对工作中的各种难关。

2020年爆发新冠肺炎疫情后，新疆吐鲁番多次实施静态管理。面对作业区在岗人员少、输油任务繁重、站场工艺设备流程复杂、集中动火多等情况，罗光乐说："我是共产党员，必须坚守岗位。"一年下来，她连续在岗天数超过150天，全年完成工艺操作546次，认真计算掺混量，切混油52批次，实现了岗位"零"错误率和"零"事故。

此外，她凭借着自己的优势，在作业区成品油越站阀更换、原油换热器阀门拆除及原油换热器、油油换热器工艺管线优化、储气库投产等特级动火和重点作业中发挥"技术能手"的模范带头作用，为输油气生产贡献力量。

为了提高规范化管理水平，她通过总结多年来的工作经验，根据调度岗日常工作要求，编制了《调度主岗工作手册》，使作业区调度工作流程更加详细、科学、合理。

她还不断总结工作中的成功经验，撰写了《加强长输管道输油调度工作的有效措施》《原油动态交接计量过程中的误差分析及解决措施》等科技论文，发表在《科技新时代》等期刊上，在更大的范围内推广创新成果。

2022年，罗光乐主动参加了新疆分公司鄯善作业区数字化应用项目的建设。她提出了低代码应用合理化建议，使该项目得以研制成功，并被评为新疆分公司一等奖、西部管道公司二等奖。

作为一名国家管网人，罗光乐在岗位上输送的每一滴油、每一方气，都是在保障国家能源安全过程中担起的一份责任和使命。这一切看似平凡，却意义深远。

老唐的春节美图

2023年的大年三十，酒泉输油气分公司酒泉作业区员工的朋友圈里好多人都晒出了这样一张照片：一位满头白发、全身穿红工装的"老者"迈着弓步，身体后仰，正对着举在面前的手机做鬼脸，旁边的年轻人搂着"老者"的肩，也一脸幸福的模样看向镜头，伴随着这张自拍照，还配有老唐的一句话：这是我们的幸福时刻，你们羡慕吗？

没错，这个满面容光、童心未泯的"老者"就是故事的主人公——老唐。

老唐其实不老，如果把他标志性的白发忽略掉的话，至少不是大家想象中的那么老。老唐名叫唐彪，1969年出生，广西玉林容县人，时任西部管道公司酒泉输油气分公司酒泉作业区党支部书记。

老唐这张照片一经转发，立刻引来了雪片飞舞般的评论：

"老唐这表情太浮夸呀！"

"有老唐的地方，欢声笑语格外多。"

"好 high 哟，感觉过年气氛已经到达了高潮，期待更多精彩续集。"

……

在被广泛地称为老唐之前，还有一个外号——"彪哥"。"彪哥"这个外号，听上去略带几分江湖味，原因多半是酒泉输油气分公司筹备和成立之初，老唐一人负责着管道、安全两大重头业务，好多员工刚来酒泉分公司都得过老唐的指点。那时候的老唐头发还没有全白，但大哥的气质已经表露无遗。

现在更多地被称为老唐，一是因为随着人员的变动，现在的他成了酒泉分公司自筹备成立以来，一直留在分公司的两位元老之一，他见证了分公司的十年变化；二是因为老唐广交友、真性情的人格魅力，让他每待过一个地方，总会聚起十足的人气，留下一票好口碑。

老唐的前19年是在绿水青山之间的家乡度过的。离开家乡，辗转西北近30

年，和老唐一起聊起家乡的过年习俗，他会说老家过年一般不怎么吃饺子，原因是南方面粉不如北方精，不好做皮儿。他还会自豪地提起了家乡容县是南方黑芝麻糊的产地。

如果让老唐回忆一下，工作这么多年来，在岗位上度过的那些春节，老唐总是最先拿出一张年深日久的照片，饶有兴致地讲起刚毕业的那年，在吐哈油田鄯善联合站过的第一个春节。

1993年，那时的油田和现在相比条件还不太好。作为刚分配来的大学生，他们十几个人住一间军营式的宿舍，睡很窄的行军床；宿舍没有电视，也没有电话可以打回家，有事儿最快捷的方式是发电报，所以除夕那天，他们在站上吃完年夜饭，几个人凑在一起打打牌，就算过年了。

现在的条件越来越好了，吃住行这些且不说，过节前有公司的专项慰问，节日期间有工会组织的各类文化活动，看电视更是不用说，食堂、宿舍、会议室，都有便利条件，宿舍楼都有无线网络覆盖，不光随时可以和家人视频通话，不同的单位之间在线分享过节实况也可以轻松实现了，这些变化老唐深有体会。

第二张照片，是春节期间老唐带领员工开展节日活动。这样的照片不是一张，而是很多，在老唐的电脑里和员工的手机里比比皆是。随便找一张都是满满的故事情节，都在讲述他在站场上过年的点点滴滴。

2007年，老唐已经在吐哈油田工作了15年。那时，距离西部管道公司成立刚刚过去2年多的时间，公司入驻乌鲁木齐，公司管辖的西部原油、成品油管道均正式进入生产运营阶段。

同时，我国第一条引进境外天然气的大型管道工程——西气东输二线工程开始筹备建设，油气管道事业前景广阔，大有作为，作为油气储运专业毕业的老唐那年38岁，却毅然选择了从油田走出来，成为一名管道人，这一干又是12年。

2019年，西部管道成立西二线筹备小组，老唐从新疆来到了甘肃酒泉，第一个春节是在筹备组租用的临时办公点过的，留下来在一起过年的只有五六个人。

那一年的春节活动项目很少，很多的时候就是在一起畅聊。他们一起畅想着未来工作环境的变化，想象着西气东输二线西段管道投产后会为下游的千家万户送去多少的温暖。他们还聊到很快将要有一大批年轻人来到这里，和他们一起投身现代化管道事业，守护国脉，输送"福气"。

他们聊天虽不那么热闹，却不约而同地透出一种热情和期盼。他们坚信，在他们和后辈的共同努力之下，刚刚诞生不久的西部管道公司一定会有更加光明的未来，公司里的每一个人都会为自己守护的油龙气脉而感到自豪。

截至2019年，十多年的时间里，老唐在岗位上过了5个春节，其中2次是在分公司机关部门，其他3次分别在玉门作业区、红柳作业区和酒泉作业区。

这些年里，变化最大的是公司日益高效的管理模式、是从一条线到五条线不断扩大的业务范围、是过节的地点和一起过节的人。而不变的是无论在哪里过节，老唐始终和员工们走得都很近。

老唐在酒泉作业区的第一个春节里，除了提前组织好作业区中心站的各项活动，老唐在春节期间还去了两次玉门压气站，一次是送年货，和站里几个"糙汉子"一起研究扎灯笼。另一次是带着人，带着活动项目，带着小奖品专门去组织趣味活动，老唐说："过节了，就得让每个人都动起来、笑起来，热热闹闹才是过年。"

老唐在站上过年时，列了近10个问题，和每一名员工谈心。关于收获与奖惩、岗位变动、婚姻与子女教育，听员工说委屈、提意见、道家常。在沟通中，员工说，老唐既像长辈又像朋友，有问题直接给你指出来。大家都说，总体感觉老唐这个人很真实，跟他聊完天像做了一个心灵"马杀鸡"，很舒服。

第三张就是文章开头那张春节时和员工们在站场快乐过年的照片。能有这样的照片流传在微信群里，大家都说主要是老唐的功劳。那么大家听听熟悉的他人怎么评价他吧——

"亲和力十足，好相处。"

"心态好，乐观豁达，不急躁。"

"自律，爱运动，充满精气神。"

......

　　成熟的人是思考问题不极端的人，是认识到所有人、所有事都有好坏两面的人，是谦逊、宽厚、知道每个人都需要爱与宽容的人，是有能力听取批评和进行判断的人。所以，综合来说，老唐是一个真实透彻，散发着成熟魅力的人。

　　老唐的春节照片，不仅看出了老唐越来越老，工作成绩越来越突出，也能看出红柳作业区的变化越来越大。

为责任而生的"大胡子"

毛超，人称"大胡子"。2009年来到了塔里木输油气分公司库尔勒作业区报到，其间人来人往，而他一直岿然不动，一待就是十年，从一个白面书生变成现在满脸胡须的糙汉子。

脸糙心不糙，几年的磨砺让他在机械维修班迅速成长。在这片热土上，他用自己的实力成为领导和同事们心中的技术大拿。

管道是脉，油品是血，输油泵就是管线的大心脏。有一次，库尔勒原油站主泵A机械密封泄漏量超标，严重威胁到了管道的生产运行。

机械维修班主要负责作业区设备的维护及保养。为确保心脏的持续平稳跳动，血脉平安畅通，他挑起大梁和班组人员反复研究图纸、咨询厂家人员、观看视频资料，推敲作业过程中的难点和关键点。

此外，他还积极协调上级职能科室，最终拿出了一份完整的机械密封更换作业方案。用4天的时间完成了机械密封装配作业，并一次启机试车成功，为分公司后续开展同类维修作业积累了宝贵经验。

在2017年分公司组织开展的3次"光管"行动中，为保障作业区各项工作顺利开展，他第一时间细致研究方案，对照现场细节逐一研究，有针对性地编制了现场回油方案、能量隔离方案、操作票、人员分工划分，让岗位员工有据可依，顺利完成现场各项工艺流程操作。

在库部线换管作业回油期间，因库尔勒站停输后出站压力在4兆帕左右，而站内压力是储油罐静压0.1兆帕左右，通过干线回油时由于压差太大，主管线震动非常大。因此，他提议通过再启动回流线将压力缓慢降至1兆帕后，再通过干线进行回油，从而顺利消除了管线震动过大的风险。

新增主泵调试期间，他一直坚守在一线，虽然加班加点是家常便饭，但他从未有过抱怨和牢骚。

"我们准备发主泵C启动命令，现场有没有问题？"

"没问题，设备都已准备完毕，随时可以启动"大胡子果断回答。这果断的声音充满了自信。这种自信来源于他对站上每台设备设施都了如指掌。

"大胡子"是一个讲究人，大家总爱说他是"外焦里嫩"，别看外表粗枝大叶，心里细着呢！近两年，由于现场施工开挖作业较多，他时常去施工现场查看，检查监督施工方，发现有违章的"苗头"就即刻制止，并时常告诫施工方不能只走耳朵不走心，更不能放松警惕。正是这种责任心和安全意识为项目的顺利完工提供了保障。

父母年迈，育有一女，妻子柔弱的肩膀承担了照顾老人和孩子的全部重担，这令他长年生活在对妻子的歉疚之中。可是，哪一个管道人不是这样呢？

每每和家人视频，电话那头女儿软软的声音期待地问："爸爸，你什么时候回家？"

"宝贝，听妈妈话，爸爸忙完这段时间就回家陪你……"说完这句话，他就有些哽咽。这个外表坚强的汉子心里充满了对女儿的思念和愧疚，因为他陪伴女儿的时间太有限。

"爸爸你别难受，我理解你。我听妈妈说了，你负责管西气东输的大管道，家里这边取暖、做饭都少不了你的努力。前几天，我在学校还写了一篇作文，叫《我的爸爸》，我们老师在课堂上还朗读了，大家都知道你很厉害。"

女儿刚上四年级，她的话语却让他充满了力量。"大胡子"放下电话，一次次地把对家庭的愧疚化作动力，在平凡的岗位上尽职尽责，把普通的工作干好，保障能源运输的安全，已经成为他的最高信仰。

总有一些人愿意多承担一份责任，并不是他们多么高风亮节，不惧牺牲，而是责任总是需要人来承担。就是这样，"大胡子"愿意比别人多一份责任心，多一份付出。大胡子就是这样的人。

戈壁滩上的"三员"守护者

前不久，一个名叫李富强的西部管道员工出现在了中央电视台新闻频道的直播当中。他穿着橙色的工衣，戴着白色的工帽，行进在一条管线旁边。于是，李富强上央视了，这个新闻在不大不小的圈子里传播开来。那么李富强是何许人也呢？

在说李富强之前，先说说他工作的了墩作业区。在中国西部的戈壁深处，有一群风华正茂的年轻人坚守着祖国能源大动脉，用辛勤的汗水默默书诠释着一名优秀员工的责任和义务，这个地方就是新疆输油气分公司了墩作业区。

作业区管辖油气管道总里程800多公里，辖区高后果区42个，管道200米范围内有百花园、娱乐广场、城市居民、企业及配套设施，涉及住户1200户、3500人，人员密集且比较复杂，容易造成第三方施工破坏风险。

李富强是了墩作业区的管道保护工程师、管道保护岗班长，他的工作就是当好西部能源大动脉的"守护者"。在十余年的管道保护工作中，他积累了丰富的经验和技能，在2023年初被新疆维吾尔自治区发展和改革委员会聘为油气管道保护领域专家库专家。

管道巡线人员每天开展4次管道巡检工作，主要从人防、物防、技防、信息防以及应急管控等方面采取措施进行管控。李富强，这个平凡的名字，因为是管道保护的管理员、管道保护宣传员和管道保护的联络员，而成为西部能源运输这项不平凡事业中的一个闪光点。

当好管道保护的管理员，是李富强的首要工作。刚开始入行时，面对纷繁复杂的管道保护工作，他一脸茫然，不知如何下手。但他暗自下定决心，一定通过努力使自己成为有知识、懂技术、敢创新的复合型人才。

抱着这股拼劲儿，他虚心请教、埋头苦干，通过不懈地努力掌握了数据采集、高后果区识别、风险评估、完整性管理、维修维护等工作。随着工作经验的积累和技能的提高,他尝试着在更高的舞台挑战和展示自己,积极参加了公司第八届职业技能竞赛并获得管道作业项目三等奖的好成绩。

好的成绩只代表过去,只有不懈努力才能不断进步。在公司高质量发展的征程中,李富强奋力作为,组织编制了《了墩作业区管道巡护标准化管理手册》,实现管道线路管理制度化、标准化,提升管道巡护管理质量。其中牵头起草的《新疆分公司在役管道开挖施工作业指导书》作为分公司的管道防腐层修理、各类缺陷整治、光缆浅埋整治及衰减维修等现场管沟开挖施工作业指导书,降低开挖损伤管道和光缆中断的风险。

央视新闻播报李富强巡线工作

接下来,他要当好管道保护宣传员。经过多年的工作,李富强深知,要想更好地保护管道,还是需要靠当地村民的力量。因此在每次管道保护宣传活动时,他都积极主动参加,很耐心地向村民讲述天然气管道一旦发生事故对村民自身带来的危害及管道保护的意义。

在十三师火箭农场,很多耕地下铺设的天然气管道给用地耕种带来了不便,一些村民对于天然气管道保护工作抱有极大抵触心理,见了管道保护人员就像见了"仇人"一样。在入户宣传时，被村民从家里推出来的现象时有发生。

为了打破这种不利局面，李富强尽自己最大的努力去走访村民，从跟他们拉家常开始，慢慢跟他们熟络起来，一步步将管道保护知识传递给他们。管道沿线的村民开始理解管道保护工作，让管道保护工作变成了全员共识。

当好管道保护的联络员也是重要的一项内容。在日常工作中，难免会遇到一些人或单位在管线范围内强行占压、野蛮施工等棘手问题。每逢遇到此类情况，李富强都会详细了解情况并积极与相关方沟通交流，开展普法宣传，签订安全管理协议。双方做好沟通联络，协调推进相关事宜。

针对极不配合的情形，李富强积极与地方政府、建设单位及执法部门沟通联系，按照发现情况、现场制止、协调沟通、跟踪监控、依法处置、专项汇报等处置流程，迅速反应，成功制止了多起占压管道、第三方管道附近施工等影响管道安全的施工作业。

李富强组织开展武装巡线（第一排左一）

在2024年年初，李富强积极沟通协调地方政府和辖区街道，对打孔盗油易发段管道两侧200米范围内的房屋建筑物（厂房）进行逐一摸排和检查，正式建立健全了管道保护管理台账。

工作过于平凡，甚至有些琐碎，每当有媒体来采访他，李富强总是说自己的工作没有什么惊天动地的大事，全是鸡毛蒜皮的小事。但正是这些小事的积累，才成就了西部管道保护的强管理、重宣传、勤联络的格局。而他的青春，也因为融入了出西部管道伟大事业之中，成为一道美丽的风景。

绕地球一周的巡线工

王军辉是独山子输油气分公司阿拉山口输油站的一名普通巡线工，也是阿拉山口输油站管道班班长。在大家的口中，他是大名鼎鼎的"王哥"。

王哥留给人的第一印象就是性格爽朗、干事麻利，虽然说着带有乡音的普通话，但做起事来踏实认真，包括管道安全这些大小事交给他，都会特别地放心。

现在，他已经坚守岗位20年，每天三次巡线，风吹日晒、霜打雨淋，练就了他脚踏实地、务实肯干的工作作风，王军辉也逐渐成长为阿拉山口一带远近闻名的"王哥"。

阿拉山口输油站是阿拉山口至独山子管道的首站，管道106公里范围由其管辖。在荒漠戈壁的旷野中，经常可以看到在梭梭草中矗立的黄色标识桩，一根一根向远方延伸，黄色标识桩的正下方就是管道所在。

管道经过区域经常会有施工方作业，因此要坚持每日奔赴施工点，防范安全事故的出现。因此，看护施工区域，预防第三方交叉作业时破坏管道，是王哥的一项重要工作。

一瓶水、一块抹布、一把铁锹、一台万用表、一套检测工具，身穿工服，头戴安全帽，脚蹬工鞋，一个双肩包，就是王哥巡线的标配。

每天王哥都会坐上管道巡护专用的越野车，开始日复一日地巡线。106公里的辖区范围，86户农田，每天巡线，他坚守了20年。无论寒冬酷暑，巡线工作从未停歇，防施工、做宣传、护三桩、查漏洞……

巡线最大的好处就是徒步锻炼身体，可就是太费鞋了，2024年的头两个月，他就穿烂了两双工鞋！因为王哥每天走路都在三万步以上，是站里每天步行比赛的第一名。

粗略地算一下，截至2024年5月，在工作的20年时间里，王哥巡线已经穿烂了100多双工鞋，走了约48000公里，相当于绕地球一周还要多。

巡线工作看似简单，但责任重大。输油管道一旦遭到外力破坏导致原油泄漏，不仅污染环境，还可能引发险情。为保护管道安全，在他巡线的班次内，只要有施工，他都会随时与施工方保持联系，及时了解施工周期、进度，有时甚至要不分白昼地蹲守。

不论酷热难耐的盛夏，还是数九寒天的严冬，王哥日夜穿梭在每一条管道之间，不放过沿途每一段管道、每一个可疑点、每一处施工现场。有时候，中午来不及吃饭，就一口水一块馕随便填填肚子。每到一处，他都仔细检查管道附属设施有无缺损、"三桩一牌"有无位移，管道有无异常。

有很多人以为管道巡护大抵就是去野外"放风"。但在王哥眼里，这不仅是工作，更是一种责任。由于阿拉山口常年大风天气，经常导致阿独线82#桩沙丘段沙丘移动，造成漏缆情况。

2024年1月，便发生了一次这样的险情，王哥当即启动应急处置，向站队领导汇报，对现场进行临时性的警戒和管控。大风中，王哥和工友们经过大半天的努力，82#桩漏缆情况得到及时解决，王哥也露出了笑脸。

"一寸管道漏查，晚上睡觉就不踏实，责任比天都大！巡线就是夏练三伏、冬练三九，没有坚定的冲劲儿，就巡不好线路！"王哥经过这样说手下的员工，也是在叮嘱自己。

阿拉山口有中国"风都"之称，"一年一场风，从春刮到冬"是阿拉山口的真实写照。据气象部门记载，每年8级以上大风要刮180多天，大风一起，山摇地动，飞沙走石，不但人不敢在外边走，连汽车也有被刮翻的危险。

阿拉山口的风真的很可怕，巡线道路上时常能看见汽车被吹翻，特别是冬季风吹雪，空气里到处都弥漫着细细的雪花，连路都看不见。有一年，风吹雪把雪吹得和围墙一样高，王哥出去巡线的途中车被风吹雪埋住，他和司机两个人拿起铁锹，用了5个小时，硬生生地把车辆挖出来，等回到驻地时天空已经是繁星点点。

在如此恶劣环境下巡线，王哥有时候觉得自己像排雷"工兵"，有时又像是一名"冲锋队员"。

管道巡护工的日常作业比较繁杂，除了巡护管道、检查管道沿线的第三方施工作业外，还需要积极与管道沿线村镇、农户协调，宣传管道保护知识。大部分老百姓很难理解管道保护的重要性，认为在自家农田"穿水管""修羊圈""挖地"都理所当然，这就给王哥增加了新的工作内容：做好管线保护的宣传工作。

王哥每天都会上门挨家挨户讲述宣传，给老百姓讲这条管道是国家能源大动脉，并通过典型事故案例当反面教材，为农户说法。他还时不时地会免费发放印有管道保护宣传语的脸盆、垃圾桶、环保袋、杯子等生活用品，告诉附近村民遇到任何问题，都可以随时拨打 24 小时安全热线。

管道在建设期，穿越 83 团 19 连农户郑国军家的耕地时，使用混凝土涵管进行管道穿越水渠段疏水。因长时间淤泥堆积，排水不畅，管前积水，导致排碱渠和耕地地下水位上升，土壤中的碱性物质不能及时排除，农作物产量下降，影响周边农户种地。

郑国军找到王哥说明情况，王哥当即跟随郑国军来到农田勘察核实，并与当地连队及农户多次进行协商处理，向领导汇报情况后，确定了最终解决方案。将涵管排水改建成浆砌石梯形渠道过水，不仅不影响农民种地，还能够保持水流畅通，更好地保护了管道安全。

从此，郑国军的脸上露出了笑脸，对王哥刮目相看，更加理解支持王哥的工作，还多次帮助他做其他村民的思想工作。

闲暇之余，王哥带领兄弟们经常帮助家庭比较困难的农户捡棉花、摘枸杞。农户棉花、枸杞卖不出去的时候，他还帮助卖棉花，相处得十分和谐。

作为阿拉山口输油站的"元老"，王哥 20 年扎根于此，不仅踏遍了所辖管道每一寸土地，而且管道沿线地形地貌、管道基本信息早已刻入他的脑海。有管道的地方就有王哥用心呵护管道安全的身影，他已经成为管道安全的"守护神"！

从"润滑剂"到"安全机长"

提起西部管道的赛依克江·吾龙,大家都知道他是哈萨克族人,还精通维吾尔语、汉语等多种语言,是中国西北能源通道国门第一站——霍尔果斯压气首站为数不多的少数民族员工之一。

他先是在霍尔果斯计量站担任技术员并兼职翻译,后又承担起伊宁首站安全生产和周边管道安保维稳的职责。他发挥精通多种语言的优势,成为国门站上下游沟通协调和多民族团结合作的"润滑剂"。

赛依克江·吾龙,是独山子分公司霍尔果斯作业区一名普通的哈萨克族员工。1983年他出生在新疆伊犁尼勒克县二牧场雪山沟,那里高山上四季被雪覆盖,周边有一大片草原,村子里主要以哈萨克族和蒙古族牧民为主,过着游牧生活。

他出生在传统的牧民家庭,兄弟姐妹6人,是男孩中排行最小的一个。按照哈萨克族的传统,家里最小的儿子要肩负赡养父母的义务。父母起初对他的人生规划是不需要太高的学历,能识字数数、自食其力就行。

他的父亲常对他说:"赛依克江,读完初中你就出来工作。家里有几十头羊,没事放放羊,每年卖几头羊,就足够你过好日子了。存下一点钱,再添置一辆小汽车,有空了还可以带着我们到处转转!"

赛依克江·吾龙有一段时间辍学回家放羊。老师觉得可惜,在他爸爸面前苦口婆心地做工作,他自己也是一肚子不甘心,他想走出这片草原,看看外面的世界。最终,他做出了人生中最重要的选择:重返校园继续学习,用知识改变命运。

读书时的赛依克江·吾龙十分刻苦,成绩也一直名列前茅。他最终如愿以偿地考入了西安交通大学热能与动力工程专业。

看他这么爱学习,父母让他去放羊养家的话也不再提了。2009年,他以优异的成绩完成了大学学业。当时，正值西部管道事业发展的高峰期，留内地还是回新疆成了摆在他面前的难题。

他思前想后，西部大开发的前景鼓励着他，他最终选择了回家乡去参与西部建设，投身西气东输管道建设的洪流之中。自己不仅可以建设家乡，还能留在父母身边，他觉得这是他最为正确的选择，他的父亲也为他感到高兴和骄傲。

赛依克江·吾龙工作的起点是中哈天然气管道的末站，即霍尔果斯天然气计量站。这里是"国门第一站"的一部分，是西气东输二三线的"龙头"站。

刚到站场，作为实习员工，站队领导就告诉他："我们就是公司的'秤杆子'，所有工作都影响计量交接，涉及国家利益，必须有高度负责的态度，不能有半点马虎。"从入站时的教诲到后来的企业文化教育，"责任"这个词慢慢地渗透到了他的血液中。

抱着学习的态度，他从最基础的调度运行做起，认真完成每一项工作，在工艺设备专业Ａ岗和计量专业Ａ岗技术员的锻炼中，他与西气东输二三线"龙头"站一起成长、一起进步。

实习结束分配时，从小接受双语教育，经常接触维吾尔族、哈萨克族等少数民族同胞的经历，为他的工作提供了很大的帮助。为了同哈方人员保持良好的沟通，站上就安排他做对外联络工作。

此后的工作中，精通多种语言的赛依克江·吾龙，开始常常"扮演"翻译的角色，结合自己所学的专业知识，用哈萨克语同中国和哈萨克斯坦计量站的哈方人员沟通情况。一来二去，他与哈方人员建立了深厚的友谊。

多一份了解，就多一份理解。在弄清楚了生产上的问题后，计量站里在停输检修、计量化验等方面的摩擦少了，效率高了、协作更顺畅多了。站上的小伙伴笑称他是中哈管道的"润滑剂"。

虽然这个特殊称号听起来有些过于诙谐，但赛依克江·吾龙从团队的鼓励中看到了的认可和信赖，也从自己一点一滴付出中收获了"国门有我"的自豪感。

2013年底，伊霍煤制气管道建成投产。首站位于英也尔乡，周围是10个少数民族村庄，管道沿线也居住着很多少数民族群众。在外人眼里，建在山坡上的伊宁首站就像一座"孤岛"。

伊宁首站本身也是一个多民族的站场，有汉族、维吾尔族、哈萨克族和回族4个民族。站场投产不久，独山子输油气分公司就调赛依克江·吾龙到伊宁首站去负责那里的管理工作，希望他继续发挥"润滑剂"的作用，他欣然接受了这样的工作安排。

由于站内员工的文化观念、饮食习惯存在差异性，时间长了难免在生活和工作上产生小矛盾。到了站场，赛依克江·吾龙做的第一件事就是发挥"润滑剂"长处，做好人的思想工作。

他知道，如果队内的员工不团结，不能和睦相处，就无法齐心协力保障安全生产。于是，他琢磨出了团结、帮助和发动"三步走"工作思路，渐渐地打开了局面。

哈萨克族有句谚语："离群的羊会被狼吃掉，兄弟团结有马骑，妯娌和睦有饭吃。"赛依克江·吾龙先与每个人谈心交心，倾听大家的心事。在摸清了情况之后，他在开展生产工作的同时开展思想工作，创造大家沟通协作的机会，见缝插针地调解矛盾。不到半年时间，原本的"问题小站"成了"温馨大家庭"。

当时，站上有三名48岁左右的维吾尔族员工，由于以前从事的是维修岗和装车岗，对计算机很生疏。转岗后，他们需要使用自动化办公，这让老师傅们犯了难。

看到这种情况，赛依克江·吾龙就反复给他们做工作，告诉他们学习新技能的重要性，鼓励他们要有自信。他还亲自手把手教他们使用键盘、鼠标，一步一步讲解怎么登录、输入和查阅资料。

半年左右的时间过去了，老师傅们在他的调动下，坚持练习，最终掌握了各类常用办公软件和系统，慢慢地可以独立顶岗了。新技能激发了新的热情，现在他们的岗位工作干得有声有色。

建站初期，负责管道保护的汉族同事由于和当地群众语言不通，在几次沟通协调中都无功而返，防恐维稳、占压清理等形势非常不好。

针对这些情况，赛依克江·吾龙就和站内维吾尔族同事一起到附近的农牧户家中拜访、交流，用情感拉近与他们的距离，尤其是一到春耕等占压多发期，他们就主动到管道沿线农牧民面前协调。

有一个叫布尔克特拜的牧民，每天赶着羊群在首站周边放牧，带的水喝完了就到站上来打水。赛依克江·吾龙就抓住每次机会，热情地接待他，试着跟他打成一片。

起初，布尔克特拜很谨慎、少言寡语。时间长了有了一定的感情，他也管员工们叫"阿达西"了（维吾尔语"兄弟"）。有几次还主动向赛依克江·吾龙反映了线路上的第三方施工情况。

赛依克江·吾龙多次向他表示感谢，布尔克特拜却认真地说："阿达西，这是我们共同生活的地方，需要我们共同来保护。"当布尔克特拜说出这句话的时候，赛依克江·吾龙感觉很惊讶，也很感动。他相信这里的各民族的人就像石榴籽一样紧紧地抱在一起，保护自己的家园。

赛依克江·吾龙（左一）与布尔克特在一起

伴随"国门站"的发展,他在不同的工作地点、不同的岗位得到了锻炼,在组织、领导和同事们的帮助下,迅速成长起来。但赛依克江·吾龙深知,仅靠掌握了几门语言去当"润滑剂",对于自己的职业生涯来说是不够的。

压缩机是整个站场的核心,是技术路线上的高地,他必须掌握更为重要的技术语言去和压缩机对话。他深知自己目前所掌握的专业技能还远远不够。于是,他做出了新的选择:主动申请到霍尔果斯作业区从事压缩机管理工作。

"岗位责任永远大于管道压力",首站人始终在这种紧迫感和危机感中努力着。赛依克江·吾龙经过多年的努力,在压缩机维修领域不断前行,取得了长足的进步。

如今,他已经是霍尔果斯压气首站压缩机班的班长,成了8台进口压缩机的维修技术高手。压缩机和飞机的发动机是一个原理,国门首站的8台机组连续多年无故障运行,赛依克江因此又有了"安全机长"的美誉。

赛依克江·吾龙以多种语言为桥梁,成为中哈管道合作过程中的"润滑剂";以技术为引领,成长为确保国门首站压缩机组安全的机长。把公司的需要作为自己的前进方向,为西部管道的发展与繁荣,他将不断蜕变、不断升华、不断书写出新的篇章。

西部戈壁滩上行走的"油画"

进入 2023 年 11 月，冬供出征的集结号已经吹响，陈翔作为西部管道酒泉输油气分公司酒泉作业区"90 后"员工，乐观开朗的笑容如《超能陆战队》中呆萌善良的"大白"，以压缩机守护卫士的形象坚定地接下 12800 小时攻坚战的"接力棒"。

西部员工的工衣为橙色，由于每天工作时在压缩机上爬上爬下，工衣上时常会被油污和灰尘弄得"色彩斑斓"，犹如梵高的油画一般。远远望去，人就成了一幅行走的油画。

陈翔这幅油画每天都在忙碌什么呢？如果你在现场碰到他，他十有八九在发号施令：

"现在进行二线 1# 压缩机半月启机测试，阀杆密封排气口检查，VSV 校验盘车，站控值班人员注意报警！"

"现在准备进入箱体进行压缩机的排查和保养。"

……

要说冬季保供这段时期谁是作业区最忙的人，从对讲机里传出的声音频率就能知晓，陈翔是其中之一。凭着过硬的专业技能和一丝不苟的工作态度，陈翔完成的维护保养作业总是精细、规范、专业。

"本次机组温升放空阀更换维检修作业完成，我承诺作业符合'四个标准化'要求！请运行组放心进行能量隔离恢复作业！"作业过程中陈翔严格对照"工器具摆放、手指口述、能量隔离、维检修作业"标准化的要求，安全、高效完成全部工作，郑重交接给运行组进行能量隔离流程恢复。

"果断、果敢，总是能准确抓住问题，不放过任何细节，任何一处监控数据曲线的波动背后都可能存在异常，他能第一时间排查出问题症结，快速进行隐患整改。"陈翔的好搭档张游这样评价他。

为了备战冬供，陈翔根据作业区 10 台机组性能，编制了冬季保供重点作业大表。机组停运过程中，他抓紧对机组所有管路进行一一排查。尤其对于隐蔽区域，他也不放过，想方设法看清摸透，是不是有搭接磨损，有没有探头松动以及渗漏现象，有疑问立马沟通，确认。他呵护每一台机组的细心劲儿让大家只有一个字"服"。正是这份勤奋好学，严谨作业，让他成为对讲机无线电波里在线最多的人。

陈翔带领新员工进行压缩机孔探作业（右一）

冬供最忙碌的十二月来到，陈翔与同事更加忙碌了，一幅幅油画交织在一起，成了一组移动的塑像。备用机组西二线 2# 机组启机测试，他拿着泄漏检测仪、擦机布等常用工具到达机组现场仔细检查。启机流程进行到燃调气管线吹扫时，他感觉到有一些不对，停下来又仔细分辨了一下，尽管厂房里的轰鸣声很响，但他熟悉压缩机组每一处的声音。

他先是吩咐员工张游马上看一下温升放空阀 XV222 状态是不是正常，燃调气管线没有正常吹扫。与此同时，他快速返回站控室开始信号排查，然后将自己的判断报告各级调度后，再次进行测试，最终确定果然是西二线 2# 压缩机温升放空阀存在卡涩情况。

温升放空阀卡涩，如不及时处理，会直接导致压缩机启机进程终止。于是，他迅速上报作业计划、查看物资、准备更换，保证了备用机组随时可以启机运行。这一通忙碌过后，这幅行走的油画已经汗渍斑斑。

为了保障机组的平稳运行，陈翔真的就像一个体检医生一样，泡在压缩机厂房里，一根管路一根管路地梳理，掌握燃驱机组的"脾气秉性"。压缩机矿物油橇和压缩机机头连接处狭小的空间，需要爬着才能进入，他二话不说，脱去保暖的棉衣爬着就进去了。

厂房的寒冷丝丝入骨，他却干得满头大汗。就这样他的工服总是比别人的脏一些，时间久了，一些污渍就洗不下来了，斑斑点点，像给工服上描了画。可他却拖着长音朗诵了一句："让我的'油画衣襟'尽情地渲染冬供的靓丽色彩吧。"

在同事的心目中，陈翔平时说话幽默风趣，工作时候认真严谨，机组知识清晰明了，被称为行走的"机组说明书"。"说明书"和"行走的油画"有些不搭，但却真实地反映了陈翔的平凡、琐碎但却意义重大的工作形态。

面对今天的压缩机维修高手，很多人想不到陈翔刚入职时，从事的是仪表自动化专业。别看他平时说话慢悠悠的，可遇到专业上的事儿，他反应灵敏、许多东西他都愿意钻研，而且领悟力高，师傅引进门，他就能够举一反三快速掌握。

后来，作业区压缩机专业人员较少，领导跟陈翔谈起调整岗位。他毫不犹豫地同意了，他说："知识是相通的，只要想学愿意干！"自此，他毅然走上压缩机攻坚战的岗位，从头开始学习专业知识，一年左右的时间，就快速成为压缩机青年主力军。

2022年冬季保供，他有序地开展压缩机"健康体检"，先后完成西三线压缩机组一键启停逻辑优化、西二线1#机组防喘阀大修及西三线电驱机组8K维护保养……

进入2023年的冬天，他更是坚守在最关键的岗位上。一幅行走在中国西北部寒冷戈壁滩上的油画，用青春的智慧守护着压缩机组这个天然气长输管道的"心脏"，奉献出温暖点燃下游用户的"烟火气"。

有一种坚守,与胡杨同行

  胡杨又称胡桐,树高 15～30 米,杨柳科落叶乔木。胡杨,是生活在沙漠中唯一的乔木树种,能够扎根到地下 10 米深处吸收水分,可以长期适应极端干旱的大陆性气候和大幅度变化的气温。世界上的胡杨绝大部分生长在中国,而中国 90%以上的胡杨又生长在新疆的塔里木河流域。胡杨树在刚冒出幼芽时就拼命地扎根,在极其炎热干旱的环境中不断向上生长。当他走向衰老时,会自行断脱树顶的枝杈和树干,逐渐降低自己的高度,依然枝繁叶茂,直到老死枯干,仍旧站立不倒。因此被赞誉为"生着千年不死,死后千年不倒,倒地千年不朽"的英雄树,是"死亡之海"的生命之魂。西部管道人用大爱书写的"坚守"二字,真正诠释了胡杨"不因干旱而枯萎,不因风沙而飘移"的生命价值。

"管道保护宣传大使"王治明

2023年12月24日,兼职巡线员王治明光荣退休了。退休当天,他被西部管道公司特聘为"管道保护宣传大使"。这个称号也是对他20年巡线工作取得的成绩的最大褒奖。

2021年11月23日下午,突然刮起了西北风,吹得农田里、荒野上尘土飞扬。正在巡线的王治明习惯地拉高了拉链、压低了帽檐,眯着眼,加快了巡检的脚步。

老王负责巡护的管道区段,有常年流水的疏勒河,也有颠覆大西北黄沙蔽日和常年干旱传统印象的湿地,还有拼命向太阳索取温暖的燥热草原。

单条线路虽然只有五公里,但每走一遍都会有完全不一样的巡护体验。日复一日,老王一步一步绕过河流、穿过湿地、踏过草原,在管线上方踏出一道道足迹。

来到疏勒河流域的一处管道湿地穿越段,老王像往常一样,计划重点检查一下这一片环境敏感区管道线路情况,如果没有什么问题他就可以结束今天所有的巡线工作了。

就在此时,老王突然发现不远处的湿地溪水有点不太对劲。停下脚步,定睛一看,好像有好几处冒泡的地方,老王心里"咯噔"一下,心想,上午过来不是还好好的么,这是什么情况?于是他立即加快脚步,前去一探究竟。

看到水里咕嘟咕嘟地冒泡,老王愣了三秒,下意识地卸下背包、趴下身子,仔细端详。这个时候,有一股臭臭的味道扑面而来,这味道他这辈子都没闻过。

老王忽然想到,作业区召开月度巡护工作会时,培训过天然气泄漏的外在表现,其中就有这样的描述。瞪大眼睛的老王,此时意识到有可能是管道出了问题。他心里只有一个念头——第一时间报告。

老王急忙掏出电话,跑到闻不到味道的地方,拨通作业区副主任赵亮的电话，着急忙慌地说："赵……赵主任，我在疏勒河湿地管道穿越点这儿，好像是咱的管道出什么问题了，你过来看一下吧，水里面咕嘟咕嘟冒泡呢，味道臭得很……"

"确定是有气泡是吧？这样，你先站远一点，在那儿等着，我们几分钟就到！"

不一会儿，作业区陆陆续续来了一拨又一拨人，现场检测的检测，拉警戒的拉警戒。老王从没见过这样的阵仗，但他心里知道，肯定是出事儿了，而且是大事儿。

当天晚上，老王始终没有离开现场，一直参与现场的抢险。土生土长的老王发挥他独有的优势，不仅帮助抢险队第一时间找到了附近鱼塘主人，完成了管道抢险前期水流源头的封堵和围堰的协调，还主动联系当地3台挖掘机和2台装载机迅速赶赴事发地点，参与到开挖处置前期工作中。

一直到凌晨2点，老王才回到家中。他的家就在西一线33号阀室跟前，他和老伴都在线路上担任巡线工。回到家，他和老伴聊了一会今天的情况，就累得倒头睡下了。

第二天，老王比往常起得还要更早一点，简单地吃了点东西，匆匆忙忙地赶到线路上去。他一直惦记着线路上的事故处理得怎么样了，看看事发点现在是个啥情况，自己该做点什么，能做点什么。

到了现场，他看到昨天的小溪已经变成了一个巨大的土坑，一台高高的吊车立在旁边，七八辆挖掘机装载机轰鸣不断作业，几十辆抢修车排满了村边的小路，而密密麻麻穿橙色衣服的人群缓缓向他走来。

"王师傅，终于见到你了，多亏你及时发现泄漏情况，给我们争取了更多的抢修时间，大家都非常想当面对您说一声谢谢啊！"队伍中，一位戴眼镜的陌生人，紧紧拉着他的手说道。

"我……我这也没啥大不了的，这是应该的，应该的……"听到这话，老王竟一时不知说什么了，只是羞涩地嗫嚅着。后来他才知道，这位感谢他的领导是时任西部管道公司执行董事、党委书记的张平。

正因为老王认真巡检并及时发现汇报，为这次管道天然气泄漏事件赢得了最佳的抢险时机。他也因此被酒泉输油气分公司授予"突出贡献奖"。

老王能够当上巡线员，能够获得这样的奖励，多亏了他老婆赵永红。2002年夏天，西气东输一线正在紧张建设，当地乡政府帮忙招聘巡线工，在同为巡线员的妻子赵永红的鼓励下，他在瓜州作业区走上巡线员岗位。

就这样，老王一干就干到了退休的年纪，粗粗算来，他至少在管道线路上奔走了十余万里路，相当于走了十次长征路。

多年巡线路，他曾骑坏过5辆摩托车。2018年后，作业区推行精细化巡线，要求管道穿越农田段、高后果区必须徒步巡线，老王从此每天都要携带GPS打点巡线。告别了摩托车，他发现自己的鞋子经常不够穿，每年至少要穿烂5双巡护鞋。

每天5小时20公里左右的徒步里程，让他每天微信步数都保持在三万步以上。这样的巡线，他雷打不动地坚持了7300多天，哪怕是大年三十也不例外。

谈起自己的工作，他经常和村里人炫耀，自己一年的巡检路，可以从家里走到北京再走回来。

徒步巡线，不仅让他练成了一副百病不侵的好身体，更让周边管道线路走向和三桩一牌都刻在了他脑子里，因此，作业区员工都亲切称呼他为"活地图"。

老王从年富力强的壮年，到如今年近花甲、两鬓斑白，他始终面带笑容的黝黑脸庞上，留下了这20年巡线路上的所有风霜雪雨，也写满了他对管道巡护这份工作的执着与热爱。

20年来，老王见证了西气东输一线、西气东输二线、西气东输三线和双兰线的建设历程。每当看到一条条管道从村里的农田、附近的湿地遁地穿越，他知道自己的巡线责任更重了。因为王治明只认一个道理：管道是国家的，干好巡线就是为国家奉献。

2023年下半年，他结束了一个人的"旅程"，身边多了一位徒弟白永明。

"这个活不能偷懒，也偷不了懒，假如没有巡线，是糊弄不过去的。"这是老王传授给徒弟的工作信条。20年积累的经验，他毫无保留传授给了白永明，徒弟和他一个村，带着徒弟在巡线路上走了5个多月，他评价徒弟干得很好。

西一线和西二线的管道离王治明家只有300米，站在院子里就能看见西一线33号阀室，他的巡线范围还有西三线和双兰线，哪条管线服役多少年，哪一段管线经过河湿地、农田，他心里都有一本账。

2023年退休后，他开始羡慕还走在巡线路上的妻子，有时忍不住还向她叮嘱一些注意事项。

离岗后的日子，虽然不巡线了，每天早上8点，他还是习惯性地要去管道边上走一走、看一看，能在管线上走一走，发挥点余热，会让他觉得很安心。

老王退休后，放下巡查背包的他，却放不下相伴了20年的管线，仍对巡线路上的一草一木都充满牵挂。家里人笑他得了职业病，他说："这么多年了，我对管道有感情了。"

王治明在巡线员的岗位上，用平凡书写了伟大，用认真负责挽回了巨大损失，用脚踏实地在岗位上留下了一种精神，一种值得传承的精神。

当好国门的"秤杆子"

人们常用"眨眼间"来形容时间过得飞快。人眨眼一次是 0.2 秒，在这么短的时间里，万事万物很难发生多大的改变。

但是在西气东输首站霍尔果斯压气站，在这一眨眼的时间里，却会有 300 立方米的天然气飞速通过，足够一个三口之家用上整整一年。在霍尔果斯首站，为这一眨眼 300 立方米天然气把关的计量员就是郑塈迪。

工作中的郑塈迪

干练的短发，走起路来风风火火的郑塈迪从事的计量工作是能源管网正常运行的重要环节，特别是跨国管道的能源计量，不仅关系到下游用户的生产生活,而且关系着国家之间的正常贸易交接。

因为责任重大,所以在这里做计量工作的人才会被人们称为"国门秤杆子"。但是,想做一个优秀的"秤杆子"并不容易,需要付出比其他人更多的努力、流更多的汗水。

初到这里工作的郑墾迪,十分喜欢将一些写有格言的纸条贴在桌子上作为座右铭,督促自己好好学习,不断进步。这种格言经常因她的心情好坏、工作成绩的起伏而不断更新。

来到霍尔果斯工作不久,她又给自己找到了一条新的座右铭:"计量工作关乎国家利益,必须认真负责,一分一毫都不能懈怠!"

但干好一份工作,光有认真的态度不行,还要有过硬的业务能力,而提升业务能力唯一的办法就学习,学习,再学习。

她不知疲倦地向师傅们学习,向书本学习,向他人的经验学习。从声速核查、参数设置、气体标定等日常操作,到一些复杂技术难题的应对;从对照说明书反复熟悉设备结构和软件,到黏着技术人员询问故障原因和维修方法,郑墾迪凭借执着、勤奋的精神,成了同事们津津乐道的"学习达人"。

学习让她与那些朝夕相处的设备成为挚友,她掌握了它们的禀性,摸清了它们的脾气。从第一立方米天然气进入西二线管道到现在日输量上亿立方米,她能从设备的每个"小脾气"中察觉到异常:流量计的温度变送器示值偏高,就要"感冒了";流量计的探头增益不断上升,应该是"耳朵"有了问题……

有问题就得解决。为提升计量准确性,她组织开展西二线流量计算机时钟同步改造,有效避免了计量偏差。

勤奋、无私是她圆满完成工作任务的基础。2019年9月,因干线动火,霍尔果斯压气首站具备停输作业条件,但要在短短72小时里要完成9项作业。

由于作业时间紧、人手少,郑墾迪不仅要组织改造二线分析小屋取样探针、维修强制密封阀,还要参与SCADA功能性测试。

白天她和同事们一起穿梭在作业平台上跑上跑下,晚上还要经常和同事们一遍遍核对作业方案可行性,复盘今日作业完成情况,确保作业没有漏项,风险全部受控。

勇于创新让郑曌迪不断突破成长上限。在我国最大的煤制气管道——伊霍线投产初期，由于上游气源受工艺影响气质组分波动较大，组分手动置入的方式引起了较大的计量误差。郑曌迪和同事位通过对软件进行改造，实现了计量系统中色谱分析仪数据的实时更新，弥补了站场计量系统设计中的漏洞，极大提高了计量的准确性。

作业完成后，郑曌迪总结作业过程中的典型做法和优秀成果，与倪啸杰、叶生发等人撰写了《西气东输二线典型站场计量系统中实现时间同步的方法》，并在科技期刊上发表，项目成果还以 QC 活动形式多次获得新疆维吾尔自治区奖项。

2020 年新冠疫情来袭，霍尔果斯作业区不得不两次实行站场封闭管理。作为党员干部，郑曌迪选择坚守一线。

随着疫情发展，站场生产保供任务更加艰巨。2020 年 2 月，现场超声波流量计、色谱相继发生故障，由于设备维修操作需要厂家授权密码，按照惯例需要厂家到现场维修。但面对封闭管理的局面，已经无法实行。如果不修，一直等下去，将会耽误生产，造成巨大的经济损失。

在设备物资短缺、外来人员无法进站的情况下，郑曌迪主动与厂家沟通协调取得授权，利用废旧物资进行拆卸组装、设备组态，先后完成 SPU 板卡、TCD 检测器维修工作，保障了计量交接工作的顺利进行。

在霍尔果斯的 10 年间，她凭借自己在实践中得到的数据和积累的经验，开始为跨国能源计量标准的完善提供帮助。最终将作业区的计量时间偏差控制到了千分之一秒。

这意味着在首站每天 1.4 亿立方米的输量下，时间引入的误差仅为 2 立方米，远超管输行业精度要求，她也因此获得了"国门秤杆子"的称号。

此后，她被评为"国家管网集团巾帼建功标兵"，而她所带的霍尔果斯作业区计量班组也于 2018 年获得"全国质量信得过班组"荣誉称号。

勤奋学习和努力工作，让她实现了从陌生到熟练，从小心翼翼到从容不迫，从计量工到计量专家的华丽转变。

有一组数据，从侧面可以证明这种转变给霍尔果斯压气站带来的变化：自2009年12月投产至2022年6月，西气东输二线、西气东输三线首站——霍尔果斯压气首站已累计向下游输送中亚天然气超过4000亿立方米。

在此期间，从未发生一起计量数据误差问题，作为首站计量负责人的郑塱迪真正地发挥了"国门秤杆子"的作用。

在霍尔果斯作业区，郑塱迪在将工作干得风生水起的同时，也收获了自己的美好的爱情。然而，能将计量时间误差控制在千分之一秒的她，却在一年的时间里排不准自己的婚期。

2017年5月，她和同是霍尔果斯作业区员工的田江伟原计划回家乡举行婚礼，当时正赶上国门站开展最高输气能力测试，她果断地把婚期推迟到了10月。

到了10月，管线上游突然出现气质不稳、计量间歇性偏差问题。为找到最优解决方案，她和男友商量后再一次推迟了婚礼。

郑塱迪所在的独山子输油气分公司党委在霍尔果斯召开深化国门站标杆建设现场会，得知这一情况后，决定为他们在站里举办一场特别婚礼。

12月9日，伴随着婚礼进行曲，工装代替了婚纱，作业区食堂变礼堂，同事当司仪，领导来证婚，订蛋糕、买喜糖、印海报……一场特别的婚礼在站场内设备的轰鸣声中开始了。

上午还拿着工具在站场作业的两个人，此刻脸上洋溢着幸福和甜蜜，深深地感染着在场的每一个人。同事们纷纷拿起手机记录下这一美好时刻，为这对在工作岗位上举行婚礼的新人流下了眼泪。

2021年3月，因工作需要，郑塱迪调离了霍尔果斯作业区。在走之前，她坚持要再参加一次霍尔果斯站的升国旗宣誓仪式。

10年来，这样的升旗宣誓她参加过无数次，可那一天，望着鲜红的国旗，她流泪了。

郑曌迪在国旗下宣誓

　　那一刻，她流下的是自豪的泪，也是难舍的泪，难舍这洒满青春汗水的站场，难舍肩头那份让她坚强、自豪的责任，那份只有经历过才会真正懂得的"国门秤杆子"的责任。

　　柔肩担重任，巾帼绽芳华。

红旗大院里的高原精神

兰州输气分公司德令哈作业区坐落在巍巍的昆仑山下，管辖着我国平均海拔最高的涩宁兰天然气管线上的 2 座压气站、1 座分输站、23 个阀室，以及 666 千米管道，是涩宁兰管道上最大的作业区。

德令哈人的一张合影

2002 年 1 月，刚开始建设德令哈分输站时，只有 4 个人和几间临建房。那时候的德令哈可谓是"风吹石头跑，氧气吃不饱"，环境十分恶劣。尤其到了春天，高原上的大风一天到晚刮个不停，还动不动有龙卷风袭来。在某一个傍晚，站场的几个员工正在屋子外面吃臊子面，一场大风突然袭来，把大家居住的屋顶一下子就掀翻了，好在人躲避及时，没有出事。

就是在这样的环境之下，一代代德令哈人以顽强的毅力，凝铸了"缺氧不缺精神，艰苦不怕吃苦，海拔高境界更高，风沙强意志更强"的高原奉献精神，鼓舞了无数高原管道人。

多年以来，德令哈作业区先后获得了"全国工人先锋号""百面红旗单位""新时期十大标杆集体"等多项荣誉。这些荣誉，成为高原一线的管道人用坚守凝结成的高原精神的最好体现。

昨天的荣誉，贴在了今天的墙上，到了明天就成了过去。随着人员流动等多种原因，德令哈作业区的高原精神出现了滑坡，"红旗站"在荣誉的光环里一度迷失了前行的方向。2014年，德令哈作业区在兰州输气分公司组织的技能竞赛中被"剃光头"，年终绩效排名下滑至倒数第一。

德令哈上下都坐不住了，作业区连夜召开党员大会、员工大会，党支部书记李军进行了深刻地分析和总结："我们不能守着精神缺精神！不拿回丢失的荣誉，我们誓不下高原！"那一刻，责任和担当这两个词重重地砸在大伙的心头。

"不行，必须把精神再找回来！"党支部书记李军下定决心。

事情的转机来自作业区员工张芳的父亲的一次来站探亲。

老人曾是一名铁道兵，曾经在乌兰县修过青藏铁路，也曾经支援过多地的石油会战。出于对老人的敬重，德令哈站准备了一场"神秘"的欢迎会。

当老人被搀扶着走进会场时，全场掌声雷动，老人激动得哽咽地说："当了一辈子工人，今天头一次感受到这么光荣。"

那天，李军和大家一起围坐在老人身旁，听他讲石油会战的故事，欢迎会开成了故事会。在老人的追忆中，大家重温了石油人创业的苦，也感受到自己守业的甜。

会后，李军带着"老革命"参观"新管道"，大伙还动情地给老人唱起了《德令哈之歌》。那一刻，让大家明白了精神滑坡表面上看是萎靡消沉，归根结底是传承的缺失，缺了精神之"钙"，丢了创业之"魂"。

经过讨论和思考，德令哈站决定以凝聚人心、鼓舞干劲、成就团队为目的，以"铸魂"和"育人"为突破口,围绕"树红旗情,做红旗人,干红旗事",倾力打造"红旗文化"。

他们给德令哈站起了个新名字,叫"红旗大院",开始抓住一切机会建设"红旗文化"。召开故事会让员工说家史,高唱《德令哈之歌》聚家情,让先进登上光荣榜正家风……曾经的"百面红旗"正在重新焕发光彩。

红旗文化让大家的精神面貌和工作斗志焕然一新。在一次50年一遇的暴雨中,涩宁兰双线同时被冲出悬空。面对险情,员工们主动请战,连续奋战三天两夜,投掷了2700个沙包和220个石笼,赢得了抗洪抢险的胜利。这才是真正的"硬核"操作!

事后,党支部给"十六勇士"每个人奖励了一个杯子,上面印有"抗洪纪念",目的就是让职工明白:我们是一个整体,都拥有共同的名字——"红旗大院"德令哈。

为了清晰地告诉职工怎么做"红旗人",党支部制作了"红旗大院"的家风墙,让"小人物"去讲"大道理"。

这些代表人物有专心钻研压缩机技术15载,成为涩宁兰的压缩机大拿的张洪涛;有15年如一日,用脚步丈量责任的管道班班长马广智,有以"弄清自己的地,守好自己的田"为责任的老管道李生财……

为了让职工明白怎样干"红旗事",德令哈站动员职工帮助一对撒拉族老人建鸡舍、买鸡苗、养土鸡,并利用互联网对外销售,成功使老人当年脱贫。

为帮助老人寻找失散20年的女儿,他们还发起"寻找索菲亚"的寻亲活动。在老人女儿回乡团聚的那天,全村老少都帮助打扫卫生、布置庭院,站内职工也集体前去祝贺,上百号人像过年一样在一起吃了顿团圆饭。

让德令哈人在"红旗精神"的引领下,提高技能,掌握本领,促进企业发展才是最终目的。作业区组建了"红旗尖刀"劳模工作室,形成了以张洪涛为引领的学习型、创新型团队,带动德令哈人从过去的"操作工"向现在的"技术能手"转变。

德令哈人在徒步巡线

　　红旗文化让员工思想观念发生了很大变化，人人都弄清了为谁干，为啥干，怎么干。现在，在德令哈经常可以看到维抢修队工间里有人挑灯苦练，可以看到输气站的实训室中有人在埋头拆解钻研。

　　在德令哈人的不断努力下，作业区的微信群里终于又晒出了一张张的获奖证书，大家说："这下没人再能小看咱们红旗人了。"

　　随着"红旗文化"的逐步深入，这个站已经向管道沿线其他站场输送了5名站队长。这些红色种子"聚是一团火，散是满天星"，将红旗文化散播到各处。大家拥有共同的文化熏陶，有着相同的作风。德令哈的"高原精神"不仅找回来了，还在生根发芽，不断发扬光大。

与父母"擦肩而过"

2015年3月,国家管网西部管道生产技术服务中心王立伟的父亲、母亲,从山东老家来看望很久没有回家的儿子。

这本是一个家庭团聚的好机会,却因为王立伟临时有外出技术服务任务,变成了一件"擦肩而过"的事件。

王立伟的父母是地地道道的山东农民,与农田打了三十多年交道,靠着勤劳的双手和自己的省吃俭用,供出了王立伟和姐姐两个大学生,在村子里也算是十分的荣光。

王立伟大学毕业后,就来到了国家管网西部管道公司工作,一心想着多挣些钱,让老人有一个幸福的晚年。但自参加工作后,不是工作忙得飞起,就是提前结束假期,回家陪伴父母的日子真的是少之又少。

两位老人有时也会小有情绪,对他的姐姐说:"这孩子,又不是国务院总理,哪会这么忙?!我看啊,这孩子,这是找借口,其实就是不愿意回来看我们!"

说归说,气归气,两位老人一直惦记着远在新疆工作的儿子的工作、穿衣、吃饭和个人感情等情况。最重要的是,这一年王立伟与妻子喜添贵子,升级当了"宝爸"。王立伟的辈分升一级,两位老人也同时当了爷爷奶奶,乐得自然是合不拢嘴。

两个老人拿着孙子的照片在村子里"巡展"了几天后,突然觉得光看照片不过瘾,想去新疆看看真人。顺便也算是前往新疆"探班",一看究竟,看看儿子是不是这么忙、生活这么好、工作这么重要。

王立伟的姐姐劝他们说:"过年就回来了,急什么呢?去新疆路途遥远,你们去我不放心。"两个老人商量来商量去,觉得自己的年龄也不老,现在交通这么方便,怎么不能去了?去!于是,就在这一年的3月,趁着农活不忙的时候,两位老人来到了新疆乌鲁木齐。

王立伟兴高采烈地和妻子将坐了近四十个小时火车的二老接到了家中。进了家门，王立伟一边倒水一边问他们累不累。两个快六十岁的人不但没有喊累，反而兴奋地给他讲起了一路上的见闻，天真得像两个孩子。

　　两个"老小孩"最主要的目的是来看望小孩。他们和王立伟聊了一会儿，就跑到孩子的房间去逗孩子了。看着眼前的两老一小，多月没有休假回家的王立伟下定决心，让他们在乌鲁木齐多住一些日子，自己多陪陪他们，陪他们说说心里话，听听他们在老家的点点滴滴，尽一点孝心。

　　或许是王立伟与父母分离太久的原因，见到他后二老十分开心，每天都有说不完的话。王立伟上班了，二老每天就下厨给他们夫妻二人做一些家乡的美食，带孩子等他们回家。

　　这样岁月静好的日子只过了几天，王立伟就接到了外出甘肃的任务，前往红柳压气站参加 RR 机组 50K 大修。这是生产技术中心当年度的一项大型作业，预计工期达四十天。

　　要是在平时，习以为常的王立伟与妻子话别就走了，并不会有过多的留恋。可是这次不一样，自己不回去看父母，父母长途跋涉第一次来到新疆看他，他刚陪了几天又外出工作，作为儿子，去往红柳作业区的脚步确实有些沉重。

　　红柳压气站地处戈壁荒漠，生活和工作条件相对较为艰苦，对于王立伟来说，都已经习以为常，并不在意。他在意的是乌鲁木齐的父母，想到他们孤孤单单地待在没有儿子陪伴的异乡，心里就有些愧疚。

　　在红柳作业区，他休息了就给父母打电话问候他们，但得到更多的却是父母那边对他的关心、担心。吃得好不好？工作累不累？风沙大不大？当然说得最多的还是那句"出门在外，自己多注意身体"。

　　"这孩子到了甘肃那边，怎么电话打得突然这么勤了？"父亲对母亲嘟囔着。

　　要说现场作业不累，那只是宽慰父母，不想让他们担心。这次压缩机大修，整个过程并不顺利，每一名现场作业人员都身心俱疲。有好几次，电话打着打着王立伟累困交加，就睡着了。

　　工作上的劳累挺一挺就过去，最让王立伟心急的是这段时间母亲身体出现了不适。去医院检查后，医生说要动手术，母亲心疼在这里花钱，因为费用都不能报销，如果回家做手术的话，新农合还可以报销一部分。

王立伟说："你不要考虑钱的问题，有我们在呢！有钱，抓紧时间手术！"母亲说："大夫告诉了，慢性病，手术不着急。"然后，母亲又小心翼翼地问他："你这几天能不能回来一下？我们见一面，然后我和你爸就回山东了。"

母亲病了，王立伟当然想回家。但是，RR机组大修的任务十分重要，每个人都担负着不可替代的责任，作为技术骨干，他更是无法离开。最终责任战胜了情感，他只能愧疚地对母亲说："儿子这几天真的特别忙，真的赶不回去，真的有些对不起你们。"

"说啥呢！儿子"爸爸接过了话头，"把工作干好，不让我们操心比什么都强。我和你妈是来看孙子来了，你在不在都一样。我们自己玩够了就回了，别在意。"

王立伟却十分想再见见父母。他想了想说："要不你们走的时候，我们在柳园火车站上见一面吧。你们乘坐的火车正好路过这个车站，停车的时间也比较长，我在站台上等你们，也算是给你们送行了。"

电话那边的两位老人听了，也觉得挺好，就相续回答："行，那我们就在柳园见一面吧。"

柳园火车站位于甘肃省酒泉市瓜州县柳园镇东大街中段，有一列火车从乌鲁木齐开出800多公里后，到达柳园站。王立伟给父母定好了车票，确定了火车路过这里的时间，然后自己也定好了第二天起床的闹钟。

但是，由于头一天加班抢修回来得很晚，又累又困的王立伟根本没听见闹钟铃声。直到已经到达柳园站的母亲电话打过来第三次，他才从酣睡中惊醒，穿上衣服飞快地往火车站奔跑。

尽管王立伟住的公寓距离车站很近，但是他仍然没见到在站台上等待了很久的父母。二位老人在柳园车站的站台上站了好久，直到列车长提醒他们车要开了，他们才不舍地上车离去。

柳园这个陌生的地方，本来与二位老人没有任何关系。只是因为儿子王立伟在这里参加了机组抢修工作，他们才在这里有了一次失望的等待，有了一次与儿子并非近距离的擦肩而过，也有了一次对儿子工作忙碌程度的理解。

当王立伟迟迟地来到车站站台，一个人望着前面渐地渐远的列车，想到苍老的父亲、患病的母亲，他的眼泪流了下来。

车站上的王立伟
这天他和已经踏上返程的父母约定在站场附近的火车站台上见一面

值得欣慰的是，母亲回到家乡后，手术十分顺利，很快恢复了健康。父亲也终于知道了儿子的工作情况，以前有的一些小担心也放了下来。

此后的王立伟，每在假期时，只要工作允许，他都和妻子、孩子一起，回到老家去陪伴二位老人。有几次，他说起那次柳园擦肩而过的事情，想说几句道歉的话，父亲总是迅速地打住了话题："跟你爸说这么客气干啥？我们去看了，你们国家管网西部管道的人确实是干大事儿的。这山东、山西、河南、河北，不全是你们供气供油的？确实厉害！儿子你也挺厉害！继续把工作往厉害了干，我们不用你瞎操心。"

王立伟在心里记住了与父母"擦肩而过"的往事，这里不仅有一份愧疚，更有父母对他的理解、深情和希望。而他也只能用一腔热情，兢兢业业地去完成本职工作，让他们和自己一起分享成功的喜悦。

坚守在鲁克沁的女人

提起《西游记》中唐僧等人取经途中路过的火焰山，很多人虽没有去过，但都晓得那个地方是一个"天上下火、地上冒火"的地方。到底热到什么程度呢？夏天的时候随便找一块石头擦干净后，把一个鸡蛋摊在上面，很快就能煎熟。

在火焰山东南麓，有一个小镇叫鲁克沁镇，隶属新疆维吾尔自治区吐鲁番市鄯善县管辖。这个镇除了地界足够大之外，其规模、人口与内地的一个村子差不了多少。

鲁克沁这一带盛产三样东西：炎热的阳光、七八级的大风沙和地下黏得像橡胶般的石油。这种石油在专业领域称为稠油，不仅开采难，运输起来也不容易。

20 世纪 90 年代，吐哈油田在鲁克沁稠油带高效开发了鲁克沁油田。原油太稠了，用管道运输十分困难，而且原油物性也达不到下游厂家的要求。

于是，专家们提出一个改进鲁克沁原油物性的方法，将稠油和稀油掺兑到一起，降低原油的黏度，然后再继续向下游的企业输送。

库尔勒生产的原油都是清澈得像水一样的稀油，输送该原油的库尔勒—鄯善管线（即库鄯线）正好经过鲁克沁，输油能力为每年 470 万吨。因此，该方案提出在库鄯线的鲁克沁镇建立一个下载点，将稀油释放出来，掺入到鲁克沁油区生产的原油之中，然后再重新输入管道送至下游。

方案实施后，就建立了库鄯线鲁克沁油区第 16 阀室，这个阀室在鄯善作业区也被称为鲁克沁分输站。

分输站的建立为鄯善作业区带来了每年约 400 万元的收入。鲜为人知的是，这份收入在很长一段时间里，一直是由作业区女子计量班赚来的。

鲁克沁分输站距离鄯善作业区约 80 公里，开车大约为一个小时的车程。这在任何一个中小城市里，都是从城中心到另外一个城市的距离。

因为距离远，不可能每天从作业区出发去上班，员工就长期借住在分输站旁边的吐哈油田的一个员工生活区里。从生活区到分输站，还有三四公里的距离。每天只能顶着太阳和风沙骑电动车上岗。

在十余年的稀油下载过程中，分输站搞计量一直是工作比较轻松，但条件艰苦、心理压力巨大的工作，也是令女子计量班感到骄傲又充满挑战的地方。

说在这里工作轻松，是因为一天24小时的时间里，上岗人员只做一件事，就是原油动态交接。主要环节包括通过流量器两个小时手动抄一次原油下载数据，每1000立方米流量取一次样，每天进行两次油品化验，最后给出凭证，发给作业区的计量班报表人员。

工作量不大，也不累。但生活和工作条件确实艰苦。首先，火焰山周边的高温是最大的敌人。作业区有一句口号："50度的高温，100度的忠诚。"这五十度高温就源于鲁克沁分输站。

这里没有春秋，只有冬夏。夏天气温常年在四十七八摄氏度以上，七八月份地表温度升至七十摄氏度以上，热得会让人"怀疑人生"。到了春冬时节，这里干冷异常，因为常年不下雨雪，加上大风时常光临，员工感冒发烧就成了家常便饭。

因为是小站，作业区在这里没有进行大规模的生产和生活设施建设，员工吃饭、休息、就医等全部依赖于吐哈油田的第三方企业在这里设置的生活区提供支持。因此，在这里感觉是住在"别人家里"，心中多多少少有一点"寄人篱下"的小压力。

对于提倡建设一支铁军的国家管网西部管道员工来说，这些困难并不难克服。大妹子、小姐姐在工作岗位上同样是铁军的一员。但是，在这里工作有一个最难应付的问题，时时侵扰着这里的每个人，那就是孤寂。

如果说环境的恶劣、工作的困难等都是面对面攻击你的强大对手，可以激发你的斗志，那么孤寂就是深藏于内心、看不见摸不着的魅影。它存在却无形，它柔软却难以打败。

计量班只有七八个员工，管理着作业区和外面的三个站点的油气计量工作，鲁克沁是其中最让人头疼的地方。在鲁克沁站排班上，为求公平公正，实行的

时光管网记忆

坚守在鲁克沁

远望鲁克沁分输站

是轮流制,每两个人一个轮次,每个轮次十天,全班人员都会轮到。

两个人在分输站实行 24 小时换班制,一个人在作业区,一个人在生产区。也就是说,在轮岗到鲁克沁的十天时间里,没有人对你微笑,也没有人与你吵架,绝大部分时间都是一个人面对火焰山的高温与风沙。此时孤寂便是唯一不离不弃的伙伴。

来自乌鲁木齐的丁文典第一次去鲁克沁值班时,第一天感觉难得的清净,第二天也觉得还好,第三天就开始凄惶得想找人说话,第四天就开始渴望有人和她吵一架,释放一下。等到剩余的日子，用"苦熬"二字来形容是最正确不过的了。

等到丁文典值岗结束回去后，和她的几个前辈姐姐一样，人变得不再爱说话，经常莫名地对着天空发呆。女子计量班的刘金秋、张静、刘霞、彭宇等人也都经历过这样的日子。

野外特殊的工作环境和特有的轮岗值班制度，不可避免地在一些员工心理上产生消极的影响。针对这种情况，国家管网西部管道联合社会一些心理矫治机构，开展了心理健康关怀服务，通过心理咨询、沙龙等办法，疏导和矫治存在心理问题的员工。虽然有一些效果，但是女工们聚在一起得出的总结是：最好的法子还是自己战胜自己。

考虑到分输站的特殊情况，自2020年开始，计量班这个长期只招录女工的班组也开始招用一些男员工，以应对条件较差、环境特殊的站场工况。鲁克沁分输站的两名值班员工，也从两名女工变成了一男一女。

站场的体力活，比如往站上运送生活用水、搬动机械等，都有了男员工的身影。但站场业务的主角，依然是那些瘦弱而美丽的女子。

男女搭配，干活不累，这个定律在这里发挥的作用实在有限。因为男女两名员工仍然是24小时值班制，仍然是一个在生活区、一个在工作区，孤寂仍然是无法驱除的最大敌人。

计量班的女子们并不是新闻和电影中的英雄。没有特殊情况，谁都不愿意主动去争取这个岗位，因此输流制成了多年不变的办法。但是，一些特殊情况来临时，往往让这些女子不得不经受巨大的考验。

2022年5月，由于新冠肺炎疫情肆虐，从鄯善县城到鄯善作业区再到鲁克沁分输站，全部处于封控状态。此时，被封控在鲁克沁站的是女工张静，男员工毛万英。两个人在近乎"与世隔绝"的状态中一直坚持了半年之久。

在那半年时间里，作业区想尽一切办法，为他们送去了各类生活用品，距离他们最近的吐哈油田相关企业也为他们解决了不少药品、食物和生活用水问题。但是，长达半年的孤独与寂寞却只能靠他们自己对抗。

与险情对抗，你可能成为英雄；与内心的孤寂对抗，只能依靠自己打败自己。甘肃小伙子毛万英平时喜欢唱歌，在封控期间，他利用工余时间在抖音上以"红衣小哥"的名字，发表自己在火焰山唱歌的视频。与那些远在天边的陌生人互动，排遣内心的孤寂。而他也通过小视频，宣传了国家管网西部管道人乐于奉献、达观生活的铁军情怀。

与毛万英相比，生长于辽宁锦州的张静则要脆弱得多。这个东北女子本来开朗大方，但是半年的封控生活让她最终"小气"起来。淋巴发炎，反复感冒，她频繁地遭受疾病的折磨。更可怕的是，她成为分输站最先感染新冠病毒的人，她开始在电话中对着姐妹流泪，在连线时与远在北京工作的老公发火，又在与孩子的视频中装作开心地微笑……

在那段日子里，他们一边对抗病毒一边按时完成了原油分输任务。说他们了不起，说他们是英雄，也许并不为过。

那段时间，手机是他们唯一与外界联系的媒介，也是他们倾诉内心、观看世界的唯一窗口。更可贵的是，在这个窗口，他们更多地看到了国家管网西部管道公司和作业区组织的各种关怀行动，不断地鼓舞他们战胜疫情的信心。

天下没有不散的宴席，世间也没有不可战胜的疫情。2022年的10月，虽无花开，但疫情终告结束。两个人从鲁克沁分输站重新回到了作业区，犹如重生一般热泪盈眶。他们虽然疲惫，虽然伤感，虽然有一点点的迷茫，更多的却是平时少有的自信与坚强。

铁军到底是什么样子？铁军中的"花木兰"到底是什么样子？在他们的身上，也许能够找到一部分答案。

吕启仲的西部人生

在塔里木输油气分公司轮南作业区办公楼一层,有一棵龟背竹,被称为轮南作业区的"常青树"。

轮南作业区办公区的龟背竹

1992年,轮库输油管道建成后,有一位从北京来到这里支援的技术人员将这棵龟背竹带到了轮南,自此,沙漠中的办公楼有了一抹绿色。

1996年,轮库输油复线建成投产,轮库输油管道封存,龟背竹被转移至新的站控室栽种。

2008年,这抹绿色又见证了塔里木输油气分公司划转至西部管道公司。而在 2019 年，轮库输油复线划转至塔里木油田，龟背竹又被他的主人移至轮南作业区公寓。

2020 年 9 月 30 日，这棵"常青树"再次随着塔里木输油气分公司加入了国家管网集团。此时，这棵"常青树"已经三十岁。种殖它的主人已经于 2020 年光荣退休，但是这棵龟背竹却依然顽强地坚守在这里，讲述着陪伴了它三十年的主人——吕启仲的西部人生。

吕启仲给大家的印象十分深刻。他个头不高、微胖、圆脸，眼睛不大但目光如炬，很容易让人想到鹰，感觉在他面前你甭想隐瞒什么。但接触一段时间后，会发现他和蔼可亲，尤其是对待年轻人严厉中透着温和。只是他工作认真，眼里容不得沙子，有些要求过严。

轮南作业区没有比他岁数更大的同志了，所以私底下大家亲切地喊他老吕，而不是称呼他的职务。

1992 年，风华正茂的吕启仲主动请缨，从北京来到了西北边陲轮南，参与塔里木输油气分公司轮南作业区原油站投产。那时候条件很艰苦，周围除了戈壁荒滩就是大漠黄沙，吃的饭菜都夹杂着沙粒。

面对着这片荒滩戈壁，他挥洒着青春的汗水，对抗着干旱、风沙、寒冷和荒凉，再恶劣的环境他也不曾畏惧，再棘手的工作也不曾皱眉。

三十年过去，他始终坚守在塔里木沙漠边缘的工作岗位上，低调、沉稳，把汗水滴洒在塔克拉玛干大沙漠上。

这三十多年来，从电工到维修工，从计量岗到调度岗，从运销岗到管道岗……老吕干遍了站里所有的岗位，有时甚至还要客串司机。这丰富的工作经历，让他真正成为轮南作业区的"活字典"。

在每一个岗位上，他都精益求精地完成领导交付的任务，同时也时刻跟踪着自己交代给别人的工作情况。

对待青年员工，他不厌其烦地讲解工作重点、巡检细节，讲每台泵、每座罐的故事，甚至每个阀的故事，这些故事中有汗、有泪、有血、有惨痛的教训，也有闪耀的光辉。

站里年轻点的同事都知道他是站队领导，却根本没有想到他是个多面手，会手把手地教很多人干好本职工作。"他怎么懂得那么多啊！"很多人都这样感叹。

老吕念旧，这些年来，有很多次机会调动，也有多次机会回北京，可他不动。他说："一个地方待时间长了，不想动。"其实他是舍不得走。轮南作业区的一草一木、一砖一瓦都是他的情结，从当年的荒漠到如今的绿树成荫，从当年的板房到如今崭新的公寓……每当说起这些的时候，老吕的眼里写满了深情。

老吕的三十年是管道事业蓬勃发展的三十年，是轮南荒漠变绿洲的三十年，是他默默无闻、无私奉献的三十年。现在他虽然退休了，但他那胡杨一般的坚守与奉献精神，感染着一批又一批石油管道人，鼓舞着每位轮南人认真践行"为祖国输油气，为人民送福气"的誓言。

在很多人的心目中，老吕脾气有点火爆。但所有被他批评过的人反而十分高兴，因为大家都知道，老吕骂你那是真心在帮你，骂你的时候正是学本事、涨知识的好机会。

每当这个时候，老吕那眼神就像"老鹰看着雏鹰"，让人看着害怕却很有安全感，感觉只要有他在，就没有解决不了的问题。

跟老吕巡检，巡十回有收获，巡百回有体验，但更多的是使命和责任。从老吕的脸上不仅能看到岁月的痕迹，还能清楚地看到历史的沉淀。很多人都喜欢跟老吕一起去巡检，他能很详细地跟你解说巡检重点、巡检细节。

每次在站控室里看到老吕严肃却自若的表情，听到他对着对讲机低沉地下命令，总让人感觉心安：老吕在，真好！

老吕就像站里的定海神针。对内，他熟悉站里的每一个角落，他的"鹰眼"能洞悉站里所有的生产问题，站里所有人提起老吕那是一个大写的服！对外，他能及时和有关单位沟通联系，处理好已经发生、正在发生或将要发生的诸多问题，外部人员提起老吕那就是一个大大的赞了！

会生活的人才会工作。不了解的人以为老吕只是会工作，其实老吕还是个懂生活的人。

他很有才华，会唱歌、能跳舞，还是运动健将，在篮球、排球、羽毛球、乒乓球等项目上，一般人根本不是他的对手。

运动场上的老吕，身姿矫健，根本看不出他是五十多岁的人。特别是单手俯卧撑，在作业区无人能及，多少年轻小伙不服气却都败在他手里。

多年以来，老吕都保持着锻炼的好习惯。每天晚饭后，雷打不动地健步走，围着作业区公寓的院子，能走一两个小时。用他自己的话说："要不是年龄大了，膝盖还有旧伤，那天天可就不是走路而是跑步了。"

老吕也鼓励年轻人多运动多运动，常挂在嘴边的一句话："身体是革命的本钱！"是啊，没一个健康的身体，怎么能把工作干好？

三十年了，一个平凡的西部管道人把自己最好的时光都留在了大漠里。随着时间的推移，他不得不离开了热爱的岗位。老吕，他不是大漠里的英雄，但他热爱管道事业的西部人生却化成了一只中国西部管网上方盘旋的精神之鹰，一直在守护，从未曾离开。

吕启仲的三十年是管道事业蓬勃发展的三十年，是轮南荒漠变绿洲的三十年，是他默默无闻、无私奉献的三十年。现在他虽然退休了，但他那胡杨一般的坚守与奉献精神，感染着一批又一批西部管道人，鼓舞着每位轮南人认真践行"为祖国输油气、为人民送福气"的誓言。

离不开作业区的宋明明

塔里木输油气分公司轮南作业区，是著名的西气东输一线的首站，位于世界第二大沙漠（塔克拉玛干沙漠）的边缘。这里人烟稀少、荒凉无比，只有胡杨等少数植物可以生长。

轮南作业区刚刚成立的时候，四处招兵买马，从祖国各地招来了不少刚毕业的大学生。其中一名男学生下了火车之后，面对着百里无人烟的荒滩，愣了那么几秒，连车站都没有出，转身就坐车踏上了归程。

当然，他不是被恶劣环境吓走的第一人，也不会是最后一人。

塔克拉玛干沙漠里的石油人有一句名言：只有荒凉的沙漠，没有荒凉的人生。在那些转向离去的背影里，一个女人却在这里找到了人生之中最美的风景，将青春和美好都留在了沙海之中，她，就是轮南作业区综合岗女工宋明明。

2009年，宋明明和自己的男朋友一起从学校毕业了。他们带着憧憬与希望，也怀着好奇和忐忑，先后来到了轮南作业区。当"轮南"二字映入眼帘时，她没有一丝的慌乱和焦虑，反而安心了许多。那一瞬间，她预感到自己将与这个叫作"轮南"的地方建立起永远扯不断的情丝。

宋明明来到轮南作业区的第一个岗位是原油计量岗。作为一名计量员，上罐是家常便饭。第一次上罐时，站在将近二十米高的庞然大物面前，她前进的脚步越走越沉重。

师傅鼓励她说："我们上去看看吧，总得有第一次。"

宋明明抬起头向上望去，感到一丝眩晕。经过复杂的心理斗争，不服输的个性让她心一横，有些"悲壮"地踏上了上罐之路。克服了内心的恐惧之后，她才真正开始了原油计量员的生涯。

没过多久，她就成长为一位技术熟练的原油计量员。2013年，由于原油站划给了塔里木油田，她也由原油计量岗转向轮南压气站综合岗。

为了让自己迅速适应新的岗位，她依据公司基础管理体系要求，以精益求精的态度投入到了工作之中，圆满地完成了各项任务。

这时，宋明明和爱人也度过了刚入职时的忙碌期，开始酝酿一个新的家庭计划——生一个孩子。但出乎预料的是，宋明明却在怀胎9个月后出现胎停。

与未曾见面的孩子说再见，这让宋明明的丈夫受到了很大的打击，他固执地认为这里太偏僻了，医疗条件、生活条件都较差，不利于胎儿的生长和发育。

宋明明只得做丈夫的思想工作，解释说："一定是我们的身体没有调整到最佳状态，和外部环境并没有直接的关系。"但丈夫仍然固执己见，最终提出了离开这里的想法。

已经在这里待了七年之久的宋明明，第一次面临着是否离开这里的选择。在丈夫的反复劝说之下，她也曾有过犹豫，但是最终，她还是决定留在作业区。

为了打消丈夫离开的念头，她还和作业区的领导一起来做丈夫的工作，但仍没能打消他离开的念头。

宋明明最后也想开了，男人毕业就陪着自己来到了这里，他想到外面的世界去闯一闯，那就去吧。世界那么大，让他去看看。他最终属于哪里，让他自己决定。

工作中的宋明明

作业区领导善解人意地说，在外面如果不如意，可以随时回来重新入职，就当是请了长假。宋明明一直相信丈夫会回来，就将他的工衣一直整整齐齐地保存在衣柜里。

丈夫离开轮南后，曾多次催宋明明离职回家，但宋明明没有这样做。她回答说："这里离不开我，我不会走。"就这样，小夫妻从此过上了两地分居、但感情甚笃的生活。

"这里离不开我"并非夸张。综合作业岗综涉及安全检查、人事管理、物资采购、党建和工会等诸多方面，事务繁多且杂乱琐碎，需要具有超常的耐心和细心。当时的作业区，三十多个员工只有宋明明一个人是女子。她要是走了，还真不好办。

有一次，她请假和丈夫回家探亲，回来时一位短期替岗的男员工已经被杂七杂八的后勤事务弄得焦头烂额。男人的粗心让作业区吃了很多苦头，在采购物资方面，询价不规范，型号报不准；在党建方面资料记录不完整，宣传不及时……

作业区领导抓着宋明明的手说："没有你真不行！"

丈夫虽然离开了轮南作业区，他们之间的距离远了，但感情却依旧火热如初。已经找到新工作的丈夫一有假期，就会像回家一样来到轮南作业陪伴妻子。就在他们对孩子的事情已经顺其自然时，宋明明于2020年怀孕并生下了一个男孩。

孩子一天天长大，入托、入学等一系列的问题便摆在了面前。宋明明和丈夫商量，只能麻烦双方的老人来帮忙。孩子小的时候，宋明明就带在身边；孩子大一些就送回山东老家，让姥姥带着接送幼儿园。

塔里木输油气分公司的领导看在眼里，感动在心上。准备帮助宋明明解决这个问题。分公司领导对她说："塔里木指挥部机关里有幼儿园，你要是同意的话，可以离开轮南作业区，调到分公司机关去工作，具体的工作仍然是综合岗这一块。那里的条件好一些。我们都是为人父母的，为了孩子考虑是应当的。"

宋明明考虑了两天，最终还是回复说："不用了，我喜欢轮南这儿。孩子有奶奶和姥姥帮忙，暂时可以的。"第二次离开作业区的机会，就这样被宋明明回绝了。

2022年疫情期间，宋明明又怀孕了，这次生了一个"小棉袄"。消息传来，轮南作业区的员工们都为她高兴，道喜的话语让宋明明十分温暖。

但喜中有忧，一个孩子已经让两家人忙得手忙脚乱，两个孩子更难兼顾。怎么办？"没有过不去的火焰山。"平时就十分爽直的宋明明回答道。

休完产假，2023年4月回来上班时，宋明明没有想到第三次离开轮南作业区的机会摆在了面前。下了火车到岗位的第二天，分公司领导找到了她，对她说："你一个女同志，能够坚持在轮南作业区这一大群男人堆里工作十多年，已经不容易了。现在又是两个孩子的母亲，分公司考虑要给你调整一下工作岗位。还是到分公司来上班吧，这里的教育条件都是孩子需要的。"

宋明明这次可真的有些犹豫了。和丈夫一商量，丈夫百分之百同意他离开作业区。和爹妈一合计，爹妈更是坚定地支持她去分公司。但宋明明想来想去，一次次问自己的内心，还是有些不舍。

到分公司去坐办公室，工作条件好一些，孩子入托方便一些。但是，在西气东输首站工作的成就感、自豪感会消失殆尽。更为重要的是，她是一个恋旧的人。在十几年的相处之中，这里的人、这里的风沙、这里的阳光和寂静，已经和她建立起了深厚的感情，在她的灵魂深处打上了不可磨灭的印迹。

她没有豪言壮语，她回绝分公司领导的只是一段朴实的心里话："我还是不去了。我在这里这么多年了，这里的员工和领导对我们母子特别好，我和这里有感情了。我也很喜欢我这份工作，我干得挺开心、挺顺心的。我现在一回到家就睡不着觉，一回到轮南作业区宿舍，就觉得心里特别踏实，比在家里都安心。"

好心的同事劝她说："好多人抢着去分公司工作，你为什么不去？现在这个工作岗位需要人，将来不需要人了，再想去可能就晚了。"

也有人说："你去吧宋明明，这里的工作你不要担心，总会有人和你一样能承担起来的。"

不管同事们如何说，宋明明只是朴实的一句话："我是真的觉得在这里工作和生活特别安心，有点离不开。"

丈夫的辞职、孩子的出生和上学，面对人生路上的三次重要节点，原本可以去更好的地方，但宋明明没有离开她为之奋斗了十几年的轮南作业区。这里，有她的责任，她已经成为了轮南作业区的一部分。

戈壁滩上"拼命三郎"

在塔里木输油气分公司库米什压气站,有这样一个人,在设备维修时你能看到满手油污的他,在运行生产时你能看到技术娴熟的他,在办公室里你可以看到经常挑灯夜战的他……这就是机械负责人郑真给人最深的印象。

文质彬彬的郑真,工作上是个"拼命三郎"。员工们之所以这样称呼他,重点想突出前面"拼命"那两个字,至于他是"几郎"就不重要了。

2008年,刚从西南石油大学毕业的郑真,怀揣着奉献西部的青春梦想来到塔里木输油气分公司。初到分公司工作的他被安排在库尔勒天然气分输站和库尔勒原油站实习,并在实习期间担任工艺运销技术员。

原本梦想能够在机关里工作的郑真,这次扎根基层,工作在生产一线,他一度彷徨,甚至有些泄气。但郑真骨子里不服输的性格让他很快调整好心态,没有就此消沉,而是开始了新一轮的自我充电。

很长一段时间里,他除了工作就是啃书本,不停地向老师傅请教,遇到问题时,勤于用脑思考。凭着自己对输油气工艺设备专业的执着努力,经过半年的艰苦卓绝"修炼"后,当初面对密密麻麻的"钢铁草丛"还一知半解的郑真开始逐渐崭露头角。

随着时间的推移和知识的不断积累,郑真结合自己的学习经验已经能够对调度和实习大学生进行技术培训,在提高自身能力的同时也将员工的业务水平带上了一个新台阶。

扎实的基本功和高度的敬业精神,共同促进了郑真的技能水平跨越式提升。2010年8月至2013年8月,郑真因工作需要被抽调到运销科工作,那时的他觉得离自己的梦想越来越近了。

自那以后,郑真结合自己的工作特点,积极探索节能降耗途径,通过协调轮南站切换单双泵运行、合理调节库尔勒原油站主泵转速等有效措施,困扰分公司的节能"瓶颈"被他一一攻克，大大节约了生产运行成本，能耗指标始终控制在公司下达的范围内，得到领导和同事们的高度赞扬。

在运销科工作期间，郑真还组织各站编写了现场操作票，并对调度监控室原有操作票进行重新细化。其中，组织完成轮库鄯线6次清管、2次检测和1次减阻剂测试。

秀气的"拼命三郎"（中间）

他积极探索完善分公司应急响应流程，严格按程序做好生产运行信息的上传下达，发布各类预警113条，下发调度指令381个，完成分公司级"一室一案"的编制修订，组织对轮库复线、库鄯线和鄯善储备库调度手册进行修订等工作，为分公司输油气管道安全平稳运行提供保障。

工作起来，郑真就是"拼命三郎"，遇到难题不解决不罢休，干活就要干最好。同事们对他的评价就一个字：服。领导对他的评价就一句话："有想法，有钻劲儿，做事让人放心。"

"咱岗位虽小，但连着分公司的利益，绝不能有半点疏忽。"这是郑真常说的话。

因工作需要，2015年，郑真被安排到库米什压气站工作。这是一个新投产的站场，也是塔里木输油气分公司最偏远的一个站场。

面对一望无际的戈壁滩，孤独矗立的站场，这里的工作环境与郑真的理想大相径庭，他曾一度犹豫，甚至产生过放弃在这里工作的念头。

当看见别的员工们依然坚守在这里的时候，他心里猛然一动，很快下定决心，要在这戈壁滩上干出自己的一片天地。

7月的戈壁滩上，尽管是夜晚，气温仍然在三十多摄氏度。那时在库米什压气站，每天夜晚，只要看见办公室里的灯亮着，不用说，肯定就是郑真。

只见他不是捧着一卷早已被翻得枯皱烟黄的工艺流程图挑灯苦读，就是正趴在电脑前和一堆相关技术资料、图纸"较劲"。而现在的郑真早已对眼前雄伟壮阔的"钢铁森林"的每个细微节点都了然于胸。

郑真每次去现场，随身总是携带笔、本、照相机，哪儿有问题、哪儿有不明白的都一一记录。通过一段时间的摸索，他对机械专业原理有了更深入的了解。同事们都说："郑真工作起来就像'拼命三郎'。"

在库米什压气站工作两年来，郑真的足迹遍布站场的各个角落。由于工作成绩突出，2016年5月，郑真当上了机械专业负责人，主要负责生产运行及设备日常维护保养工作。

腹有诗书气自华。专业负责人在站场管理者与执行者之间所发挥的桥梁与纽带作用不可小觑。保持浓郁的"书卷气"，不断提高自身的综合素质，既是站场加强骨干队伍建设的需要，也是专业负责人树立形象、增强影响力、推动专业工作上台阶的需要。

作为机械专业负责人，他深感责任重大，在站场设备管理上数机械专业工作量最多，每一次的设备操作他都反复核实。

熟悉郑真的人都知道，不管是急活难活，交给郑真让人放心。每天清晨，你会发现他穿着双劳保鞋，拎着检测仪器在压缩机周边游走。那单薄的身子与庞大的设备形成鲜明的对比，而他爬高摸低悉心检查没有受到丝毫影响。郑真说："有狠劲，才能干出大名堂。"

选择了输气管道行业就意味着艰苦与奉献。在RR机组投产准备的那段时间，"拼命三郎"郑真格外引人注目。正值炎热的夏季，他吃不好、睡不好，几个月下来，整个人瘦了一圈。他整天查资料，跑现场，请教厂家人员。

白天在压缩机厂房忙碌，晚上将机械专业上的要点、重点和难点一一记录在笔记本上。郑真的认真是出了名的，无论大事小事，他都力求精益求精。

为了落实一项数据，他往往在现场一干就是一天。郑真的"偶像"是王进喜，他希望自己也能像铁人那样不畏艰难，在拼搏奉献中实现自己的人生目标。

由于工作量大，他经常加班至深夜，却从未喊过一句累，叫过一声苦。机械专业的每一个成绩，无不倾注着他的汗水和努力。

郑真在机械专业上不断进行小改小革、技术创新，结合经验善思考、勤动手，积极探索站场节能降耗途径，组织进行优化暖机工艺流程实践论证。

该方法现已在库米什压气站应用，2016年累计节约天然气9.6万立方米，2017年由于RR机组投入运行，运用该方法每年可节约天然气28.8万立方米，为分公司节能降耗做出了突出贡献。

"只有荒凉的沙漠，没有荒凉的人生"这句话用在他的身上再贴切不过。郑真用青春的热血和激情弹奏出动人的旋律，用朴实的话语和真诚诠释着管道卫士的默默奉献精神。

精华版的"12345"

榜样的力量是无穷的。那什么样的人才有这样的力量，让人交口称赞呢？不同的人有不同的答案，但是在西部管道公司一工程项目管理部，2004年走进西部管道公司的控制部副部长姜新政就是这样的人。

说起姜新政，很多人都会不由自主地打开话匣子。2004年，双兰线建设时，他是第七个到西部管道公司报到的共产党员。如今，这名工程建设行当里的老兵，依然奋战在工程一线，一身橙装，步履匆忙。

在双兰线建设中，他主要负责投资控制和合同招投标工作。2008年调到新成立的项目部工作，担任控制部负责人。在项目部工作的3年中，他参与了鄯善储备库、鄯善运行库、兰州储备库、克乌复线和玉门运行库等9个大项目的建设，投资总额40多亿元。由他牵头组织的招标达20余项，签订合同100余项，节约投资约2亿元，公司建设项目顺利实施及投资控制，有了他，"丝滑"了很多。

2011年3月，他调到新成立的二项目部，担任控制部负责人，参与了西三线建设实施及原西四线、西五线、中俄西线和西二三线北天山备用管道工程等项目前期工作。从2016年8月至今，他又在重新整合的一项目部担任控制部副部长，主要负责计划、合同管理及项目核准工作。

与他共事的人常说："姜部长是个大忙人，总有忙不完的工作，没见他哪一天是清闲的，工作干完了还要坚持学习，他办公室的灯一直是亮的。"

姜新政听闻，总是腼腆地一笑："干工作不认真不行啊！"看着他办公桌上一摞摞的标准和规范、一堆堆的图纸和资料，大家都不约而同地给他竖起了大拇指。

他是个"操心人"。西三线是公司首个实行集中建设（建管分离）的大型管道建设项目，作为一名项目建设者，他积极与上级部门沟通协调，合理确定和划分投资，为项目顺利实施奠定了坚实基础。

姜新政这个爱"操心"的人，只要工作交给他，就让人特别放心。他整理总结西二线工程建设和生产运行发现的问题，结合公司站场区域化管理规划要求及专项评估成果，组织起草编制了西三线初步设计建议书，提交设计单位，要求贯彻执行，并委托初步设计监理单位落实到位，充分实现业主的意图要求。

功夫不负有心人，初步设计报审获得高分，设计质量明显提高，后期遗留问题相比西二线大大减少。

西三线项目包含的外电工程、西气东输管道穿越兰新高铁预留通道工程涉及新疆、甘肃两地的电力部门、铁路部门，手续比较烦琐。他多方协调、积极推进，方案设计顺利通过相关部门审查并获得批复，确保了外部配套工程与管道主体工程同步完成施工。

他还是个"执着人"，任何事情都要做好做实做到底。他认真梳理西三线概算执行及合同执行情况，清理对接管道项目部经理移交剩余工作，沟通协调西三线投产及遗留问题整改费用结算，组织配合西三线竣工决算审计及问题整改。

他还利用业余时间，积极协调由管道项目部经理移交的三方协议签订工作。协议涉及单位多，时间跨度大，加上管道项目部经理机构撤销，人员变动大，协调难度较大。他经过多方努力，移交的77份三方协议，顺利完成变更审批，最终西三线西段工程顺利通过竣工验收，投资节约24.4亿元。

在时间紧、任务重、外部环境复杂的情况下，他加班加点编制西四线等项目前期工作计划。在"路条"文件明显滞后的情况下，他积极争取地方政府支持，多方协调资源，稳步推进各项目前期工作。

他常说："干工作眼里就不能容得下沙子。"他负责的西四线等四个停建项目的合同结算工作，因合同涉及单位多、时间跨度大，有些还发生变更，协调难度很大，在他的积极努力下，89个合同结算按时完成。

一身橙装、两级计划、三餐无着、四季奔波、五项管控是姜新政三十多年奋斗历程中，精华版的"12345"。他常说，工程项目的性质和特点，决定着工程建设者"逢山开路，遇水架桥"的职业常态。

青天一顶星星亮，荒原一片篝火红，坚守着戈壁荒漠的工地，守护着红色动脉的孕育诞生。姜新政一刻也没敢停留，忙碌于原西四线、西五线、中俄西线和西二三线北天山备用管道工程项目前期工作的专项审计，对接审计底稿，按要求完成审计整改报告回复工作。

2022年，他又主动"啃硬骨头"，负责古浪—河口天然气联络管道工程和西二三线果子沟战略安全管道工程的项目核准工作。

果子沟管道是管网集团和新疆维吾尔自治区重点项目，如何具备合法合规开工条件，确保早日建成投产，尽快取得项目核准批复至关重要。他主动放弃休假，抓紧准备项目申请报告及核准附件。对外积极寻求政府支持，与地方政府建立常态化的沟通与对接协调机制，高质量推进项目前期工作。

经过不懈努力，2022年3月初，果子沟管道顺利取得伊犁发改委核准批复，前期工作取得关键性进展，比预定工期提前了2个月。

干了三十多年，忙了三十多年，姜新政始终没有停下歇歇脚的心思。瞧，姜新政办公室的灯依然闪亮，他又投入了工作中。精华版的"12345"，仍在继续……

举办了一半的婚礼

在甘肃输油气分公司兰州作业区，一说起设备维修班副班长刘天巍，除了各种层次的优秀党员称号以外，很多人都会说："他是一个只完成了一半婚礼的新郎，有点亏。"

刘天巍自 2010 年 7 月大学毕业后进入西部管道公司工作，直接参加了兰成首站和兰州商业储备库二期 50 万立方米储罐项目的建设。

兰成原油管道起于甘肃省兰州市西部原油管道兰州末站，途经甘肃省、陕西省和四川省的 22 个县（区），止于四川省彭州末站，全长 878 公里，设计年输送量 1000 万吨。

在紧锣密鼓的施工当中，每天 300 多位施工人员伴随着吊车、挖掘机等设备来回穿梭。刘天巍作为项目管理小组的一员，在已经开挖得大坑小坳的施工现场常常是嘴角挂着沙子。夏季炎炎烈日，太阳像个火球一样，照得储罐壁板烫得不敢搭手，秋天蚊子滚成团往身上扑，冬迎刺骨寒风，出门得穿上两件棉衣，雪地里一站就是十几个小时，刘天巍就这样曾连续坚守工作岗位 700 余天。

2012 年 5 月 15 日，刘天巍母亲突发急病住院。母亲怕耽误儿子工作，一直隐瞒自己的病情，直到医院给他打来手术需要家属签字的电话通知，他才知道病情。那一刻他在电话那头哭了。

他请了假后匆匆赶往 500 多公里外的老家，凌晨 1 点赶到了医院，在手术室外一直守着母亲做完手术。看着母亲消瘦的脸他多想陪护几天，但最终没有选择陪护母亲而是在对值班护士叮嘱后，又匆忙赶回了单位。

兰成首站和储备库二期 50 万立方米储罐项目任务紧急，他只能选择负起工作的责任。好在她的母亲经过手术后很快恢复了健康。

2013 年 10 月 8 日，兰州作业区管辖的"五站一库一计量点"全部建设完成，作业区各类设备设施全部投入运行，在总库容 230 万立方米的储罐区和各类输油泵等关键设备的满负荷运行之际,由于8台输油泵本身的缺陷导致输油泵、减压阀等设备故障不断。

面对一个个带病运行的"大家伙",他自告奋勇进行攻关,通过查阅技术手册研究,反复拆装,设计、制作、改进,8个月时间终于将高压多级离心泵轴瓦发热等多项困扰平稳运行的设备顽疾全部得以解决。

随着工作的稳定和年龄的增长,婚姻问题摆在了面前。在输油泵故障处理的过程中刘天巍认识了一位女孩。两个人很合得来,见过几次面之后,他们决定结成秦晋之好。

工作中的刘天巍

2015年12月,他们领了结婚证。在拍结婚证照时,那天正好开展作业区输油泵维护保养,趁着中午吃饭时间,他取下安全帽,骑上自行车就赶到了照相馆。

当他到达时,女友已经在门口等了半个多小时。看见他就笑得直不起腰,因为刘天巍一头乱发被压出了安全帽的形状,根本没时间理发。

女友没有生气,只是在照相馆找了一个一次性纸杯接了一杯水,给他细心地打理了一下之后,才拍了结婚照。

刘天巍和爱人的结婚照

2016年3月,他们考虑正值一年之初,各类工作在起步阶段,他们先在兰州单位驻地举行了一个简单的仪式。因为按照老家的说法,婚礼要在老家父老乡亲和父母都在场的情况下举办,那才是正式的婚礼,因此,刘天巍在站场上的婚礼只能是个序幕,而他也只是婚礼举行了一半的新郎。他们原计划2017年回媳妇老家再举办一个正式的婚礼。

但是，从他们举行了简单的仪式后，刘天巍就开始忙碌起来。整个夏天，站场为了解决消防泵振动高的故障，刘天巍和同事们在46个小时内将泵机组拆装了2遍，最终找到了故障原因，保障了油库消防系统的可靠性。

进入2017年，由于输油泵机组检修工作太忙，他们的婚礼只得往后推。到了2018年，他们有了自己的小孩，本来想着小孩的百天纪念和他们婚礼一起办，但是刘天巍仍然没有实现回去的愿望，原因还是一个字，忙。

忙到啥程度？2018年7月，刘天巍进行乌兰成品油管道1803#的200米动火换管作业，野外作业一忙就是近半个多月，昼夜脱不开身。

紧接着开始准备站内消防系统内漏阀门的更换作业，正班长出差，他这个副班长就更得顶上。他身先士卒，经过26天加班加点的工作，最终完成了22台DN250口径的阀门更换任务。

随后又在日常巡检过程中发现个别储罐浮梯滚轮出现卡阻，给储罐安全运行带来风险。为了解决这一难题，刘天巍将更换下来的旧浮梯滚轮搬运到维修操作间，开始了详细的研究论证。

经过3个月时间的不懈努力，刘天巍最终和同事们一起找出了问题的症结，从根本上解决了滚轮卡阻的问题。这一技术成果也为公司乃至国内同行业处理同类问题提供了技术思路。

媳妇的父母也知道刘天巍太忙了，于是在这一年又提出："既然你忙得连正式结婚的时间都没有，那就等一等吧，娃娃长大一点儿后，计划2020年再到老家办婚礼。"

一切确定，只等美好的日子到来。谁知迈入2020年，新冠肺炎疫情突如其来，一家人相见都已经十分奢侈，更别说举行婚礼了。因此，刘天巍这个结了一半婚礼的新郎一直就这么耽搁下来。

2020年以后，不仅疫情不讲情面，工作也发生了巨大的变化。2020年9月30日，国家管网集团正式成立运营，他也成为"国家队"的一名基层践行者，他更加深刻感受到了身上担负的"守好国储库，呵护母亲河"的使命的沉重，也更加坚定了他为"全国一张网"建设添砖加瓦的决心。

进入 2023 年，花开疫散，万物争春。身为集团公司优秀共产党员和公司劳模的他更忙了，他创造性地提出了"设备有生命，呵护需精心"的管理理念，摸索出了一套成熟的设备管理方法，使作业区连续多年关键设备完好率保持在 99.6% 以上。

他参与完成的"长输油气管道维检修关键工装"获得公司科技进步三等奖，"埋地管道瞬时腐蚀速率测试仪的研制"获得全国 QC 小组成果改进级成果，"分体式填料压盖设计制造"和"Heat 立式过滤器盲板手轮改造"项目分别获得国家管网集团公司创新成果二等奖、三等奖；在《润滑与密封》等各类核心期刊发表技术论文 20 余篇，获得国家级实用新型专利 5 项，取得多项公司技术革新及省级 QC 成果。

大家一直关心的刘天巍的婚礼依然没有回老家举行，忙是原因之一，更主要的是他不想再办了。他说："都这么多年过去了，孩子已经上小学了，再补办的话就有点矫情了。"

刘天巍说："媳妇，让你受委屈了。因为工作的原因，婚事一推再推。如今结婚 8 年多了，我还没有带你完成过一次旅行，没有一起走出过兰州，有的时候想起来真是愧对你。"

"你要是觉得不好意思，那我们就再定一个日子，这个日子一定要办。"

"你说到底是哪一天呢？"刘天巍有些迷惑地问。

"等我们金婚的那一天，一定把未办完的婚礼办完。不管是忙不忙，不管是身体健康还是体弱多病，不管是富贵还是贫穷，不管是在天南还是地北，我们都要把这未完成的婚礼接办完。答应我好吗？"

"一定完成任务！"刘天巍说完，和妻子紧紧相拥在了一起。

或许这就是爱情最美好的体现，不求缘由，无怨无悔，只愿心中所念之人忠诚履职，平安顺遂。

优秀青年炼成记

2013年5月,中国石油天然气集团公司评选"百名优秀青年",西部管道公司的李天胜光荣上榜。这份荣誉来之不易,是由一次次先进个人、优秀党员、劳动模范称号和他对新疆这片热土的热爱淬炼而成的。

1997年6月,李天胜来到了刚刚投产的库鄯线输油管道的一座减压站学习日常运行工作。该减压站是当时同类站场中国内自动化程度最高的,核心设备是两个免维护的自动调压阀,被称为库鄯线的"咽喉"。面对这种进口设备的英文铭牌,李天胜是一头雾水,深感自己知识的不足和浅薄。

当时,驻站技术员张小军师傅对这位刚入职的小伙子给予热情的指导和鼓励。李天胜一边巡检,一边把设备上看不懂的英文抄下来,回来查字典继续钻研。就这样一点一滴地积累,站里的设备他几乎都能熟练操作,一些小故障也能独立排除了。

为了学习计算机操作技能,他自掏腰包购置一台计算机,参加了计算机应用专业的函授学习,并以优异的成绩毕业。

由于工作出色,2000年,他被提拔为鄯善输油站输油调度。与减压站相比,鄯善站工艺设备更复杂,他担负的责任也更加重,一个小小的操作失误可能导致整条管道停输。

为了尽快掌握站场工艺流程,他利用巡检时间,拿着工艺流程图对比现场流程走向。只要碰上维修作业,他都会在旁边仔细观察,尽量能多学到一些知识。

在值班时,遇到不懂的问题就向老师傅求教,从深井泵的自控启停到背压调压阀的自动调压原理。时间长了,一进站控室,老师傅见到他就开玩笑说:"天胜,接完班赶快去巡检去,省得在站控室又提那么多问题!"

在师傅的言传身教和同事们的帮助下,他很快掌握了站场工艺流程和主要设备操作，逐渐成长为一名合格的输油调度。

2000年5月，李天胜迎来了他人生的又一个重要节点——结婚。漂亮的媳妇是甘肃武威人，他们的家也安在了武威。有了家，就多了一份牵挂，休假时探家成了他生活中的一份重要内容。

2004年，他们有了一个孩子。他没有想到的是，正是这个孩子的到来，让他们全家都来到了新疆，成了地地道道的投身西部建设的"新疆人"。

孩子出生时李天胜陪着母子待了几天，就返回单位上班了。谁知没过多久，为孩子接生的医院却下发了病危通知：孩子出现了黄疸型肝炎和蛛网膜下腔出血等情况，急需手术。

李天胜火速返回武威，陪伴着刚刚出生的孩子。好在经过抢救，孩子安然无恙，很快恢复了健康。

他孩子得病的消息得到了分公司领导的重视，安排工会等部门领导前来慰问他，并送来了两千元慰问金。

但这两千元的慰问金让李天胜陷入了深思。想来想去，有一天他对媳妇说："你带着孩子也来新疆吧，来库尔勒。管道维护工作是很难区别上班和下班的，你们来新疆生活，我不仅可以更加专心地去工作，也可以更方便地陪伴孩子。西部管道对我们一家这么关心，我必须做一个热爱新疆的西部管道人。"

就这样，李天胜扎根新疆，成了新一代建设管道的"新疆人"。

2016年，管网调度权上交到了国家管网，各级分公司的调度岗位不再重要了，李天胜也从调度一职改为库尔勒作业区的机械维护。新的岗位带来了新的挑战，也给了他更多的学习与创新的机会。

库尔勒作业区原油站的每个输油用的鲁尔泵有一个很大的过滤器。过滤器盲板及滤芯体积大、质量大，在平时检查清理过滤器滤芯作业时需要用到吊装设备。

原有吊装设备由门字形及L形支架两部分组成，安装吊架前必须将过滤器盲板拆除，两个支架部件组装后通过支架底部用螺栓和过滤器法兰固定连接。

拉运吊装设备至少需要3人，安装吊装设备至少需要4人配合，人工成本高。设计缺陷使吊钩不能对滤筒进行中心点吊装，且吊装到一定高度后无法整圈转动。

另外，拆除过滤器盲板时不能利用吊架进行助力，只能人扛肩抬，容易对操作人员造成伤害。

2019年，李天胜到输油站工作不久，就发现了鲁尔泵存在上述问题，开始琢磨着进行改进。经过研究，李天胜基于原有吊装装置的优缺点进行了重新设计，研制出了一种可以自由旋转、升降的吊臂，用于过滤盲板及滤芯的拆装作业。

吊臂之上安装有个手动卷帘机，可以轻松地将重重的盖板吊起并拿到一边，然后将滤芯吊起，进行清理后再放原位。

新研制的单台过滤器清理效率由过去的8小时5人，缩短到4小时2人，作业时间大幅缩短，作业效率得以提高。

这种机械化的机器臂一推出，大家疯狂点赞，不仅降低了劳动强度，实现了安全操作。2021年3月，"库尔勒原油站鲁尔泵大个专用工具"项目在塔里木输油气分公司技术革新评比中荣获三等奖。

李天胜改进的机械臂

"每一项技术革新成功了，我都可以年轻一岁。"李天胜打趣地对老婆说。

"那你这么革新下去，你还能永远年轻？我可是要老的呀，你可别嫌弃。"老婆回答。

"那我就继续年轻下去给你看。"李天胜是这样说的，也确实有拿手好戏在工作的舞台上继续表演。

原油站输油管线与设备一般均采用法兰连接。法兰有密封面和垫片，安装后两个法兰之间难免会存在一定的间隙。如果发生气体泄漏，气体不断聚集起来极易造成安全事故。

在法兰密封泄漏的日常管理中，常采用一种类似胶带的黏弹体封闭和收集泄漏气体。这种"胶带"易附着在法兰及螺栓上，清理起来十分困难，给检修维护带来隐患。更让人苦恼的是这种"胶带"容易老化，不环保，且无法重复利用。

李天胜和同事们研制了一种弹性好、寿命长、耐高低温的硅胶材质制成的密封带，可根据现场法兰尺寸及间隙大小定制宽度、厚度和颜色。

但是，光想封住气体不行，还要及时发现泄漏气体。在检测气体的方案设计上，李天胜受到鞋子孔眼的启发，设置了一种检测的气眼，作为泄漏气体的检测孔。将可燃气体检测仪吸入管伸入其中，即可方便检测到法兰密封面发生的轻微泄漏。

这种密封袋制作方便，可重复使用，适用不同尺寸、不同规格的法兰，可有效解决法兰间隙易进沙尘、易受降水锈蚀和法兰密封面的轻微泄漏不易检测的问题。

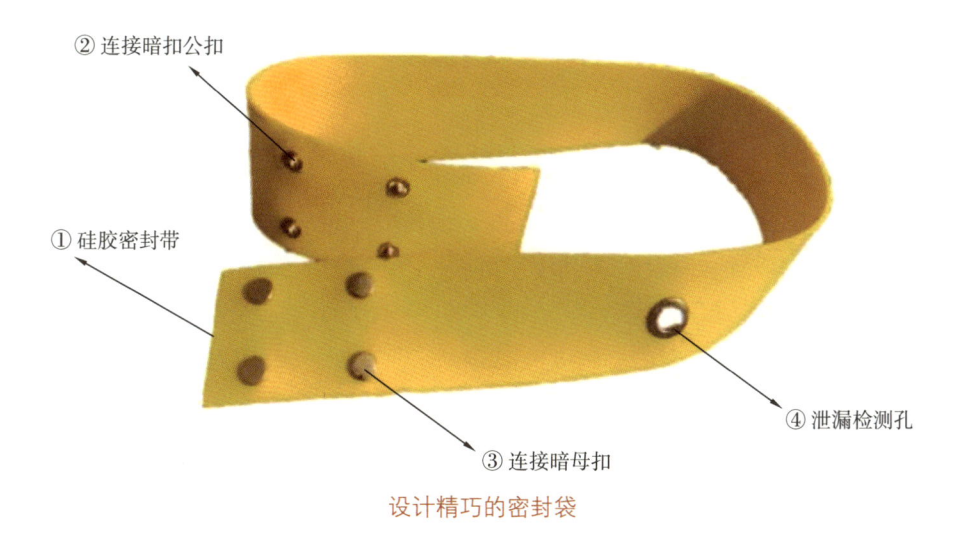

① 硅胶密封带
② 连接暗扣公扣
③ 连接暗母扣
④ 泄漏检测孔

设计精巧的密封袋

这项发明已经在库尔勒、孔雀河和马兰等多个站场应用，效果十分不错。

2021年，这项发明被国家管网科学技术委员会评为国家管网西部管道公司技术革新奖三等奖，并于2022年6月获得了国家实用新型专利，李天胜是第一发明人。

多次获得奖励的李天胜在这次获奖后说出了内心一直想说的话："我这些年来全身心地投入到工作中，我媳妇的功劳不可埋没，因为孩子和家庭都由她一个人照顾，我才能投身于这些发明之中。"

令李天胜媳妇倍感安慰的是，2023年，他们家被评为西部管道公司"文明家庭"。李天胜实在地说："我已经获得了十多次先进个人、优秀党员和劳动模范了，这个奖项其实是奖给我媳妇的。"

"咱俩一人一半！"贤惠的媳妇说。

"刻苦""不服输"是李天胜身上的标签，李天胜凭着对工作发自肺腑的热爱，在工作中持续钻研不断进行技术创新，先后完成多项创新成果。

这些荣誉是由一次次先进个人、优秀党员和劳动模范称号以及他对新疆这片土地的热爱淬炼而成的。

有一种坚守，与 胡杨 同行

心有远方，永不"out"

瘦高的身材，真诚的眼光，阳光的笑容，挺直的鼻梁上架着一副眼镜，无论从哪个角度看，他都是文质彬彬的一位帅哥。

按流行的话说，本来可以靠脸吃饭，却偏偏来搞技术。这个人，就是库米什压气站仪表岗位负责人黄波。

工作中的黄波（中间）

85后的黄波，于2009年以优异的成绩毕业于浙江大学机械自动化专业。年仅22岁的他还是十分的"叛逆"，内心深处满是仗剑走天涯的梦想。但他对自己的未来有着不一样的追求目标：一定想要"背井离乡"，一定要走得更高更远。

215

志愿表发下来，打定了主意的黄波迅速地填写完毕。同年8月，经过层层选拔，塔里木输油气分公司库尔勒作业区用热情的臂膀，真诚地拥抱了这位志存高远、向往远方的年轻人。

黄波是湖南人，却自愿来到新疆戈壁滩上工作，这一东一西将近4000多公里的路程。经常有人问起他为什么会选择离家这么远的工作，他总是笑着说："好男儿志在四方嘛。"

这个年轻人言谈举止虽然有些"另类"，但与同龄人相比，他却有着独特的思维视角与聪慧的接受能力。这让他在工作中充满了悟性，学习起新的技术来能走在很多人前面。

他的远方不仅是空间的远方，也是内心世界的远方。他的岗位是输气仪表岗，此刻他的远方从"彩云之南"转移到了"仪表之内"。走上岗位不久，他便将新梦想根植于心底，那就是练就一技之长，成为仪表领域的"大拿"。

为了这份新的梦想，黄波开始了他多年的奋斗与磨砺。俗话说"初生牛犊不怕虎"，黄波一参加工作就给人留下好印象：不仅是在学校时的专业功底好，还是工作中苦学、敢想、能干的"特种兵"。

刚分配到库尔勒作业区时，通信仪表岗专业缺少岗位练兵的实训平台，成为困扰员工技能水平提高的难题。黄波马上意识到自己在大学所学的知识有了用武之地。

说干就干，他张罗了几个小伙伴，组织了一个小组，又在库尔勒原油站西院里找了一些废旧零部件，开始了创新之路。

几个人在作业区领导的支持下，一有机会就反复琢磨仪表原理、排查故障方法。晚上就一头钻进仪表检修、培训大纲的书籍里学习，经常一熬就是大半夜。功夫不负有心人，他凭着自己在大学积攒的雄厚功底，竟然研发出了库尔勒仪表自动化仿真实训平台。

该平台在员工日常的岗位练兵、现场故障模拟判断中发挥了重要作用，受到员工和领导的高度赞扬。当有人介绍说这是一个入职不到一年的员工鼓捣出来的平台时，大家都惊奇地瞪大了眼睛。

在库尔勒作业区，黄波一直担任仪表自动化技术员。在那些日子里，他参与了库静线冷备用服务器调试以及投用，参与了库尔勒原油站和轮南原油站泵计时改造工程和自动化仿真系统的建立，参与"自动化仿真系统操作规程""大二线增输工程上位机组态和部分程序"的编写，这些实践为他今后实现更加长远的工作目标打下了基础。

2014年12月，因工作需要，黄波调到了库米什压气站，继续从事仪表维检修工作，并开始着重学习与压缩机维检修有关的技术知识。在这里，让他真切地知道了世界上并不是所有的"远方"都鼓舞人心。

库米什压气站地处吐鲁番盆地的边缘，夏季热流灼人，冬季干冷透骨。黄波初到这里正是隆冬时节，戈壁滩上的生活不仅简单而枯燥，而且寒冷异常。再加上站场周边环境恶劣，手机信号也时有时无，他的内心受到了巨大的考验。

这里与库尔勒作业区条件相比确实较差。来到库米什压气站时，他一度想打退堂鼓，拿着行李走人。不过，他马上又笑话起自己的软弱与幼稚来，心里一遍遍想说："既来之，则安之。这世界怎么会出现我'开倒车'的'至暗时刻'？"

他慢慢地调整好自己的心态，逐渐开始适应新的工作岗位，工作热情依然饱满如初。在库米什脚踏实地地干，转眼间又是3年过去了。他的脸晒得黑黑的，橙色的工装也常常是布满了油污，一个大男孩已经成熟了。

此时的黄波年近三十，西部的风沙让他变得安静下来，除了勤奋地工作，休息时在公寓里看书、唱歌。他说话声音不大，但很坚定。从穿戴、吃饭到生活风格，他成为一个简单的人。

他的心已经在西部的黄沙中"静"了下来，他的生命已经和这片西部的热土紧紧地贴在了一起。在别人心目中，认为他已经"out"了。但他知道，只要自己还是自己就好。

在库米什，他的岗位多次调整，责任也在一点点地增加。他也在淬炼中，从青涩帅气的实习生、技术员成长为严谨沉稳的仪表专业负责人。

在外人看来，这位负责人无论是年龄还是工龄都显得过于年轻。但熟悉黄波能力的人都知道，这个小伙子有实力，绝对不可小瞧。

黄波有一句座右铭："仪表工作也可以做得很'帅气'。"其实，了解这个行业的人都知道，这项工作不仅枯燥乏味，而且亟须人的细心与耐心，是个实实在在的精细活，没有点真本事，是不可能站住脚的。

更重要的是，工作环境是在戈壁滩上，夏季气温最高可达近五十摄氏度，地表温度最高时达七十摄氏度。干活时常常是人站在地上，感觉鞋子被烤透了，只能踮着脚工作。

就是在这样的环境中，黄波经常为了排除一个仪表故障，在外面一站就是一两个小时。每次回来，他用毛巾蘸着凉水擦拭红肿的脸，脸会一直疼到第二天。

黄波不是不懂得保护自己的人，他很爱惜自己这张帅气的脸。每天去现场时，都会在脸上涂抹防晒霜。但是天热加出汗，防晒霜就毫无影踪了。"晒脱了一层皮，再晒也就不疼了。"黄波乐观地说。

几年来，在仪表工作中，黄波为了能深挖节能降耗潜力，与同事们讨论优化了站场后空冷风扇启动序列，通过更科学地组织风扇启动位置和顺序，使每个冷却循环中后空冷器电机运行时间缩短3分钟，冷却效率提升了26.7%。

辛勤的汗水换来丰硕的成果，他牵头的"改造电气通讯模块的余电源实现双冗余供电"项目和参与轮库部线输油泵计时改造项目"轮库SCADA系统改造"先后获得国家管网集团公司、国家管网西部管道公司的各类奖项，年轻帅气的黄波已成为库米什压气站仪表专业的主力军。

现在的黄波的远方就是身边的工作，他用自己的行动证明了自己的价值。面对众多的奖励和大家的夸赞，黄波只是笑了笑说："这本来就是我的工作。心有远方，就永不'out'。"

永不"out"，只是因为他内心的远方不再是一个人的山水，而是身边的西气东输管线，它伸向的远方才是黄波的远方。

黄波在工作中历练，在取舍中成长。他的远方几经"迭代"，不再是一个人的山水，而是身边的西气东输管线。连通东西的西部管道已经和他紧紧地融会在一起，它伸向的远方就是黄波的远方。

那些难忘的第一次

2023年10月31日，林纪华的"林纪华劳模和工匠人才创新工作室"升级了，被新疆维吾尔自治区总工会命名为省级工匠人才创新工作室，成为国家管网集团西部管道公司第9个自治区级劳模工作室。

工作中的林纪华

工作室成员由创意室和实训室的成员组成，有技能骨干、技术员和专业技术人员等15人。截至2023年底，成果包括国家专利3项、"五小"（小发明、小革新、小改造、小设计和小建议）技术革新成果18项、QC成果14项、论文3篇，累计征集"金点子"15个。

2024年，林纪华已经在维抢修岗位上工作了十余年。长期负责独山子输油气公司辖区内西气东输二线、西气东输三线、阿独线和独乌原油管道等共计十条管线 1826 千米支干线的 A 类事件应急维抢修工作。

管道受到由地震、洪水、滑坡、地层沉降和泥石流等自然力的影响、各种电化学、微生物腐蚀和人为误操作等原因，会出现断裂、焊缝开裂、爆管或穿孔等事故，这就需要维抢修人员在第一时间"闪现"至现场进行抢修。

林纪华等人负责的西气东输等管道，都是关系到国家能源安全的重要管线，一旦出现安全隐患却未及时处理，将对下游供油供气产生不良后果，造成难以挽回的损失。

"职责所在，使命必达"是西部管道维抢修人的工作信条。从担负这项责任开始，林纪华就以强烈的责任心投身于西部能源大动脉平稳安全运行的工作中，努力担当好管道安全的"护花使者"。在他的带领下，独山子维抢修中心连续 13 年所有的抢修作业均在规定作业时间内完成任务，每年都被评为先进基层站队。

2014 年 10 月，独—703 线 5# 阀室发生卡球事故，他带领 7 名抢修人员仅用 11 小时就完成了架设旁通管路、收排油、断管、取球和重建阀室作业，在完成抢险任务后又带领人员进行奎屯分输站分输改造施工，24 道口的动火作业均一次成功。

2016 年，公司首次在独—703 线进行"光管行动"作业，这是他第一次参加这种规模的光管行动作业。当时，由于维检修任务繁重，各作业点都无法抽回作业人员，他带领 8 名抢修人员，用时 13 小时完成了两处相距 12 千米的换管作业。

如果这些都是平时处理事故的"开胃小菜"，那么 2016 年 11 月在伊宁境内发生的成品油罐车侧翻交通事故，则是一次智慧与勇气的考验。他第一次参加如此惊心动魄的河流溢油抢险，就展现出了可贵的冷静与智慧。

溢油事故危害性大、突发性强，会对水资源造成污染，影响水生态平衡，会对当地自然环境、经济发展甚至人类健康造成严重的危害。当时，成品油罐车侧翻后，油品泄入跨境的某条河流中。

在接到协助地方政府河面收油的命令后，林纪华带领 5 名人员连夜驱车 12 小时赶赴 700 公里外的事发地。

由于水流大，河流较宽，且抢险时间已经过去了 24 个小时，泄漏油品随着时间的流逝，泄漏量越来越大。地方政府从泄漏点到伊宁市 100 多公里沿河两岸多处设点打捞浮油，并进行水质监测，现场情况非常紧急。

当维抢修人员到达现场后，当地消防部门架设的围油栏均以失败告终。一寸粗的棕绳带着围油栏刚过河中间，先后两次被湍急的河水冲断。随后实施冲锋舟进行拖拽作业时，但由于负荷极大，引擎发生故障，再次以失败告终。

林纪华等人到达现场后，面对此状，他与分公司领导、地方政府官员一同紧急商讨抢险方案。针对河水湍急的现状，林纪华创新性地提出围油栏"Y 形斜拉法"，设置三道围油栏实施收油作业，得到了各方的一致赞同。

实施过程中，他带着抢修班长一起，划船到河对岸选择锚固点。5 名团队成员和地方政府 20 多名特警战士一起，通过在两岸一同努力，终于将围油栏一次设置成功，泄漏油品终于停下了"脚步"，不再顺河而下。

随后，配合地方政府成功地进行了上游河道改道限流，下游泄漏点进行围堰作业，并进行河面收油作业，铺撒吸油毡近万片。全过程用时仅为 3 小时，成功处置了污染油品流入境外的环保事件，创造了新的河面收油成功案例。

林纪华还和工作室的同事们一起自主研发了一种密闭排油装置，并于 2016 年获得获国家专利。这是他获得的第一个国家专利，该专利在独乌成品油管道断换管作业中得到有效应用。断换管作业期间，不用外接排油泵，消除了可燃介质泄漏的风险，降低了作业风险，同时收排油作业效率提升 40% 以上。

在 2023 年西三线天然气管道穿越 G30 高速公路套管三级应急演练中，独山子维抢修中心以劳模工作室为主要力量，创新完成了管道穿越套管专用工装的研发制作，有效解决了管道穿越公路、铁路等重点地段的难题，让管道抢修更换更加容易方便。

林纪华还特别善于对工作经验进行总结和提炼，并形成一定的知识体系进行推广，帮助其他场矿提升维抢修作业能力。长输油气管道应急抢修工作涉及较多的设备及工器具，如不能科学管理，很容易耽误应急抢修时间。

林纪华和同事李广、周尧一起，以独山子维抢修中心抢修设备集装化工作为例，从集装化改造方法、改造原则、目视化标准、日常管理及实际应用等几方面，介绍了抢修设备及相应工器具归类、分装，实现集装箱存储和整体吊装的方法，为抢修工作争取了宝贵时间。该方法被公司认定为创新性管理工作，并作为标准在公司内部推广。林纪华等人编写的"抢修设备集装化在长输油气管道应急抢修中的应用"一文，获得了全国石油石化企业管理现代化创新优秀论文（行业部级）三等奖。

每经历一个难忘的第一次，他就成熟了许多，也更自信了许多，成绩也增加了许多。在他带领下，独山子维抢修中心陆续获得局级技术革新、QC 等奖项 12 项，获得省部级奖项 1 项、国家专利 2 项。

在自己不断进步的同时，林纪华十分注重青年员工的成长成才。每次大型作业结束后，他都要召集大家开"回头看"总结会，让每个人反思自己在作业中不足，让大家也经历一个又一个第一次，并从中找到成长的起点。

那些工作中难忘的第一次，宛如璀璨星辰点缀着林纪华职业生涯的天空，每一颗都承载着独特的意义与回忆。

高原小站的"三专"情人

命运将韩贵银安排到海拔 3452 米的德令哈作业区羊肠子沟压气站时，没有一见钟情，没有海誓山盟。经过岁月的淘洗，却有了实实在在的"日久生情"。

"对压气站比对自己家还熟悉，压气站就和我的家一样，多年来我习惯了这里的一切，有感情了。"谈起自己的工作岗位，韩贵银的语气平和而有分量。

来到高原小站十八年来，韩贵银有十个春节是在羊肠子沟压气站过的。平时的国庆节、劳动节和中秋节等节日，他更是一直在站上坚守岗位的人员之一。

韩贵银痴心地守护着羊肠沟子压气站，每台设备、每个角落他都了然于心，可谓专一。不管是配电间、压缩机房还是发电机房，只要一有问题，他就会加班加点地进行维抢作业，牺牲宝贵的休假时间也在所不惜，可谓专注。多年来的技术学习与实践，让他得到了快速成长，成为站场优秀的电气专业"大拿"，若设备有故障，他大多可以手到病除，可谓是专业。

因此，说韩贵银是羊肠子沟压气站专心、专一和专业的"三专"情人，并不为过。羊肠子沟压气站位于青藏高原北部的柴达木盆地，方圆 60 公里没有人烟，没有一点绿色，而且是国家管网西部管道公司 1.6 万公里油气管线中涩宁兰线上一个制高点，仅是高原反应令无数人望而生畏。

涩宁兰线 2001 年建设之初，就建了羊肠子沟清管站，这条中国海拔最高的输气管线，诞生时虽不万众瞩目，但却很不平凡。

2006 年羊肠子沟清管站扩建为压气站时，21 岁的韩贵银来到站上实习。当时，洗一次澡要去 100 多公里以外的德令哈，奢侈得很，是真正的"高消费"。实习了 8 个月后，他才第一次回了青海省西宁市大通县的家。

刚参加工作的韩贵宁充满了丰沛的激情，他和小伙伴们挤着住在简易工棚里，每个人都干劲十足，头疼、流鼻血、掉头发这些高原反应都无法阻挡他们的坚持。

韩贵银跟着技术员调试设备、安装阀门，不断积累着理论知识和实践经验。年复一年，他一直与亲手安装的压缩机为伴。"铁打的营盘流水的兵"，一年年过去，一直没有"动窝"的韩贵银成了羊肠子沟最"老"的员工。

刚开始工作时，韩贵银曾面临过巨大考验，发动机、压缩机都是进口的，但韩贵银只是中专毕业，英语底子薄。困难大不用怕，他跟着站上的技术员学英语、学机械规程，扎扎实实学了3年后，韩贵银终于成了摆弄这些进口设备的行家里手。

学历低是一个短板，但可以补。多年来，韩贵银不断进行学历提升，参加公司组织的外出培训，用理论指导实践，得到了快速成长，也如愿以偿地取得了电气工程本科学历。

他用人生最美好的年华见证了羊肠子沟压气站的诞生、发展和壮大。从输气工、机械岗到电气岗，最后成长为站上的带班班长，韩贵银成了电气"大拿"和"多面手"，哪个岗位缺人他都能顶上去干。"三专"情人就是这样炼成的。

在这里工作的十八年里，让韩贵银最难忘的是十年前一个冬天的夜晚，天气异常寒冷，偏偏在这个时候机组突然停机了。

羊肠子沟是涩宁兰线上的关键站场，一旦停机影响巨大，特殊的地理位置让韩贵银和同事深知肩上责任之重。好在和同事们齐心协力，排除了故障。但是新的问题又来了，压缩机进口温度太低，一直无法启动。

"天气冷，但我的身体热。"他和同事将拳头大的探头拆下来，将那个铁家伙揣到了怀里，用身体暖热温度探头。探头温度随着体温渐渐上升，终于达到启动条件。

紧张而漫长的20分钟过去了，机组终于启动成功，而他和同事脸色发紫，已经变成了一个个真正的"铁人"。

韩贵银性格内向、话不多，敦厚稳重，在站上永远是照顾其他人的大哥。他不仅自己坚守在这里，也带动其他员工也当起了"三专"情人。

2015年，员工慕涛从湖东压气站调到羊肠子沟压气站，工作地点的海拔从

3200 米提升到了 3452 米。都说人往高处走，水往低处流，当时慕涛心里翻江倒海，一点都不高兴。他认为自己在湖东站已经工作四五年了，按理说应该把他调到海拔低一点、条件好一点的站场。

在羊肠子沟站，慕涛认识韩贵银之后，他的"怨气"开始一点一点消失了。韩贵银带着慕涛认识羊肠子沟的一切，帮他适应新环境，也跟讲自己离不开这里的经历和原因。韩贵银的坚守和奉献触动了慕涛。

为了带动慕涛，韩贵银主动和他结成了工作中的一对黄金搭档。韩贵银休假时，遇到电气方面有解决不了的问题，他就主动打电话寻求远程协作，让韩贵银十分高兴。慕涛也十分争气，在韩贵银的带动下不断成长，后来也成了带班班长。

这些年，他带过的徒弟有十二三个。2021 年，站上分来了两位姓王的大学生，最后王程飞留了下来。在韩贵银的带动下，他学习用心，进步很快，尤其是在压缩机大修中他得到了很好的锻炼。

而在王程飞眼里，师傅韩贵银是小站任劳任怨的坚守者。他对待学员一直很严厉，经常在每天工作结束后，利用休息时间给徒弟们"加餐"培训。他是一个很随和的人，不会将工作中的情绪带入到生活之中。

人不能选择在哪里出生，却能选择在哪里绽放生命。高海拔气候变化多端，冬天极冷，夏天又总是高温。在这样的环境里，让年轻人都成为"三专"情人不现实。韩贵银很理解那些离开的人，对留下的小伙子们也总是一手严一手爱。

让他这个"老三专"感到安慰的是，这十年来，原本环境恶劣的羊肠子沟站正在发生巨大的变化。站上设备自动化程度越来越高，在德令哈作业区就能监控各个小站的机组，国家管网集团和西部管道公司也能看到机组运行情况。

小站的工作和生活环境也在一年比一年好，在与大自然斗争的同时，员工们开始进行站场绿化、生活场所升级等工作，生活区开始有了花花草草，员工们更加友爱，像家人一般彼此关心。

站场的变化让韩贵银兴奋无比，生活的变化也让他更加坦然。他的一双儿女都上中学了，微信视频和家人"云见面"很方便。交通也更快捷了，休假时，4小时就能回到西宁的家中。

2023年，妻子来到了羊肠子沟站陪他过年。当她真切地了解小站的特殊环境、小站的巨大作用和丈夫的责任之后，更加理解了丈夫成为小站"三专"情人的原因。

"你是这样的情人，我不反对。我也帮你去爱她。"妻子深情地说。

小口径管道碰上"小心眼儿"

韦正鑫是一个有事没有完成心里一直要惦记的"小心眼儿"。进入 2020 年，他有件事一直没有放下，或者说是有个难题没有解决。不是个人的小事，不是家庭的私事，而是小口径管道的大事。

涩宁兰天然气管道甘西南支线全长 63.6 千米，管径只有 219.1 毫米 ×6.3 毫米，是实实在在的小口径管道。这种管道由于受内外部条件限制，大多没有开展过清管工作，管道内部污物长期积累，导致管道内径发生较大变化，给内检测带来较大难度，自 2011 年投产以来一直未完成基线检测。

没有通过球的小口径管道，在管道通过性能不明的情况下，开展清管及检测作业卡堵风险极大。一旦发生卡堵，将影响管道下游用户的供气以及管道的正常运营，造成较大的社会影响及经济损失。

2019 年开始，兰州输气分公司启动漏磁检测前清管作业，累计发送各类泡沫清管器 16 个。

2020 年 4 月 6 日，清管器在一处管段发生卡阻。清管器（检测器）类似于肠镜，在里面爬行一段时间后，发现了小口径管线出现了"消化"问题。

经过开挖检查，发现卡阻点位于管道弯管处，弯管严重变形。韦正鑫只得和大家一起进行"剖腹"手术，采取换管方式这才取出了清管器。

管道内检测是为了识别出管道本体缺陷。如果发生清管器卡堵，极有可能给下游用户带来供气中断的风险。因此，为了让小口径管道的平稳运行，确保下游用户的供气安全，必须想出长远之策。

这次卡堵事件给了韦正鑫沉重一击。作为在兰州分公司管道科从事管道内检测管理工作多年的一名技术人员，他先后组织完成了分公司所辖主干线管道多轮内检测工作，而遇到卡堵事件则是第一次。

思想认识、文件执行、现场作业……一个个作业环节像电影一样闪现在韦正鑫的眼前。最终，他的思考定格在这样的一个问题上：在对管道变形点不清楚的情况下，怎么样才能既找到存在的缺陷点，又可以保证管道安全平稳输气呢？

他和西部管道的很多技术人员一样，有一股"遇事不回头、做事不怕难、要做做到底"的倔强。但是，国内国外的资料他和小伙伴们查了个"底朝天"，他也没有找到这样的"法术"。

没有现成的可用，那就只自己去创新。经过一段时间的理论知识学习，在分公司领导魏庆东的支持下，他和代军生、李龙、李迎斌、王君开始着手进行各种检测新技术的调研和比选。最终将研发方向定格在泡沫几何检测技术上。

经过两年多的努力，心里一直为这件事放不下的韦正鑫和同事们最终解决了这个问题。他们确定的泡沫几何检测技术，以泡沫体为载体，采用先进的几何传感探头，能够识别管道内环焊缝、弯头及阀门等特征点，可以精准测量管道内径变化并准确定位，特别适用于情况不明的小口径管线。

韦正鑫和同事在测量小口径管道

2021年6月，泡沫几何检测技术顺利应用到甘西南管道内检测现场。这是该技术在国内陆地天然气管线上的首次成功应用，共排查出内径减小超过10%

的缺陷点 4 处，为排除管道上的安全隐患和后续的漏磁内检测循序渐进通球作业提供了准确的信息，同时也为小口径、低输量、不能通机械清管器的管线的基线检测提供了一个最佳实践。

夏河支线管径为 114 毫米，一直没有进行清管及内检测作业，管道多次发生水毁险情。

2022 年 5 月 13 日，甘西南支线临夏门站成功接收到一枚机械清管器，宣布清管成功。这次清管采用了泡沫涡流内检测技术，提高清管器及检测器的通过性能与安全性，减小小口径支线管道基线检测费用投入，共节约费用约 90 万元。

那晚听到了临夏门站成功接收到清管器的消息后，韦正鑫和同事们一起欢呼起来。

近年来，随着小口径管道清管经验的积累，韦正鑫认识到了小口径管道的一些新特点：支线管道输量低、瞬时输量波动幅度大、壁厚变化频繁、管道内部污物累积时间长，管道内径可能受地形、地质的变化及外力影响发生形变，管道通球难度大。

更为重要的是，由于跟踪监听措施不到位，清管器丢失的可能性大大增强，这也是小口径管道检测遇到的另一个大难题。这让韦正鑫认识到，采用泡沫几何检测技术对付小口径管道只是一个开始，更远的路还在后面。

"小心眼儿"韦正鑫的心事真的是"才下眉头，又上心头"。为了解决清管器丢失这一难题，他对国内外监听技术进行了多次调研与比选，最终提出了一种利用数据融合技术的清管器跟踪方法——多种跟球保障技术。

该技术就是在清管器运行时，采用基于压力、流量、光纤传感、低频脉冲信号和声音放大等多维度、不同信号源的数据进行实时分析，准确定位清管器在管道中的具体位置。

2022 年 5 月至 6 月，该跟踪定位方法在先后兰州分公司甘西南支线和兰定支线应用于清管作业。在跟踪过程中，准确地掌握了清管器运行异常区段，为后期检测器安全平稳运行提供了数据支撑。

清管跟踪定位技术的发明,并没有让韦正鑫的心情放松下来,因为问题总是接二连三地找上门来,令他应接不暇。

甘南、甘西南等小口径管道别看模样小,但敷设环境复杂,存在地势起伏较大、地质灾害频发、线路跟踪难度大、线路距离长、管道输量不足和污物总量大等特点,很难"对付"。想更安全、更环保地全面治理好它们,难!

"知道你难,但你扛不住我一直在心里惦记你。"韦正鑫利用一年多的时间,系统梳理排查管道基础数据、下游用户保供要求和工艺条件,首先做到了知己知彼。

接下来,他结合分公司提出的分段发球的思路,通过对历史上清管器运行异常区段的分析、论证,提出了在中间阀室增设临时收发球筒的方案,为后续检测的成功开展打下了基础。

小口径管道可能存在的变形点限制了清管工作。而在低输量情况下,清管器又无法自行移动。天然气在役管道上使用空气推球的方式,存在天然气和空气混合形成爆炸性危险。

针对这个问题,结合多方意见,韦正鑫又开始组织论证氮气推球的可能性。氮气推球主要是使用氮气为动力推动清管器运行的一种方法。氮气使用量的多少,往往是影响成本的关键。

在此过程中,如何降低氮气的使用量是他和小伙伴们在工艺操作性上做的一篇大文章。经过一段时间的努力,韦正鑫等人的努力有了结果。

2022年6月19日,在进行兰定线内检测时,韦正鑫在检测群里发送了一条信息:"各位领导,计划6月20日早7点10分前发送兰定线兰州—和平段两碟两钢刷磁力清管器,兰州末站6月19日申请调度同意后完成清管器的装入工作。中油检测公司提前与兰州末站签了设备检查确认表,准备清管运行报告、跟踪分组表、各监听点速度与时间估算表,发兰州末站与榆中站⋯⋯"

采用韦正鑫等人的氮气推送方案,兰定支线和平—定西段管道单次作业使用氮气量约11.64万立方米,每吨氮气气化约600立方米,共194吨氮气,成功运行各类清管器 5 次、检测器 4 次。既避免了因工况不满足条件造成的下游用户用气中断，同时也满足了检测需要。

兰定支线和平—定西段分段憋压推球作业，节约费用 600 余万元。在甘南支线、两兰支线也先后节约约 80 万元和 40 万元。

目前，韦正鑫等人发明的一系列清管技术，在对所辖的甘西南、夏河、两兰、甘南和兰定支线 5 条小口径管道的应用实践证明，该技术使清管作业自动化水平更高、效率更快、检测结果准确，而且通球卡堵风险极低，效果"真香"！

别看在技术革新上韦正鑫一直和难题过不去，在生活中他可是一个大度、宽容且随和的人，一副"万事不计较，啥事不关心"的样子。也许，正是在生活中的大度，才成就了技术创新上的"小心眼儿"吧！

"小心眼儿"的韦正鑫，通过技术创新，让小口径管道平稳运行，解决了小口径管道运行的大事。

用 8 微米诠释精益求精

2024年1月，生产技术服务中心设备论断服务部副部长郭小磊被评为西部管道公司第三届"十大杰出青年"的消息传出后，微信群里各种帖子下面又是一片点赞。

郭小磊自2009年参加工作以来，一直从事着压缩机组维护检修、升级改造、远程诊断等技术服务工作。

他始终把"掌握核心技术、建设专家团队、提供高端服务"作为职业生涯的奋斗目标，通过企业的培养和自己的努力，逐步成长为一名西部国脉"心脏"的守护者。

正在调整动平衡的郭小磊

2014年12月，西三线霍尔果斯首站压缩机组投产测试期间，压缩机机芯全部损坏，影响了正常投用进度。

为了能尽快查清问题根源,他和同事迎难而上,在严寒天气里,一蹲就是好几个小时,脚蹲麻、冻僵了,他跺跺脚接着干!

通过一个多月的连续排查,不但找到了故障的原因,还掌握了 PCL603 离心压缩机机芯现场自主更换的方法。

最绝的是,他借此机会编写出了一套现场维护检修资料,以后再有人碰到这样的问题,就有经验可以借鉴了。

随着公司压缩机组维检修业务不断地扩大和深入,遇到的技术问题难度也越来越大。

2016 年,轮南压气站 3# 机组动力涡轮运行期间出现机械损伤,国外厂家高昂的技术服务费用和漫长的检修周期,直接影响到机组备用。

因动力涡轮内部部件装配复杂、缺少参考技术标准且备件数量有限,这就要求必须保证安装精准度,并且只有一次机会。

郭小磊不信邪,他顶着四十摄氏度的酷暑连续奋战五十多天,通过反复核对测算,对备件精细打磨,保证了动力涡轮回装的精确性,圆满完成了公司首次 RR 机组动力涡轮现场自主检修。

斗严寒战酷暑,那是郭小磊和同事们每年都会多次品尝的"大餐",说起来并不新鲜。但是,为了压缩机驱动端动平衡调整去追求 8 微米的精益求精,却是很难碰到的。

西三线嘉峪关站 3# 压缩机自投产以来,压缩机驱动端 3355X 振动相对偏大。有一段时期运行振动明显变大,在 4400 转 / 分钟时,3355X 测点的振动值更是高达 48 微米,接近报警值,影响到了机组的安全平稳运行。

为了彻底地解决这一问题,2021 年,西部管道生产技术服务中心和酒泉分公司经过多次分析、对接,决定对该机组进行现场动平衡调整。

西三线嘉峪关站机组属于"TMEIC 电机 +GE 压缩机"组合,由于公司之前未自主进行过此类机组的动平衡调整,因此可以借鉴的经验不是很多。

为了保证本次作业的成功,西部管道生产技术服务中心派出了设备诊断技术服务部的负责人郭小磊和沈登海,两个人刚刚取得了"国际振动三级分析师"

资格，此次作业正好是对他们诊断分析水平的现场检验。

"国际振动分析师"郭小磊接到任务后，第一时间查阅图纸资料、分析机组前期运行数据、编写动平衡方案、计算异型试重块的重量及安装角度等，做了充分的准备，为接下来的动平衡调整打下了基础。

异型试重块的重量计算及安装角度是本次动平衡作业的关键，两名技术人员从一开始便深知试重的意义，因为如果试重的重量和安装角度计算不准确，首次调整很可能就会失败，这意味着作业人员要在三十多摄氏度的高温下重新把附属管路和联轴器护罩多拆装一次，机组要额外增加一次启停机，与此同时要多增加一次压缩机放空。

2021年7月30日，由生产技术服务中心郭小磊、沈登海和酒泉输油气分公司部分技术人员组成的联合作业团队完成了第一次配重作业，满怀期待地等待启机测试。

下午3点30分，机组一次启机成功，并顺利通过一阶临界转速，大家悬着的心终于放松下来。

在转速升到4400转/分钟时，对讲机里传来了值班人员兴奋的声音："3355X的振动值为24微米，相比之前相同转速下的48微米，振幅下降50%！"

这说明本次试重块20.9克和240°的安装位置都比较理想，第一次试重启机测试非常成功。

接下来，为了收集更多的测试数据，根据工艺条件，分别测试了4600转/分钟、4800转/分钟和5000转/分钟的振动情况。

虽然第一次试重的结果时振动值已经远远低于报警值，就此宣布调整成功也没有什么不可以的，但是这样的目标并没有达到郭小磊这个"国际振动大师"内心的期望值，他决定百尺竿头更进一步。

于是，他主动向酒泉分公司压缩机主管杨工提出继续调整的请示："我们把数据再算一次，想继续第二次配重调整"。

根据第一次启机的数据，用不同的方法多次计算得出了相同的结论：二次配重块质量为 27.5 克、安装角度为正 270° 效果会更好。在得到酒泉分公司的支持后，8 月 2 日，郭小磊和同事一起又进行了一次配重调整。

第二次启机后，在转速升至 4400 转 / 分钟时，3355X 振动值为 8 微米，与之前相同转速下的 48 微米相比，振动下降 40 微米，下降比例为 83%，其他振动参数基本变化不大，而且测试机组的振动曲线趋于完美，郭小磊的脸上终于露出了满意的笑容。

这时，测试现场也传来了热烈的掌声，这既是向机组恢复"健康"表示祝贺，也是对郭小磊精益求精的精神表示认可！

"郭工、王工，这次机组的动平衡调整，你们让我们感受到了什么是精益求精，感谢中心帮我们解决了一个大难题！"酒泉作业区副主任向两位国际振动大师表示感谢。

"这次嘉峪关 3# 机动平衡调整，第一次试重振动下降 50%，第二次配重振动下降 80%，效果明显，超过预期，你们还是技术过硬啊！"酒泉分公司生产科杨晓东边说边向郭小磊竖起了大拇指。

郭小磊没说什么，只是微笑着连连摆手，意思是有些过奖了。但他的微笑却阐释了精益求精的真谛。

干一行就要爱一行、钻一行，郭小磊就是抱着这样的信念，用实干筑匠心，在乐业中守护管网"重器"。

24 年练成的"多面手"

乌鲁木齐应急抢险中心封堵队管工班班长杨雄伟，个头不高，长着一张圆圆的脸，和别人交谈时脸上总是挂满了笑容，总是给人一种温暖和煦的感觉，像是一位邻家大哥哥，使人倍感亲切。

截至 2024 年，他已经在西部管道从事管道运维行业 24 年了。24 年的时光步履匆匆，带走了青春，却给西部管道抢修行业留下了一个"多面手"的技术骨干。

自杨雄伟到了西部管道公司后，先后从事过管道保护工、封堵工，还在不同的时间段里，"客串"过装载机司机、推土机司机和特车司机。

都说干一行爱一行，杨雄伟不仅爱一行、钻一行，而且行行都干得不错。他自己说自己是"万金油"，别人夸他是"多面手"。

不过，再"多面手"的人也都有一个主业，杨雄伟的主业是封堵工，这也是他从事时间最长的一个岗位。

在杨雄伟从事维抢修封堵工作期间，当时独山子维抢修中心引进了一台 813 囊式开孔封堵设备，用于完成管道不停输带压开孔封堵作业。

杨雄伟参加了该设备的业务培训，专业培训虽然十分系统，但归根结底是"纸上得来终觉浅"，想要能够熟练地操作设备，还是要在实操上狠下功夫。认识到了这一点，一到了实践阶段，杨雄伟从设备的安装到操作，每一个步骤都做了详细的记录。

工作一天了，大家下班回到宿舍大多想着先休息一下，而他却更加忙碌起来，他不光要复盘今天做了什么，还要搞清楚为什么这么做。遇到不懂的地方，他就上网查阅资料或者咨询其他师傅，有时还打电话询问厂家。这心思可是用到家了。

经过不断学习和实践，他的操作水平在同期学员中进步神速，破格地被培训机构邀请参与编制了《813囊式开孔封堵器作业指导书》，这无疑是对他培训成绩的最大肯定。

培训结束后，杨雄伟以一个成熟的技术人员重新回到工作岗位，他不仅能够胜任封堵作业，在其他创新领域他也积极思考，先后参与完成了"研制管线抢修氮气密闭排油装置""氧气乙炔火焰切割角度调节器的发明与应用"和"电动切坡口机反坡口切割改造"3个攻关项目。

"这小子，学啥会啥，干啥啥行。"很多人都这样夸他。

杨雄伟的"多面手"更多的时候并不是他自愿的，而是客观工作实际促成的。2012年，因为工作职责调整，封堵作业不再由独山子维抢修中心承担，在封堵作业中已经"成名立万"的杨雄伟，不得不从封堵工转岗成为管工。

虽然是"半路出家"的，但他是一个喜欢观察、善于琢磨的人，在平时的工作中，一边搜集碰到的难题，一边积累解决问题的方法和经验。有弄不明白的地方，和同事一起探讨，向专家老师请教。

没有多久，凭着他对管工技术的不懈追求，杨雄伟后来居上，先后获得了国家管网西部管道公司第四届和第六届维抢修业务职业技能竞赛团体三等奖和管工个人二等奖的好成绩。

平时工作中杨雄伟也是"多面手"，面对问题的时候，他马上变身为解决问题的"行家里手"。这手伸得越来越长，也越来越管用。

2014年11月1日，阿—独线发生管道焊缝处原油泄漏，已经是管工班班长的杨雄伟在接到抢险命令后，迅速组织人员装车并赶赴现场。这是他第一次参与实战抢险作业，心里不免有些紧张。

现场上，杨雄伟和另外4名同事主动"请战"，拿上柔性卡具下到了满是油污的作业坑内，顺利将柔性卡具安装在焊缝漏点位置，为后续作业坑开挖及原油回收争取了宝贵的时间。经过24小时的奋战，杨雄伟和同事们圆满完成了抢险复产任务。

2021年，乌鲁木齐维修队整建制划转到乌鲁木齐应急抢险中心。初期，由于大型国投设备数量较多，但会操作懂性能的人却很少。国投设备经常会出现这样那样的问题。

遇到解决不了的问题，大家都会第一个想到杨雄伟，因为他是"多面手"，面对困难总会有解决的办法。而且平时他操作设备十分熟练，对设备存在的缺点也都能"如数家珍"。

这些问题频出的设备，一旦到了杨雄伟的手里，真就乖乖地"束手就擒"，老老实实地开始继续运转。"有问题，找老杨"这句话在抢修队渐渐流行开来，老杨又成了名副其实的维修工。

和老杨在一起工作，大家不仅心里有底、遇事不慌，而且他幽默的话语、开朗的性格也常常让大家在沉闷中开怀大笑，忘记烦恼。按老杨的话说："员工的心理问题是最大的问题，一定想法子让大家保持乐观的心态。"

"多面手"表面有多少荣光，背后就要流下多少汗水。杨雄伟在干好本职工作的同时，仍然在年至中年的时候在学习钳工、电工等技能，因为单位的人员十分紧缺，员工放假休息时他这个"老管道"就得顶上。

但是，想顶上来就得有新技能，想有新技能就得继续学习。"学到退休、干到退休、进步到退休"是杨雄伟唯一的想法。

"5+2" 和 "白+黑"

也许每个人的一生都是一本长篇小说，出生、上学、工作……有很多无奈，有很多味道，有很多别样的幸福……在西部管道工作的人们也是如此。

走入西部管道的职场之后，最深的体会莫过于知道了"干啥工作都不容易"这个道理。尤其是为各类工程做征地工作的人，酸甜苦辣咸五味杂陈，体会才更为深刻。

西部管道公司项目建设行当里搞"征地拆迁"的"大拿"呼春明，很大的一部分工作就是围绕项目工程征地在奔忙，个中滋味，一言难尽。

作为一工程项目管理部征地办负责人，他主要负责项目前期的征地拆迁工作。雷厉风行、踏实肯干的工作风格为西部管道的工程建设打开了一条路。

果子沟战略安全管道工程受政策和外部因素等多重影响，安评、环评、核准和压矿等手续办理一直是"老大难"问题。第一项目部领导李晓宏和马青峰，党员呼春明和饶胜等人组成专班，持之以恒攻克难关。

针对沿线石灰矿压覆问题，呼春明与政府部门和矿主协调三个月，取得了压覆面积评估的许可，预计可大比例减少压覆面积和赔付金额，实现不影响税收、减少工程投资，以及不影响石灰矿生产的"三赢"局面。

"恪守原则，把好合法合规关。"是呼春明常挂在嘴边的一句话。"5+2""白+黑"是他的工作日常。"要么不干，干就干好。"这是呼春明给自己定的规矩。年初计划、年中实施、年末总结，他是征地拆迁政策把关者、征地拆迁过程监督者、征地拆迁难题破解者。

征地工作的过程是艰辛而波折的，其中的压力与挑战浸满了酸甜苦辣咸，没有经历过的人是无法体会的。为保证西二三线果子沟安全战略管道项目前期工作圆满闭合，让重点项目加速落地，呼春明第一个报名参加党员攻坚专班，其中的汗水和辛酸，每一个人都很清楚，没一个人抱怨。

看着古—河天然气联络线开工段补偿方案通过常务会，通告、协调会、公示，以及签订补偿协议最终尘埃落定，他感慨道："虽有遗憾，但一切都值得。"

征拆工作千头万绪，管道高速发展有需要、政府政策有要求、管道穿越地群众有想法，问题和矛盾多重叠加，一头没理清，就会埋下隐患。如何合法合规合情地来处理堪称"天下第一难"。

怎么办？呼春明一点一点攻破。从发公告、摸底调查、编制预算、评审，到实施补偿、签协议，再到拨款补偿、交地，呼春明全程参与，认真把好项目政策"第一道关"，编制预算"一碗水端平"，全程参与实施补偿，当好"监督者"和专攻疑难杂症、复杂问题的"践行者"。

新《土地管理法》实施，带来土地报批程序的重大变化。可以说，和老政策相比，新政策发生了翻天覆地的变化，签约前置、发公告再批地成为后置，签约达90%以上才能走报批程序，项目用地时间要求紧，老百姓要求又高，导致征拆工作面临更大的挑战。

"有条件上，没有条件创造条件也要上。"这是呼春明信守的工作格言。"办法总比困难多，再难也要想办法，只有用心用情用力，疏通难点堵点痛点，问题就能迎刃而解。"呼春明是这样说的，也是这样做的。

2022年5月，在西二三线果子沟战略安全管道项目可研阶段，地震灾害危险性评估、压覆矿产资源评估、核准，以及项目落地实施计划等一系列问题逐一解决。

由于该项目涉及生态红线和果子沟国家森林公园等自然保护地，按照建设项目用地预审和规划选址报件标准化清单要求，应编制项目规划落地实施方案并纳入国土空间规划成果，对涉及生态红线的应做好无法避让论证的相关工作，经过果子沟国家森林公园须取得自治区林草局同意。

在历时一年多的协调工作中，二十余次与霍城县、伊犁州和自治区主管部门沟通协调，往返里程达3万余公里。有人说："呼春明等人为了这项工作，走遍千山万水，吃尽了千辛万苦，说尽了千言万语，想尽了千方百计。"

遇到的棘手问题很多，例如，在先后取得了《项目规划落地实施方案》《关于西二三线果子沟战略安全管道工程规划选址论证报告的初步审查意见》和《项目占用生态红线不可避让性论证方案的报告》后，如何取得自治区林草主管部门同意占用果子沟国家森林的批复意见，是其中最后也是最大的难关，协商一度使项目陷于僵局。

呼春明在一项目部主管领导大力支持下，争取地方政府的支持和理解，最终迎来了转机。

2022年6月17日，经过自治区专家评审委员会专家和相关处室论证、研究，一致同意将西二三线果子沟战略安全管道工程项目涉及新疆果子沟国家森林公园的区域，在自然保护地整合优化调整方案中调出新疆果子沟国家森林边界。

6月23日该项目取得自治区林草局同意占用国家森林公园批复意见。7月5日顺利取得《建设项目用地预审与选址意见书》，那一刻，他流泪了，默默地在出差住宿的宾馆四周走了一圈又一圈……

古—河天然气联络管道工程计划7月28日开工建设，制约工程开工的一个关键因素为项目临时用地的征地工作，只有拿到管道沿线三市五县区自然资源部门关于临时用地的批复许可后，项目方可合法合规地进行施工。

针对永登县境内临时用地征地工作存在的困难，为了确保项目快速推进，6月29日，从伊犁刚刚返回乌鲁木齐的呼春明便带领一项目部征地外协人员前往兰州，到古河建设项目部报到。

紧接着，呼春明立即与永登县人民政府、永登县自然资源局及发展和改革委员局进行工作对接。详细介绍了古河天然气管道在永登县境内的基本情况，就项目临时用地征地事宜进行了深入的交流。最终经过一周的不懈努力完成了项目开工段永登县的补偿、土地复垦等协议的签订，为工程顺利开工奠定了坚实基础。

"5+2""白+黑"的"一线工作法"让呼春明几乎无暇顾及家人。孩子高考时，他在西二三线果子沟安全战略管道工程现场忙于《建设项目用地预审与选址意见书》的攻坚工作。孩子填报高考志愿时，他又跑到了古—河天然气联络管道工程现场忙于开工段供地的合规协调工作。

"老爸，您又失约了，我还在等你呢……"儿子打来电话，他说得最多的一句话就是："唉！我……有点忙。"他的眼神中满是愧疚。

十余载甘当"征拆人"。当有同事说："你可以嘛，又攻下来了，真快……"他永远轻描淡写地一带而过："发扬铁军精神，追赶管网速度。"

一百双袜子的故事

老张从事管道巡护工作足足三年有余。在这三年时间里，往少了说，他在巡护的过程中，至少穿破了一百双袜子。

一百双袜子，对于一个生活十分节俭，每双袜子都是在新三年旧三年、缝了又缝、补了又补的节省状态中穿下来的人来说，得走多么远的路啊！

老张大名张水平，是亲戚介绍来新疆打工的。以前在陕西农村种地，现在土地流转了一部分，农活少了，身体还硬朗，家里有婆姨打理就够了，就出来打工了。

阳春三月的一天，他从快递驿站又取回一个包裹。回到宿舍，同事老杨问："又是袜子？"

老张把包裹放在床头说："是哩，婆姨又给寄来袜子了，天气热了，该穿单袜子了。"说这话的时候，他的脸上洋溢着满满的幸福。他把包裹压在枕头下面，穿上衣服准备去徒步巡线。

老张的婆姨是个心灵手巧的家庭妇女，针线活做得好，窗花也剪得好看。自从和老张结婚后，就一直给老张织袜子。织袜子这种手工活，成了她关心远在新疆的丈夫的主要方式之一。

因为袜子是婆姨给亲手织的，每天早晚穿袜子和脱袜子的时候，老张的脑海中就会浮现出婆姨在灯下给他织袜子的情景，心头就暖乎乎的，幸福感就会在身体里弥漫开来。

老张的婆姨来过一次新疆，那是老张干管道巡护工的第二年的秋天。他负责的那段管道周边农田正在铺设滴管带。为了不让挖掘机损伤管道，他每天都要寸步不离地盯守在施工现场。

那时，老张已经两个月没有休假，家里的苹果采摘和出售都没帮上忙。他曾经答应婆姨回去帮她给苹果树剪枝，可是直到老家下了第一场雪也没能回去。

婆姨有点生气，责问老张："为了干工作家也不顾了。"

"我真的很忙，不信你来看看。"老张辩解着。

"行，那我就去新疆看看你到底有多忙，离了你地球还不转了还是有人吃不上饭了。我也顺便了解一下，你怎么会穿破了我这么多的袜子！"

老张随便这么一说，婆姨还真就来了。婆姨来到新疆后，他每天带着婆姨去巡检，给她讲管道保护的重要性，讲"为祖国输油气，为人民送福气"的意义。

婆姨理解了老张工作的重要性，认识到他的工作关系到千千万万乡亲们的幸福生活，也知道了他每天要走多少路，为什么会穿破那么多袜子。从那以后，婆姨再没有埋怨过丈夫，一直勤勤恳恳地给老张织袜子。

老张以婆姨雷打不动地及时寄来的袜子引以为傲，同事们也都羡慕有加。他每次都把婆姨寄来的袜子送给同事们一两双，同事们都夸奖他婆姨心灵手巧、贤惠体贴："织的就像机器织的一样。"老张听了就嘿嘿一笑，脸上写满了幸福和自豪。

老张徒步巡线的时候都是穿着胶鞋，胶鞋的靴筒高，足有一尺半。新疆的冬天，巡线路上积雪很厚，穿任何鞋都能湿透，只有穿胶鞋才能避免鞋子里灌雪。

冬天穿胶鞋肯定会冻脚，婆姨就给老张织好了棉袜子寄来，棉袜子是用羊毛捻的线织成的，走起路来既软和又舒适。

夏天的时候，婆姨给老张织单袜子，单袜子不经磨，但散热好，一个月老张至少要穿破三四双。婆姨就多织一些，保证老张够穿。

自从干管道巡护工后，老张也在市场上买过袜子，对于每天要徒步巡线四十多公里的老张来说，那种袜子最多只能穿一个星期，就破得不能穿了，不仅太浪费，而且穿不出婆姨的温暖，因此就放弃了。

每天徒步巡线走到 16# 阀室的时候，他检查阀室一切正常后，按照惯例要在这里歇歇脚。田埂上有一块扁平的石头，由于每天都要在上面坐一会儿，那块石头已经被他的屁股磨得光滑发亮。

老张点了一支烟抽起来,再把胶鞋脱下来,往上提了提袜子,让脚透透气。棉袜子织得很精致,一丝一扣都很均匀,整个袜子看不到一处毛线的接头。老张心里想:"这种手艺,只有我婆姨能织"。

这双袜子已经穿了十六天,缝了三次,现在脚后跟又磨出了鸡蛋大小的一个洞,似乎不容易缝住了,他决定浪费一下,明天换双新的。

再结实的袜子也经不住每天四十公里的"磨炼"。在袜子刚开始磨破洞的时候,老张会用针把磨破的洞缝好。过几天又磨破了,再缝好。如此反复三四次,就再也缝不住了。这个时候,老张才依依不舍地将旧袜子收藏起来,换上一双新袜子。

老张在16#阀室那里脸朝东坐着,那是老家的方向。他想着婆姨在陕西老家打理着十亩地的果园,夏天比较忙,冬天才会清闲下来。

老张有一儿一女,儿子大学毕业刚参加工作还未成家,女儿在读高三马上就要高考了。在这里巡线,省吃俭用一年能存三万多,儿子要买房、娶媳妇,女儿要上大学,他的梦想是趁自己身体还硬朗,给孩子们多存些钱。

管道巡护这个活儿技术要求不高,多走走多看看就行。他认为不管别人是怎么巡线的,自己要把自己这一段管道巡护好,绝对不能出任何差错。

一支烟很快就剩下"烟屁股"了,老张猛吸了两口,烟头的火星烧到了滤嘴。老张把烟头摁进土里,然后拍了拍左脚袜子上的土,把左脚塞进胶鞋里,又拍了拍右脚袜子上的土,把右脚塞进胶鞋里。站起身,再拍拍屁股上的土,老张继续徒步巡线。

老张今天完成了两次徒步巡线。虽然管道的直线距离是十五公里,但由于四条管线并行,要把每一个关键部位都巡护到的话,要走很多"之"字形的路,所以,每天徒步巡线的路程至少都在四十公里以上。

晚上回到宿舍,老张把婆姨寄来的包裹打开,把袜子一双一双的单袜子叠好,摞起来。他从下到上数了一遍,二十双,他看着二十双袜子心有些暖,这一针一线都是婆姨的关爱。

老张把最上面的一双袜子拿出来,放在床头准备明天穿,剩下的十九双袜子放进了床头柜里。

当天晚上,他做了一个梦,梦见婆姨又来新疆看他来了,带来了好多好多的各种颜色的袜子,漂亮得像花环一般。

梦里,他带着婆姨,再一次去体验徒步巡线,一路上他给婆姨讲了很多很多管道巡护中的趣事。

睡梦中,老张笑出了声……

三个男人和一条狗

三个男人和一条狗的故事，如果放在城市里可能是一个乏味的段子；如果放在一望无际的草原可能稀松平常得无人倾听。但是，如果放在塔克拉玛干沙漠的罗布泊无人区、放在西部管道人看护管线的小屋里，就会演绎出不一样的情节。

库鄯线西起新疆库尔勒市，东至吐鲁番市鄯善县，全长476千米，在经过吐鲁番盆地与库米什盆地之间时，在那里留下了一座名叫觉罗塔格的减压站。

所谓的减压站，就是当长距离管道的末段翻越高山时，下坡段的位差可能远大于输送时的摩阻。为防止输送时出现不满流和流速过大，尤其是为防止末端阀门突然关闭时产生过高的静水压力，需在下坡段的中途设减压站。觉罗塔格减压站也起到这样的作用。

觉罗塔格是山的名字。在维吾尔语中，觉罗意为荒漠，塔格为山。最先到这里来进行管线维护的是杨宗虎。不久，西部管道公司派去了调度于天刚和王善师。

这里孤寂的生活与工作，本来就是头顶炎炎烈日、面对黄沙的三个大男人唱主角，没有任何动物什么事。但是，因为领导对他们的关心，一条小奶狗登上了库鄯线的"舞台"。

三个光棍男人，在沙漠中一待就是几个月，几个月才能休假一次。不仅寂寞得很，也无聊得很。怎么办？领导说："弄条小狗养着吧！又解闷又多了个伴，长大了还能保护你们的安全，一举三得。"就这样，有一天，在送食品的车子上，多了一只活蹦乱跳的小奶狗。

杨宗虎一看这条小狗的面相，知道是一条品种不错的德国黑背，并非"平凡之辈"，就十分高兴地接收下来。

他在院子里给他建了一个狗窝，一日三餐多了一些狗食，王善师更是喜欢这个狗狗，给他取了名字叫"小黄"，因为它的背上有一缕黄色的鬃毛。事实上这只狗一身黑里带黄，十分漂亮。

小奶狗吃饭十分地有胃口，每顿饭吃得都是"天昏地暗"。吃完饭了不是和几个主人撒娇，就是自顾自地在院子里玩耍。这个小家伙好养。杨宗虎第三天就给它下了结论。

好养的小奶狗的叫声十分清脆、有力，让这片空旷、寂寥的沙漠有了另外一种生命的气息，三个管道人寂寞管道守护生活中，又多了一种鲜活的力量。

杨宗虎下的结论十分正确，猛吃贪玩的小奶狗没有几个月，就明显地长高了不少，生出了一副舍我其谁的霸气。

"看这小家伙狂的，没谁了。可惜在这无人区里，没有人来这里感受一下我们家小黄的霸气。"王善师遗憾地说。

小黄在三个人的呵护中渐渐长大，它的职责不再是陪伴与看家，而是和杨宗虎、王善师一起巡线。有了小黄的巡线队伍，格外地有精气神。

在空寂的大漠之上，在酷烈的骄阳之下，黑色的小黄跟"橙工服"们在库鄯线旁边一路前行。

当碰到疑似有问题的管段，"橙工服"如果犹疑地转一圈，小黄也会同样转一圈，模仿得有模有样，丝毫看不出它是一个外行。

逐渐长大的小黄对安全问题特别关注。当时，小站上的照明、生产用电都是造柴油发电机发电。一旦发电机发生故障，小黄就会发出叫声示警。如果无人理它，就会跑到空前大声地叫喊，向三个男人抗议。

小黄对橙色工装十分友好。每当有穿便装的其他人员过来，他都会警惕性十足地吼个不停。而每当那些穿着和三个男人同样橙色工装的人过来收球和发球时，不管见没有见过面，小黄都会特别开心和友好，叫声变得十分柔和。

时间一长，小黄有了名气，过往的客人都会给它带一些吃的东西。小黄常常会对给它礼物的人用愉快的叫声表示谢意。大家给它的评价是："这家伙挺通人性的嘛。"

当时，觉罗塔格减压站压缩机组使用的燃气轮机以进口的居多。杨宗虎这

三个男人和一条狗的合影

个小站使用的是德国进口的 RR 内燃机。一年夏天，燃气机组出现了问题，德国专家过来帮助解决。

这位德国专家看到了这条祖源为德国的狗以后，十分喜爱它，第二天就给它带来了不少狗粮，工余时还牵着它四处遛弯。临走的时候，恋恋不舍地和小黄合影留念。

还有一年，中央电视台的记者前来库鄯线采访，无意中发现了小黄。他们为小黄拍摄了一段视频，也了解了一些三个男人在沙漠上辛苦坚守库鄯线的故事。视频很短，只是新闻频道节目中的一个背景镜头，但却让三个男人为小黄，也为自己激动不已。

实际上，小黄真实的角色仍然是三个男人的宠物和伙伴。三个男人想家了，想孩子了，或想老婆或女朋友了，就会和小黄说几句话。即使它长得又高又人了，三个男人仍然把它当成一个孩子对待。

但是，无人区里手机没信号，无法和家里的人联系。因此，他们有话就和小黄说。小黄成了他们倾诉内心的对象。

它不会说话，它听不懂他们说啥。但它听得仔细，听得认真，似乎它理解沙漠中三个男人的所思所想。

奶狗长成了小狗，小狗长成了大狗，大狗最终也变得威风凛凛。这个过程一直伴随三个男人的工作与生活。

有一天，三个男人吃饱了巡线归来，不知道怎么就说到了有什么愿望的事情上。杨宗虎说希望这几天后勤能送一条鱼来吃，于天刚说希望电视上能播一部高水平的谍战剧。

轮到王善师了，他说："希望有机会能带小黄去县城里转转，让它能看到别的狗狗长什么样，不能让它一辈子都没有见过外面的狗和世面。"王善师说完，三个人想到了什么，都望着天空，不再说话。

在没有水、没有树、没有爱情的沙漠里，三个男人的内心突然柔软起来，为小黄的世界感到悲怜。

三个男人和一条狗的故事并不缠绵悱恻，但结局却有些令人伤感。因为工作的需要，先是王善师离开了这里，后来于天刚去了鄯善作业区，再后来最先来到这里的杨宗虎也调到了另外一个站点。

三个月后，接替三个男人工作的一位巡线员工给杨宗虎打来电话说："你们以前养的那条狗，自你们走后就不大吃东西，经常在晚上低声地叫，像在喊着什么，也像在哭。"杨宗虎听后内心一阵波动，说："你们好好照顾它，我过几天有时间去看看它。"

但是，杨宗虎并没有时间过去，一是由于工作太忙了；二是路途太远了，一去就得两天左右，他确实走不开。

又过了不到三个月的时间，那个小站的员工又打来电话说："你们的小黄死了。它不吃东西，我们实在没办法了。"杨宗虎听了，内心一痛，为自己没有践行去看望它的话而内疚。

第二天，他约了王善师和于天刚，三个人开着车子一路西行，历经六个多小时，来到了他们曾经生活和工作过的罗布泊边缘的那座小减压站。他们见到死去的小黄十分瘦弱时，便知道懂事的小黄是在思念它的主人时离开世界的。

他们在沙漠中的一座小山下的空地上，挖了小小的坟墓，立了一块小碑，埋葬了这个曾经陪伴他们度过了一段难忘岁月的朋友兼伙伴，也告别了一段他们人生中青涩而火红的青春。

此后，小黄这条普通得不能再普通的狗，被三个男人在内心永远地珍藏起来，只是因为它在最孤独的岁月里，陪伴过他们最忠贞的坚守。

王家沟的"万能工"

王家沟的"万能工"名字叫吴旗。今年58岁的吴旗，已经有38年工龄，距离退休还有不到两年时光。回望在西部管道的这些时光，吴旗觉得真的是白驹过隙，很快地将他从由一个毛头小伙儿变成了一个大伯，当然，他也从一个技术小白升级为作业区各个岗位通用的"万能工"。

王家沟作业区是服务管道集输、成品油储备、铁路运输和公路发运为一体的综合性作业区，是新疆北部地区成品油、原油和哈萨克斯坦进口原油的重要集散场所，是国家能源安全新战略的重要枢纽。此外，油库还肩负着乌鲁木齐市"煤改气"项目天然气的供应，安全责任高于一切。

说吴旗是"万能工"，是因为他在作业区的工艺流程、系统优化、软件研发和技术培训等各方面的工作，无一不是一等一的高手。

站场的工艺流程图是指导工艺操作和后期检维修的关键，需要对工艺流程清楚明了，对设备设施如数家珍，对安全生产以身作则，对体系管理了然于心。2012年，西部管道公司对王家沟作业区进行整体规划，全面实施库区隐患治理工程及配套系统全面改造工作。持续3年多时间，吴旗把自己"钉"在作业现场，他白天深入施工现场将每条信息进行核准，晚上回办公室查阅设计图纸，绘制出了精准的工艺流程图，一手编写了大部分设备的操作与维护规程。

王家沟作业区的污水处理系统投产早，使用率高，设备老旧。为实现西部管道公司"环境零污染"的目标，吴旗查找相关资料后，一遍一遍跑现场，将资料和现场结合，找出问题所在，最终确定对加剂系统、气浮系统及一级、二级工艺进行优化配置，经运行与水质监控，达到预期目的，有效缓解了原油集输运行压力，为实现零污染污水外排奠定了基础。

吴旗除了肩负油库的安全、技术等管理工作之外，还承担着大量培训和研发工作。由于原油部人员经常倒班，集中培训难以实现，吴旗自主研发出一套简单且行之有效的岗位培训软件，实现了从初级工到高级技师输油工职业技能理论培训 100% 计算机化。这个项目，在西部管道公司 QC 成果发布中，被评为三等奖。

2013 年 8 月，吴旗的父亲和爱人都生病住院了，儿子身体也不好，照顾一家人的重担都落在他肩上。他始终以工作为先，以大局为重，家中的困难从未向组织提起。原油部主任谢瑞安说："在吴旗身上体现更多的是一种责任心，不局限于工作岗位，而是把油库当成一个家，尽可能去帮助大家。"

一花独放不是春，万紫千红春满园。吴旗不仅自己在技术上孜孜以求，还甘为人梯，努力把自己的经验传授给更多的人。"吴工传授的不只是技艺，更是一种爱岗敬业、刻苦钻研的奉献精神和脚踏实地、严谨细致的工作作风。"吴旗与多名年轻员工签订了师徒协议书，重点培养他们对设备维护保养的动手能力。

执着专注、精益求精、一丝不苟的是吴旗一贯的工作作风，也是他一直尊崇的工匠精神。也正是这种作风，才成就了他"万能工"的美誉。过去，手工计算对中存在偏差调整耗时长、差错率高等缺点。为方便计算输油泵机组对中数据，吴旗结合泵机组维护保养，专心致志研究不同型号泵机组对中数据与现有百分表双表法对中方式之间的逻辑关系。

功夫不负有心人，最终吴旗编制出适用不同型号泵机组的对中软件，以前对中一台泵需要 45 分钟，现在不到 10 分钟就能完成，不仅时间缩短了 90%，而且准确率还达到了 100%，极大提升了现场作业效率。

新建储罐工程工艺电动阀门采用的是平板闸阀，而电动执行器原配的丝杆护帽采用角行程结构，不符合现场使用条件，且无阀门开度指示，与厂家联系，也没有合适的产品。怎么样才能保证阀门正常工作，延长其使用寿命？吴旗又开始一遍一遍地在现场进行测绘，再与资料对比，终于设计出一款具备护丝和开度指示双重功能的阀门开度指示器，在现场 40 套电动执行器进行安装后，取得良好效果。

但是，随着岁月的流逝，正在步入退休年龄的吴旗自己也感觉到有些老了，有的时候精力跟不上了。但他内心的工匠精神仍在沸腾，对西部管道的感情愈加炽烈。"我只是一个平凡得不能再平凡的老头儿，却能和国家能源安全这样伟大的事业联系在一起，是我的荣幸！"他常这样对自己说。

自己可以老，可以退休，但技术和精神要传承下去，他最希望的就是将自己的技术传授给新来的员工们。从 2018 年开始，吴旗利用专用软件制作动画用于员工培训，让培训更加生动、形象。在退休前，他要把王家沟作业区的关键设备制作成动画，实现员工培训 3D 化，让员工更加直观地了解设备的结构和工作原理，提高员工实际操作能力。

吴旗在现场检查乌鄢主泵润滑情况

动画的制作需要高超的技术和创意，需要精心设计和制作每一个细节。制作动画的过程中，遇到问题吴旗就上网搜索解决方法。5 年的时间，吴旗已经完成所有双兰线泵组、阀室和阀池、调节阀、泄压阀和旋塞阀等关键设备的 3D 动画制作。

进入 2024 年 3 月，距离吴旗退休还有一年八个月的时间，他心里惦记着西二线 19# 阀室新增下载点、末站流量计系统等动画制作没有制作完成。吴旗说："现在我的愿望就是退休前完成动画制作，不给退休留下遗憾，为自己的职业生涯画上一个完美的句号。"

吴旗在王家沟作业区 38 年如一日，将自己的全部热情和智慧投入到工作中，对工作的执着追求、对技术的精益求精，让他成长为一个具有高度责任感和使命感的管道人。

有一种奉献，与红柳同在

红柳也称多枝柽柳，高1~6米，枝条细瘦，红棕色，属于温带及亚热带树种，喜光、耐旱、耐寒，也较耐水湿。它虽然身形瘦小，但作用广泛，不仅是优秀的防风固沙植物、水土保持树种和盐碱地的绿化造林树种，还是良好的薪炭、编制和建筑用材。红柳的生长环境相当独特，在一望无际的茫茫戈壁上，只要有沙丘的地方就有红柳。沙丘有多高，红柳就将根扎多深；沙丘有多大，红柳就将根伸多远。它们盘根错节，根根相连，与沙石紧密缠绕，将自己牢牢地锁定在沙丘上。就像是守卫戈壁的哨兵，站成一队队、一排排，形成一个强大的抵御风沙的屏障，不让流沙向前移动半步。一丛红柳，少者有几十株，多者可达几百株。这些红柳聚拢在一起，便形成一团团不熄的生命之焰，那是西部管道人的生命之光，由西向东，传递着温暖与坚强，绚烂了荒凉的大漠戈壁。

给压缩机治病的"大医生"

西气东输的压缩机依靠航改型燃气轮机驱动，通过对管道内的天然气进行加压，使其在管道内动力十足地向前奔跑，因此压缩机常常被喻为天然气长输管道的"心脏"。

在西部管道所辖范围内，共有34个输气站场、151台（套）压缩机组。在众多的压缩机维护保养技术人员之中，有一个"管道医生"，名字叫黄伟。

他是一名真正的"压缩机外科医生"，近40年来一直守护着西气东输管道的"心脏"，为保障全国三分之二区域的近5亿居民的天然气需求而忙碌着。

医术高超、手到病除的黄伟，出身于石油工人家庭，从小受老石油人苦干实干精神影响，才有了毕业后当一名石油人的愿望。

1986年，他从技工学校机械专业毕业后，被分配到乌鲁木齐石化公司化肥厂，从事泵及压缩机维检修工作。2011年5月，他来到了西部管道公司，开启了他"开挂"般的压缩机维修生涯。

万事开头难。黄伟刚入厂时，他给师傅递扳手、清洗零件，凭着勤奋好学和一股钻劲，不断地进步着。经过数年的磨炼，一步步成长为主修人、检修负责人、技师、高级技师，直至被聘为集团公司技能专家。

从此，他拿起了针对国外这些宝贵设备的"手术刀"，将自己的职责锁定在了压缩机的维修与保养上。

此时，西气东输工程已经正式投产，压缩机的维护保养技术越发受到业界关注。2012年7月，刚来一年的"小白"就遇上了一项老师傅都害怕的任务：西气东输二线管网即将投运，霍尔果斯压气站1#压缩机组干气密封却发生了泄漏！

干气密封属于压缩机组内部高端精密部件，类似于人体动脉的血管壁。一旦泄漏，将会造成严重的安全隐患和环境污染，必须停机更换。多年来，压缩机组干气密封更换都是由国外公司技术人员进行操作，技术封锁得十分严密。

当时，公司联系到外方专家。预料中的事情发生了，外商不仅开出了天价的维修费，而且在时间上也没有做出保证。高昂的费用不仅令人十分头疼，紧迫的生产任务也不能等。

"公司这么多台机组，总不能出了问题就拿着钱求人家。难道离开他们，设备就不能转了吗？"黄伟年轻气盛，说话也十分冲。

但他可不是随口一说。他已经认真分析了故障原因，知道了问题所在和难度大小，最终他决定带领团队自己上。

当时，干气密封自主更换在国内没有先例。但先例都是创造出来的，形势所迫，说什么不能让西气东输停机。

主动请缨的黄伟接下任务后，反复研读设备资料、手册，仔细查看每一张图纸，逐一确认各个部位10余个部件的基础数据。

埋头12天后，他拿出来的第十版方案终于通过公司审批，开始正式进行攻关。黄伟等几位有设备维修经验的师傅开始小心翼翼地拆卸着设备，大大小小零部件上万种，摆满一地。设备说明书全是英文，团队里新来的大学生负责翻译，几位师傅一一对照着进行分析。

20天后，敢于第一个吃螃蟹的人终于尝到了胜利的滋味——国内首次干气密封更换完成并一次启机成功。那一刻，身边的人纷纷和黄伟击掌，他们认识到这些核心技术也没啥了不起的，只要敢下刀子，就能去了病根儿。

有了首次作业的成功经验，黄伟和同事们在随后的红柳压气站和嘉峪关压气站两台设备维修中，再次告捷。黄伟制订的"干气密封失效在线处置措施"也向各个站场推广，时至今日，据保守统计，处理设备六台，节约费用超过三百万元。

在接下来的时间里，他主持过的多次压缩机组大型检修作业中，碰到的瓶颈太多太多，缺少专用工具就是其中之一。手巧也得靠家伙妙，没有工具的工匠真是寸步难行。

2013年5月，西气东输二线酒泉压气站压缩机组磁性检测器发生报警，导致机组停机，现场确认是入口齿轮箱损坏所致，必须进行更换。

进口齿轮箱备件价值高达600多万元，内部结构精密、复杂。公司首选方案是向美国通用公司提出技术需求。厂家竖了一根手指，意思是要支付一百万元技术服务费。

看到这根手指，一向寡言少语的黄伟忍受不了。他回到站场后，紧盯着齿轮箱沉默了很久，才默默地说："我不信没有厂家支持就拆不下来，我就破破这个邪。"

很多老技术员劝他不要逞能，这是价值几百万的设备，我们没工具没经验，很难搞定它。但是公司支持黄伟的决定，将攻坚任务放在了他的肩膀上。

这次作业，最大的难题是缺少拆卸附件齿轮箱传动轴的专用工具。在接下来的一段时间，黄伟把几本原厂手册翻了一遍又一遍，到现场测量了一次又一次。结合现场作业空间狭小、安装精度要求高等实际情况，设计、制作、反复测试改进，经过20多天的努力，一套专用工具终于制作成功了。

在现场，黄伟带领一班人，用自己设计的工具进行轮箱拆装练习，经常是白天用旧设备操作练手、晚上学习技术资料，大家伙儿对传动轴、入口齿轮箱、附件齿轮箱的测量、拆装、调整等全部操作步骤，越来越熟悉。

11月29日，齿轮箱备件到货，自主设计制作的传动轴拆装专用工具在更换作业中派上了大用场。此项成果不仅填补了国内的空白，还为公司节约了100万元的费用。

此后，拆卸一些关键设备时如果没有专用工具时，黄伟就自己发明，有一次为发明一种工具，光画设计图稿都画了300多张！

时至今日，在乌鲁木齐市天津北路西五巷西部管道公司八楼的"黄伟创新工作室"里，陈列着很多黄伟制作的实用工具，每个工具都可以讲出一段黄伟自主创新的故事。

随着经验与技术的积累，黄伟开始向更加尖端的更换压气机叶片发出挑战。

2015年9月，玛纳斯压气站在8000小时保养过程中，出现动叶叶片掉块、击伤等问题。这种小小叶片仅仅20克重，因为国内工程师不掌握修复技术，长期以来只能返厂维修,不但成本高而且周期长。

考虑到冬季输气任务压力大,公司决定现场修复,国外厂家答复派工程师来,服务费需要10万美元。黄伟不仅替公司心疼这费用,更重要的是,国外厂家"有技术就想拿捏用户"的态度让黄伟内心很不舒坦。

想不给钱就得自己干,接下来任务后,他多次组织技术人员讨论,光是作业指导书就起草了十版。这种指导书犹如医生给病人开出的药方,没有点能耐是开不出来的。指导书一旦确定下来,就会对接下来的工作起到十分重要的作用。

但是,作业进行到第三天却卡住了,因为新买的叶片尺寸有偏差,需要专业设备打磨。如果送到国内唯一有这套专业设备的廊坊大修厂去,工期至少延长20天。

在黄伟和技术人员讨论后,决定现场手工打磨。共计76个叶片,打磨精度必须控制在0.08毫米以内,并不是一件容易做到的事。大家在黄伟的指挥下,一点一点地精琢细磨,叶片尺寸最终达到了要求。

在作业进入最关键的调整转子平衡环节时,黄伟反复计算确定每个叶片的安装位置,安装后壳体振动仅21微米,优于正常值,这说明他们又掌握了一项自主维修关键核心技术。此后多年,黄伟一次次地和各个站场的压缩机组的各种病症进行较量,不管是大的顽疾还是小的杂症,都在他的手里都败下阵来。

长期的磨炼,他已经练就了一双为压缩机诊断的火眼金睛。

2018年1月16日,正值冬季保供关键时期,霍尔果斯压气站1#机组多次出现盘车失败故障,多种方法维护后无果,不得不找到了黄伟。

黄伟到达霍尔果斯压气站后,对故障发生的时间、现象、特征条件、历史处理经过与结果等进行仔细排查分析,最终确定病症在2017年8月更换的液压马达身上。

经过液压马达互换测试,验证了正是液压马达在捣鬼。有人提议把液压马达换了,让机组恢复备用。黄伟却认为1#机组液压马达才运行几个月就出现故障,肯定别有原因。

于是，他带人对液压马达进行了解体检查，终于发现是液压启动马达的自力式滑阀出现了故障，大家齐心协力，消除了病灶。有人说，压缩机有啥病，都别想瞒黄工，这话真不假。

虽然黄伟的"医术"水平在提高，但西部管道压缩机随着运行时间的增长、自主维护范围的扩大，面临的问题也在增多、解决问题的难度也在增大。

2022年3月，西三线霍尔果斯站GE机组燃气发生器现场解体检修正式拉开帷幕。这是国内首次进行GE机组燃气发生器现场解体检修，黄伟又领衔走上了"手术台"。

在生产技术服务中心走廊上，挂着一张GE燃机自主维修和国产化攻坚图，攻坚图显示：高压涡轮转子、压气机动叶等11种零部件已实现自主更换，还有止推轴承、动力涡轮转子等7种零部件要实现自主检修目标。

面对跟飞机发动机一样复杂的燃气发生器和燃机，在没有图纸、没有技术支持的情况下，拆卸就像开盲盒，稍有不慎，设备就无法复原甚至损伤。

这些进口压缩机组大多数是进口的，一直由外国专家技术团队检修。如果自己检修维护取得成功，就等于又有一项关键设备维修技术掌握在了自己手里。

此时，55岁的黄伟已经身经百战，手中的"手术刀"更加锋利，身边的团队更加强大，他的信心也更坚定。

经过三个多月的奋战，西三线霍尔果斯站1#GE机组顺利起机并带载平稳运行，标志着公司首台GE机组燃气发生器现场解体检修圆满完成，在关键部件现场自主检修方面再获重大突破。

每一次都是第一次，每一次都出手不凡。与压缩机各种疑难杂症"过招"十余年，黄伟开出了一个又一个"偏方"，为一道又一道维修难题给出了答案，打破一道又一道国外技术壁垒，掌握一项又一项自主维修关键核心技术。在经济效益上，也为公司累计节约采购和维修费用4500余万元。

需要补充的是，黄伟和很多工程师一样，并不是一人在战斗，而是带领一个团队在拼搏。

2017年，以黄伟命名的劳模创新工作室成立。

2019年3月，新疆维吾尔自治区总工会将其命名为"黄伟创新工作室"。

2022年5月，黄伟工作室被命名为国家管网集团首批"创新工作室"。

在挑战压缩机病症过程中，团队成员一直与他在一起并肩战斗。

他和工作室成员一起先后开创了附件齿轮箱现场更换、动力涡轮现场大修、燃机现场动平衡、压气机叶片在线更换、索拉T60燃机现场解体等20余项核心技术的先河，取得了VSV扭矩轴承、液压启动马达和RR机组控制程序等诸多关键部件国产化替代维修的骄人成绩。

工作室先后获得省部级一线创新大赛一等奖、省部级关键核心技术优秀创新奖等50余项科技成果，创造技术价值近4500万元，不仅换来了国内外同行们竖起的大拇指，更为"大国重器"核心技术攻关赢得了话语权、主动权和主导权。

更为重要的是，55岁的黄伟积极利用工作室平台，与各分公司青年技术人员结为师徒关系，向他们传授技艺。几年来，黄伟培养了20余人，所带徒弟都已成长为公司的技术骨干。他希望自己在退休前，能带出100名能自主维修压缩机组的徒弟，让他们都成长为管道压缩机维修保养的行家里手。

30余年只做压缩机一件事的专注，为黄伟带来了等身的荣誉——全国五一劳动奖章、中国能源化学地质工会第八季"大国工匠"、新疆维吾尔自治区劳动模范、十六届全国高技能人才"全国技术能手"……

"荣誉是大家的。"他总是淡淡地说。

黄伟是一个普通的人，是一个普通的管线维护工程师，但是他在时常患病的压缩机组这个庞然大物面前，绝对是一名并不普通的"大医生"。

黄伟心系机组运行、心系人才培养、心系管网事业，以匠心增添"一点一滴见初心"的实干底色，以传承绘就"江山代有才人出"的奉献本色。他努力着，一直行进在路上。

质量工匠的"硬核"较量

2023年1月，工人日报发表了一则消息，这则消息在西部管道掀起了一股小小的波澜，甘肃省质量专家、第三届西部管道十大杰出青年、2022年国家管网集团"十大楷模"的甘肃分公司武威维抢修队队长邢占元也再一次成为大家的焦点。

这则消息的内容是：中华全国总工会与中国质量协会联合开展的第二十届全国质量奖个人奖评选活动揭晓了，邢占元等20位一线职工登上"中国质量工匠"榜单。到目前为止，他是国家管网集团唯一一名获此殊荣者。你说硬核不硬核？

全身心投入实验中的邢占元（中间）

工人日报给出的评价是："邢占元等人坚守平凡岗位，以匠心打造精品，在推进中国质量提升事业中做出积极贡献。"平凡岗位，匠心精品，和中国质量的提升挂上了钩，这个评价确实不低。

全国质量奖是经党中央、国务院同意，由中国质量协会负责承办，向在实施质量强国战略中做出突出贡献的组织、项目、团队和个人授予的在质量方面的崇高荣誉。

评选始于2017年，在多年的规范运作与发展过程中，不少大国工匠获此殊荣。如今已是与美国波多里奇国家质量奖、欧洲EFQM全球卓越奖和日本戴明奖齐名的全球四大质量奖项。

个人奖设"中国杰出质量人"和"中国质量工匠"两项。其中"中国质量工匠"是对在本职岗位践行工匠精神的个人授予的在质量方面的崇高荣誉。那么，邢占元有什么突出贡献才能获此殊荣呢？要想知道事情的原委，还得从他进入西部管道时的经历说起。

2009年，邢占元自哈尔滨工业大学毕业后，响应国家"西部大开发"的号召，来到西部管道公司，全身心地投入到西气东输等油气管线的检修与运营之中。

岗位虽然平凡，但关系到国家能源安全，责任十分巨大。因此，邢占元从入职那一天起，就将自己这个小人物投入到国家能源保供的大事业之中。

对于企业来说，科学技术是第一生产力。对于搞技术的人来说，技术实力就是最重要的敲门砖。邢占元入行没多久，就将目标锁定为管道维护维修的技术能手上。多年以来，他结合自己所学的专业知识和生产实践，拜师学艺，灯下苦读，终于成长为管道完整性、防腐检测和维修抢修等多种岗位的高级工程师。

提升自己的过程说起来简单，但其中流了多少汗，吃了多少苦，读了多少书，也许邢占元自己都无法说清。如果说这是一个征服自己的过程，那么在他人生的第一次较量中，战胜的是他自己。

在他成长的履历上，也不断增添着闪光的印迹，让他从一名普通实习生，成长为国家管网集团西部管道公司武威维抢修队队长，并担任了国际青年管道协会中国分会副会长。

入职的第三年,他就参加了"西部能源战略通道油气管网腐蚀控制关键技术"的研究。项目主要是解决中国乃至世界长距离、高钢级、大口径、大面积油气管网近年来面临的一系列突出的杂散电流干扰问题、环境开裂本质安全问题及防腐系统失效问题。

项目由西部管道公司、北京科技大学等单位联合开展。在为期五年的技术研究过程中,邢占元得到了充分的学习与锻炼的机会,使他在生产实践中飞速地成长起来。

随着邢占元技术创新能力的不断提升,组织上将更多的科研任务放在了他的肩上,邢占元也开始了与技术难题的较量。

2014年3月,甘肃输油气分公司成立 Research 小组,围绕生产一线各类问题,利用数学建模、集成电路等方式研究出解决办法。作为小组负责人,邢占元运用质量管理理论激发全体成员不断创新,研制了极化电压测试仪,制作了天然气远程放空点火装置,创造性地开展西部地区油气管道腐蚀控制关键技术,复制了维斯特消防炮电源驱动板,研制了利米托克执行机构汉化屏幕,再造罗托克执行机构停产一代主板。其中,"缩短鄯兰原油管道内检测作业时间"项目还在集团公司9000多个成果中脱颖而出,于2017年9月7日获得集团公司优秀成果一等奖。

近年来,西方国家对中国进行全方位技术限制与封锁,包括国家油气管道进口压缩机在内的工控板卡出现停产、限售、禁售,部分板卡无备件的问题十分突出,"卡脖子"的问题凸显出来。邢占元认识到,硬气不硬气,不仅要看你有无工匠精神,更要看你有无科技水平,拼的就是核心技术。

公司号召"拆壁垒、破坚冰、去门槛",拿出敢于破题的勇气,以时不我待的精神跑出"最先一公里",用久久为功的毅力跑完"最后一公里"。这句话对邢占元触动很大,虽没有欲与天公试比高和敢教日月换新天的豪言壮语,但他有"敢于破题"的勇气。他迎难而上,主动承担起公司发现的压缩机在内的工控板卡停产和限售影响设备运行的核心"低老坏"问题，开始了和国外"卡脖子"势力的较量。

早上五点起床先研究一会电子元件逻辑控制原理，晚上下班了再坚持分析 6 个小时。节假日邢占元就跑现场，测参数，找资料，做分析……以"拼命＋革命"的奋斗激情，经过了 200 多个日夜的高强度调研学习，初步弄清了破题之术。又在比对了 500 多个元器件性能参数、优化了 6 种集成电路原理的基础上，邢占元用国内市场可以采购的元器件，以同功能替代的方式，成功再造了罗罗压缩机 AIR 反吹扫脉冲控制系统、美国巴特拉集团压缩机电驱控制板和瑞典凯姆菲尔集团停产燃驱进气系统。

接下来，他和小伙伴们开展了对 GE 压缩机限售 IO 伺服板卡维修，停产 IC 速度复制卡再造，停产高故障 GE 8920 模块复制等工作，GE XTMi 系列流量计主板，特别是原样维修的 GE 压缩机 IS200 系列板卡，在联系国内代理机构送至美国 GE 压缩机维检修中心检测后，检测报告显示维修板卡性能参数与原厂家生产一致，使进口设备核心控制部件真正意义上有了"中国芯"。

该项目研究，积极推动关键零部件的国产化替代，解决了进口设备关键核心备件停产与海外垄断贸易壁垒缺少备件难题，在为企业带来了经济效益的同时，也助力西部管道将能源安全紧紧地攥在了手里，为下游 4 亿用户温暖过冬"添底气"，为祖国万家灯火"争口气"。

此外，他依托"邢占元创新工作室"用一年的时间将武威维抢修队大口径高钢级管道焊接合格率由 37% 提高到 100%，实现一级焊口 99.99%。他编制的《管道光缆埋深测试方法》《土方电阻率测试规程》《大型原油储罐阴保电位多元回归方法》等技术指导书，为管道平稳运行成功打下了坚实的基础，成为管道的"活教材"。

目前，邢占元创新工作室累计获得国家级质量管理成果 16 项，国际成果 1 项。2022 年，邢占元创新工作室申报新疆维吾尔自治区科技进步奖，自治区工会关键技术攻关，劳模成果及五小创新成果 81 项。邢占元创新团队受邀参加自治区 2022 年"天山英才"培养计划评选。

邢占元不仅是技能工匠，也是管理英才。他作为甘肃输油气分公司武威维抢修队队长。在他带领下，武威维抢修队采用军事化管理模式，以快速响应各种环境突发事件为己任，及时并采取有效措施进行处置和救援。

2023 年 8 月 15 日，在我国第一个"全国生态日"当天，甘肃省生态环境应急救援（武威）队在国家管网西部管道甘肃输油气分公司武威维抢修队挂牌，抢修队将与武威市建立环境应急物资及抢险救援队伍联动保障合作机制，共同维护武威地区的环境保护。

邢占元肩上的担子又重了几分，但他信心满满地说："咱们继续较量，看看谁能赢。"

邢占元创新工作室

邢占元追求把每一个油气管道输送难题解决到最优状态，因为这是在为祖国人民送温暖。作为国家管网 3 万铁军中的一员，邢占元虽工作在沙漠、戈壁，但他有责任、有信心把追求极致的奉献精神传承下去。

别把洪水当回事儿

春风不度玉门关。在甘肃寸草不生、荒无人烟的戈壁深处,有一群年轻人守护着与四亿人冷暖相关的清洁能源,他们工作的地方叫红柳压气站。

这里位于新疆维吾尔自治区和甘肃省交界,是著名的安西极旱荒漠国家级自然保护区,也是西气东输一线和西气东输二线在甘肃段第一个枢纽站点。站虽小但作用大,关系着中东部四亿居民的用气,地位极其重要。

安西极旱荒漠国家级自然保护区地形特征是南北高、中间低,海拔高度均在 1800 米以上。保护区内主要河流有疏勒河和榆林河两条河流,均发源于祁连山,均流经保护区的南部和西南部地区。

这里属气候典型的大陆性气候,保护区南片年平均降水量为 58.2~75.3 毫米,年平均蒸发量 2758.5 毫米,接近降水量的 50 倍。而红柳压气站所在的北片保护区,年平均降水量 40~70 毫米,年蒸发量 3100~3500 毫米,为降水量的 50~80 倍。

但是,缺水的红柳压气站,却发生了一个和洪水有关的故事。

2011 年 6 月 22 日,红柳地区连降暴雨,引发戈壁洪水,进出站的管道伴行路被严重冲毁,一条宽 50 多米,水流湍急的泥浆河横刀拦断了进出站方向的通道。这条"通天河"让站里的人出不去、外面的人也进不来。

安西极旱荒漠地区发洪水,可能百年不遇。生活在这里的老人,在记忆中反复搜寻也找不到关于洪水的影像。

刚开始,红柳压气站的员工都以为这场洪水可以在一两天内退下去,路自然也就通了,毕竟这里是我国降水量最少的地区之一,年均降水量在 52 毫米以下。

压气站的人们没有想到的是,等了两天之后,洪水依然不依不饶地"纠缠"

着大家，丝毫没有减退的迹象。水不退也没有什么大的安全隐患，但它封住了道路，粮食、生活用水等物资无法补给，这就成了涉及生存的大问题。

外面是大水，站上却缺水，站里的员工连洗碗都舍不得用了。更重要的是，粮食要没有了！

"怎么办？我们站里还有20多名员工呢？"红柳压气站主任王仁举望着食堂里仅剩的半袋米、半袋面及少量的蔬菜犯起了愁。

公司在接到红柳压气站被洪水围困的汇报后，当即与有关部门联系，争取马上向红柳压气站空投生活物资，千方百计地确保一线员工吃饭、用水，绝对不让员工们日常生活问题犯难。但空投需要联系直升机，需要时间，眼下怎么办？

家中要断粮，朋友来借贷。这时，距红柳压气站不足半里路远的西气东输一线站也因储备不足，在洪水断粮的情况下已经没有了晚餐可做。因此，派人到红柳压气站求助。

借还是不借？王仁举将目光看向了大家。虽然自己也在为吃饭问题发愁，但本着互帮互助的兄弟情谊，王仁举是想借的，但这有可能是生死攸关的时刻，他不敢自己做主，将目光看向了大家。

齐刷刷地十几个兄弟们站在面前，回答他说："都是管道兄弟，要饱一起饱，要饿一同饿，主任，咱们没说的。"

王仁举听了这话，心中一热，他说："这才是我们西部管道的男人。"于是，他们毫不犹豫地把那半袋面和蔬菜分一半给了西气东输一线站的弟兄们。

不过，分给了别人，第二天大家就没米下锅了，怎么办？王仁举主任坐不住了，再次打电话给分公司说："空投的时间不能等了，还是自己解决吧。我有一办法。现在马上用越野车把生活物资运到离我们最近的照东火车站，车过不去了，我们人力过去取。"

"外面全是水，涉水过去会有危险。"分公司领导说。

"有危险也比饿死在这里强。"王仁举说。

这一句话确定了运粮方案。王仁举回头召集大家说:"有没有人愿意和我一起去一下火车站,把生活物资扛回来?"

这下站里像炸锅了一样群情激奋,年轻的小伙子们都纷纷踊跃地要求前去"让我去吧,我个高,还会游泳,这样怎么也能蹚过水流!"

"去去去,别逞能了,你个高没有我身体好,待会被水泡坏了咋办?"

"都别争了,你刚下夜班,还是好好休息,我水性好让我去吧。"

……

"不管谁去,我提醒你们,天气变化莫测,沙漠发水险情预料,走路需要涉水而行,会有一定的危险,你们要有心理准备。"王主任说。

就这样,王仁举主任挑选了4名身体高大、健壮,且识水性的小伙子,在大家掩饰不住的担心的目光中,拿着探路的棍子出发了。

从红柳作业区到照东火车站的路程将近十公里,都是管线伴行路,平时就不好走,如今到处不是过脚、过膝的湍急水流,就是入脚就拔不出来的泥潭。5个人相互搀扶着,深一脚浅一脚地沿着伴行路走了一个多小时,才走到火车站附近。马上到了目的地,但是考验还没有结束,一条拦路的泥浆河在前面隔断了前去火车站的路,这条泥浆河是让红柳压气站交通断绝的主要原因。

"家里好几十号兄弟在洪水围困的时候,还在工作岗位上坚持工作,确保了管线运行。他们在等着我们回去吃饭。兄弟们,我们一定要把粮食扛回来!"王仁举哑着嗓子喊道。

另外四个人没有说话,只是深吸了一口气,和王主任一起手拉手,坚定地向泥浆河中走去。他们绕开水深的地方,慢慢渡过了齐腰深的河水。河底锋利的小石头把他们的脚划出无数道小口子,但没有人吭一声。

五个人形成了一堵移动的墙,坚不可摧,势不可挡。经过十几分钟的努力,他们终于安然到达对岸。依然是没有说话,立即奔赴等在那里的一辆运货汽车,打开车门,你扛米、他背面、我提油,将300多斤生活物资用手提肩扛的方式运送回站里。

在回去的路上，空手走一次都很难，携带大量的米面油更是不易，但是大家为生存而战，团结一心，全部安然无恙地回到了站场。

接下来的几天里，他们又靠这样的方式、轮换着人马来回运送着一批批生活物资。那一次，洪水整整围困了红柳压气站 8 天，他们也忙碌了 8 天。最为重要的是，这 8 天里，压气站丝毫没有受到影响，运行如旧。

红柳站是缺水之地，建站几十年来也只有这一次大水来访的经历。但是，这个故事却流传在一代代红柳人的记忆中，激励着他们不断前行。

"三感"女人康玲

2023年10月26日，国家石油天然气基础设施重点项目——古浪到河口天然气联络管道工程正式投产。工程起点位于甘肃省武威市西气东输二线、西气东输三线上的古浪压气站，终点位于兰州市兰银线及涩宁兰双线上的河口压气站，线路全长188.4公里。

管道投产后，将在兰州市及周边地区形成由西气东输管道系统和涩宁兰管道系统组成的"双气源"供气格局，进一步提升区域管网的油气供应保障能力。

这项工程的工程技术负责人就是国家管网集团西部管道公司古河项目部执行经理康玲。

正式投产这一天，中央电视总台记者采访她时，她没谈自己做了什么，只是骄傲地说了她们的项目成就：利用涩宁兰、西气东输两个不同压力的气源进行管道阶段性升压，减少管线节流，精准管控温降，节约了6160千瓦时电加热设备能耗，实现"绿色"投产。

康玲之所以能够在这样大的工程项目中指挥若定，和她入职以来树立的"喜欢一项工作，就要拼尽全力做好"的工作理念不无关系。这句话是康玲的工作格言，也是生活、学习的执着追求。

作为西部管道公司一工程项目管理部（简称项目部）技术部部长，康玲已经在项目建设的行业中工作了26年。26年的坚持与专心，让大家在说起康玲时，都不约而同地感慨：别看她是一名女同志，干起工作来，很多男同志都不是她的对手。

康玲最大的对手其实是她自己。作为一名女性，她的体能、身体素质都会在野外从事工程建设项目时，对她产生或大或小的影响。

康玲担任西部管道一工程项目分公司工程部的负责人，开始驰骋在横跨三省区、跨越5000里、辐射半个中国的西三线能源工程上。一身红工装，扎着马尾，称得上是戈壁滩上的一道亮丽风景。

但是，回到康玲的工作岗位上，这道风景外表的光鲜里，却是实打实的又苦又累的"苦行僧"。每个月组织各运行单位现场组、管道建设项目经理部新疆和甘肃分部、检测单位、质量监督站进行西三线各标段的联合检查；定期组织冬季施工质量验证、春季复工条件验收、PCM信息系统检查、投产前预检查、补口金口和埋深防洪等专项检查；同时，还须协调动火连头、联合调试等急难险重的任务。

她白天跑现场，晚上利用业余时间学习西三线可行性研究和专项评价报告，收集整理西二线等同类型管道在设计、建设和运行中的各类问题，和同志们一起，对西三线的初步设计提出了197项设计建议，其中大部分被采纳，初步设计最终在股份公司审查中获得了历年来的最高分数。

爱美是女人的天性。但在大部分时间里，康玲的工作状态是这样的：下到尘沙飞扬的工地去现场办公，占据了她的大部分时间；为解决工地出现的问题，又占据着她大部分的思想。

在五年多的时光里，她牺牲了个人的审美追求，换来了工程质量的提高。仅在2013年，她组织开展的各类检查共计发现问题超过4000项，并实现当年问题整改闭合率超过99%。通过对西气东输三线施工的整体质量检验合格率、遗留问题情况等综合考证，专家认为工程质量好于预期，得到了很好的保证。

后来，康玲担任了技术部部长。雷厉风行的工作作风依旧，在她下工地时，身边有两样东西是必带品，一是图纸，二是技术规范。

在工地上，凡是她觉得有问题的地方，马上就翻出来埋头对照检查，决不留一点隐患。

休息时间，她经常组织大家一起学习图纸和技术规范，将各项参数装进脑子里，刻到心坎上。"按图施工，按标准施工"在她这里就是一条实实在在的工作准则。

随着工程进度的推进和项目的增多，总会有技术规范需要更新和完善。在这种情况下，为了让工程质量和安全风险受控，她牵头编制了《质量管理流程》，建立民参建体各方日常联系协调机制，编制了《现场组执行手册》《现场质量管理手册》及各类检查标准表单，确保施工现场的日常巡查、重点抽查、全线排查、难点研究、节点控制、信息反馈、整改处理和销项闭合按计划进行，现场验证最终形成了一个高效的闭合系统。

在工地上再坚强的女性，在生活中也有脆弱的一面。在加班加点理顺完千头万绪的工作后，她会为自己从来没有好好陪伴孩子、照顾老人而心生愧疚，也会因工程相关方的指责和阻挠而忍不住委屈地掉下泪来。

但是，在擦干眼泪之后，转过身来的康玲仍然是飒爽英姿的女强人，毫不犹疑地重新投入到工作之中。用她的话说："流泪归流泪，干活是干活。没有点担当，咋干项目？"

在她的感染下，技术部的同事们不辞辛苦地奔波在千里荒漠。西气东输三线 X80 钢具有耐低温性能差的特点。当时组织开展焊接底片复查 1861 道，RT 复检 185 道，开挖验证焊口 43 道，剥离实验焊口 17 道。同时，对日均环境温度为零下 20 摄氏度的极端温度下施工焊口，加大了复检比例。

经过对进入冬季施工焊口底片的复查复审和 RT 检测的复拍复检，焊接质量符合相关的规范标准要求，没有发现错评和误判的现象。经过对冬季防腐、回填施工的检查，确认其质量满足设计及相关的规范标准要求。看着让人欣慰的数据，她默默地微笑。

2022 年，按照国家管网集团对项目建设实行建管融合的要求，康玲担任古河项目工程技术组负责人。她踩着早春的积雪，开始了项目前期路由报批、踏勘优化、勘察测量、与专项评价及地方政府对接协调等各项工作。

4月下旬提前完成了可研编制工作，然后邀请外部线路、工艺、穿跨越、隧道和资源市场等方面专家开展审查，并配合管网可研咨询单位进行现场踏勘，确保可研质量。

接着，根据国家管网集团确定的建设规模再次落实兰州及周边（青海省、宁夏回族自治区和西藏自治区等）资源市场，对可研进行优化细化。10月25日取得可研批复，取得了阶段性重要成果。

根据国家发改委下发的2022年10月的投产目标，康玲坐不住了。时间紧、任务重，怎么办？她又扎上了马尾，在6月份提前启动了初设工作。

穿戈壁过荒漠，她先后组织开展了3次路由踏勘、站场调研，与相关单位召开了3次对接会，组织了HAZOP分析会、数字化设计交流会、加长管及双联管应用技术交流会、定向钻及顶管穿越施工工法交流会。对线路建筑物占压进行了梳理踏勘及优化，对顶管穿越进行了优化，对$1^{\#}$、$5^{\#}$、$7^{\#}$阀室选址进行了优化，对站场动火连头、越站流程、进出站逻辑、放空、排污和计量管路进行了优化。

为提升建管融合后的工程管理水平，强化对设计内容的学习和研讨，她与设计监理一道，对设计单位管理体系、设计资源、设计过程和现场服务进行全过程管控，对设计质量、进度、安全和投资等进行全要素管理，对设计质量代表项目部进行把关审查。

在初设A版提交后，组织古河项目部对初设总说明、各专题报告、技术规格书与数据单、河流及山体穿越、操作原理、2个站场工艺流程及总平面图、线路工程等关键内容进行了逐字逐句审查。

这项工程沿线多山区丘陵、狭长山间谷地及湿陷性黄土，地形地貌极其复杂，穿越山体、大中型河流、公路和铁路达29处，并配套建设了7座年发总电量超2.38万千瓦时的光伏发电系统。

康玲率领技术人员运用新工艺、新技术，实现18米加长螺旋管规模化应用，连创长距离、大口径管道建设接管数量最多和山体定向钻单次穿越软泥岩距离最长2项国内施工新纪录。

2023年10月26日，古浪到河口天然气联络管道工程正式"绿色"投产，康玲也在该工程的技术领域的出色表现，为西部管道公司再添一部"杰作"。

多年来,康玲和她带领的工程技术管理团队多次被评为公司"五一巾帼标兵""五一巾帼标兵岗",她带领的技术部于 2020 年喜获公司"设计管理质量提升优胜集体"荣誉称号。2013 年 12 月,她本人被评为西部管道公司劳动模范。

在西部管道公司,康玲是女强人,也是女名人。强人与名人就要接受更多当面和背后的品评。多年以来,大家综合她从工程部到技术部的工作情况,是这样评价她的:

康玲是"三感"女人,即"等不起"的紧迫感、"慢不得"的危机感和"坐不住"的责任感。

上面讲述的故事,也许正是对这"三感"的诠释。

为西气东输管道"续电"

塔里木输油气分公司轮南作业区位于巴音郭楞蒙古自治州轮台县轮南镇，毗邻塔克拉玛干沙漠边缘，管辖 1 个天然气站场，包括西一线首站、西二线轮吐支干线首站 2 座压气站，共计 192 千米管道的运行管理任务。

两条管线的天然气长输管道 RTU 阀室共计 6 个，大多位于沙漠、戈壁和山区等偏远地区，远离地方电网，处于缺电或无电区域，外部电源难以引至。因此，在管线建设之初，阀室供电方式采用太阳能发电系统进行供电。

太阳能发电系统是一套静态发电系统，采用工业模块化设计及工业级模块化组件，使用寿命可达 25 年，基本上可以实现免维护，在线路阀室及通信基站得到广泛应用。

在阳光充足的春夏秋季，太阳能发电设备十分给力，基本上不用操心。但是，一到了冬天，日照不足，作业区的电力维修人员为这些阀室的供电设备操碎了心。

太阳能发电系统易受天气状况影响，在持续阴雨或沙尘天气下，太阳能蓄电、发电都会明显不足，蓄电池"力不从心"，长期处于"亏欠"状态。特别是冬季运行条件下，铅酸蓄电池受环境温度影响，放电容量急剧下降。

当蓄电池电压接近放电终止电压时，太阳能控制器就会断开输出开关，导致阀室供电中断，随之阀室通信也会中断，阀室的各项运行参数均无法监控，给输气安全生产埋下了安全隐患。

更加让人崩溃的是，太阳能电池发生断电的大部分时间是在冬季后半夜最为寒冷的时间段，处理起来十分困难。常规的处理办法是采用实时监测阀室蓄电池电压并进行预设报警，当作业区发现阀室蓄电池电压低于 24.5 伏时，通知运维单位携带汽油发电机赴阀室对蓄电池进行充电，以确保阀室供电稳定。

2018 年的冬天，轮吐线的一间阀室通信突然中断，主控室的屏幕上捕捉不到任何该阀室的天然气输送的温度、压力和阀门状态等信息,阀室处于失控状态,这对于安全生产来说是十分要命的事情。

此时正是隆冬时节,又是后半夜气温正低之时,寒风凛冽,雪花飘飞,茅海东等所有电气维修人员迅速集合,在伴行路上走了好长时间,这才赶到现场进行抢修。

情况在预料之中,又发生了太阳能电池缺电,导致通信中断。大家将带来的两块大电池换上,然后在寒冷中又观察了一个多小时,这才离开现场。在回去的路上,大家议论纷纷,说这个问题折磨了大家这么多年,一定要想个办法解决它。

这个问题成了压在轮南作业区电气维修人员心中的一块心病。在作业区的"低老坏"清单上,关于太阳能断电的问题已经放置了很多年,几乎是时间最长的问题"钉子户",一直没有得到解决。怎么办?刚成立不久的"邢云雷劳模工作室"当仁不让地接下了这个难题。

在第一次头脑风暴会议中,大家出了不少点子。有人提出大幅度增加太阳能电池板,增加供电量,但是增加电池板不仅费用高,而且冬天光照不足时也同样要断电。

有人又提出在靠近地方电网的地方拉一条长输电线过来,彻底解决电力问题,大家一讨论还是不行,不仅外线电力遥不可及,而且管线阀室之间的距离也有三十余公里,造价太高,采用外线的办法如果可行,当初也不会采用太阳能。

就在大家束手无策之时,劳模工作室负责人邢云雷提出了自己的想法,他认为,现在已经进入了物联网时代,我们能不能想个法子实现遥控充电或是用其他方式发电,弥补太阳能冬季发电不足的问题。现在的设备还可以继续用,投资也不会太大。

一石激起千层浪,大家你一言我一语,最终形成了第一代远程发电机系统的设计方案。

这套方案利用物联网技术,将燃油发电机控制与监视系统软件安装至云端服务器,通过在燃油发电机控制系统中配备DTU通信模块,以GPRS通信的方式与云端服务器相连，通过手机 APP 的操作，实现燃油发电机的远程启停与参数监控。燃油发电机的挑选、CPU 的定制，以及相关系统的研发，劳模工作室几乎动用了他们全部的资源，设计方案几经修改最终才得以成形。

邢云雷工作室成员的头脑风暴会议

2019 年 10 月，这套系统在西一线 2# 阀室进行了试点，却又出现了新的问题。以移动物联网为基础的远程控制系统，由于阀室处于移动通信信号微弱的沙漠地带，当阀室停电时，附近也采用太阳能充电的移动通信塔台的信号同时也微弱下去，造成通信信号缺失，很多时候仍然无法远程启停。另外，采用外部物联网，也使系统传输数据面临着失窃的风险。因此，这套方案只能说是成功了一半。

在邢云雷带领下，劳模工作室的头脑风暴仍然日复一日地进行着。工作室的茅海东、刘鹍、倪明东、张迎波、李柏成和安阳等人在下班后又聚在劳模工作室，讨论着解决之道。

邢云雷认为，西气东输事关国计民生，当初采用移动网络的办法并不是最好的，网络安全本身就是一个问题。阀室之间建有光纤，是不是可以利用？

一语点醒了大家，七嘴八舌地又是一番意见和建议的风暴。最终，一个全新的系统方案出炉了。

这套新的站控系统，利用现有的阀室与阀室、阀室与站控室之间的光纤网络，实现了阀室全部供电设备的远程监视及启停，并将其全部数据读入西气东输一线、轮吐线支线的运行管理系统——SCADA系统，对发电机和控制器的参数进行实时采集监控，并根据参数提示进行发电机系统预防性维护保养，通过阀室工控网络实现远程启停控制。

远程自动启动发电机功能，通过燃油发电机云控平台控制器实时采集阀室蓄电池电压，当电压低于23.5伏时，导通发电机启动回路，自动启动发电机，为阀室蓄电池组充电。

远程自动停止发电机功能，通过在电池组主回路上安装直流电流互感器，实时检测蓄电池组充电电流大小，判断蓄电池组是否处于浮充状态，当电池组充电电流为60安时，表明此时蓄电池组已由均充状态转为浮充状态，自动停运发电机。

这套方案继续在西一线 2# 阀室进行试验，网络传输信号终于保持了稳定，远程启停阀室发电机的目标终于实现了。此后，虽然也出现了一些小问题，经过持续改进，该系统的功能愈加强大。

经过近3年的运行验证，彻底解决了阀室供电易中断的问题。同时，与传统的解决方式相比，在设备一次投资、年平均花费等方面，产生经济效益与生产效益显著。

邢云雷劳模工作室本身已经因为"智能电伴热监测装置的研究""开发智能巡检系统"和"承包商管道系统"等科研成果而名声在外，这次"基于云控平台的油机在天然气长输管道 RTU 阀室的应用研究"更让其为人熟知。

酒香不怕巷子深。轮南作业区虽然远在塔里木沙漠边缘，但技术成果名扬万里。西部管道多家作业区听说了这个消息后，纷纷前来取经，并将其应用到自己的阀室电力管理系统之中，为西部管道公司的阀室安全管理起到了巨大作用。

对阀室远程发电机进行检查维护

邢云雷劳模工作室成员头脑风暴，创新发明了"基于云空平台的油机在天然气长输管道 RTU 阀室的应用研究"。该成果彻底解决了轮南作业区阀室供电易中断这一"老大难"问题，不仅获得国家管网西部管道 2020 年度科技创新一等奖，还在兄弟单位中推广应用。

生命中最漫长的三个昼夜

2020年11月23日，西三线1589千米处开始发现险情，酒泉输油气分公司瓜州作业区党支部书记王新兵带领作业区员工，连续奋战了四天三夜，投身到了这场必须打赢的遭遇战中。

在近80小时的战斗中，他们忘却了身心疲倦，忘却了白天黑夜，只为此次险情能够第一时间得到妥善处置，确保下游千家万户能够在这个冬天不会受到寒冷的侵袭。

23日下午，刚从瓜州压气站西二线、西三线西段增输改造工程动火现场回到办公室的王新兵，还没来得及喝口水歇一歇，就接到一个让他立刻神经紧绷的电话：西三线距作业区上游3公里处，巡线工发现管道上方水域有连续气泡，疑似天然气泄漏。

此时的王新兵瞬间心头一惊，来不及多想，带领人员火速赶往事发地点。在接下来的时间里，从现场应急响应启动到关闭，王新兵犹如一颗钉子一样，钉在现场，参与到整个抢险的每一个关键环节。

在抢险的四天三夜里，他断断续续地只休息不到6个小时，直到抢险结束，王新兵才发现自己原来战斗力这么强，他笑着说："我感觉自己好像还能继续坚持。"

由于事发管道地处湿地沼泽，抢险初期，现场最重要的任务就是为管道开挖做足准备，对管道上游来水进行围堰封堵。而在那时，西三线南侧有一个长约1千米、深约4米的大型鱼塘，要想第一时间将管道上游的水流堵住，就要将鱼塘过水从另一侧转移，同时还不能往管道一侧排放。

得知国家管网集团公司、西部钻探分公司领导已协商确定围堰封堵方案，王新兵一刻也不想耽搁，他立即带着作业区管道工来到鱼塘主家里，着手与鱼塘主沟通封堵事宜。

为顺利节流上游水流，王新兵迅速组织采购封堵鱼苗的渔网等工器具，为此，他在鱼塘两边来回走了3个多小时，在满是淤泥的水塘边，他深一脚、浅一脚，用最快的速度向前挪步，工鞋里灌满了泥水，踩起来"吱吱"作响。

在零下十几摄氏度的气温下，他的工鞋很快就被冻得硬邦邦的，他每走一步，脚都硌得生疼。但是在抢险现场，自始至终也没有听到他的一句埋怨。

在第一批物资抵达现场后，有人看到王新兵湿透的工鞋，让他赶快去换一双新的，他坚决拒绝说："没事，我宿舍还有鞋，待会回去换，今天晚上这么冷，工鞋留给其他更需要的同志吧。"

就这样，直到第二天中午，王新兵才在其他人的劝说下，把那双早已湿透了，像两只冰疙瘩一样的工鞋换了下来。

23日22时左右，在现场人员的齐心协力下，上游水流完成节流，围堰工作能够正常开展了。水流控制住后，管道正式进入开挖期，地下水不断上涌，随着开挖深度的增加，开挖难度越来越大。

这时，王新兵又当起了开挖"指挥官"，他一边用雷达检测管道埋深，一边配合管道开挖指挥工作。刚刚新换上的鞋子不知不觉间又湿透了。顾不上换鞋，他穿着湿透滑腻的工鞋一直坚持到管道露出地面，在零下15摄氏度的持续低温下，这一坚持就是10多个小时。

最后，在后勤保障人员的帮助与坚持下，他才更换上了新工鞋。新鞋子一穿上，他才感觉到脚在不知不觉间失去了知觉。

"当时哪想得了那么多，就是一心想着，一定要在安全的前提下，用最快的速度把管道开挖出来，找到隐患。"事后，王新兵看着脚上面目全非的工鞋，轻描淡写地说道。

管道开挖完成后，随即开始排查泄漏点。那时，作业坑已初步完成，两侧逃生通道也刚刚成型，还没来得及放置沙袋。王新兵熟练地背上正压式呼吸器，在坑边一定距离处开始了探边，接着又下到坑内，开始了可燃气体浓度检测。当可燃气体检测仪数值持续显示为0时，他满脸疑惑，嘴上不停地嘀咕着："问题到底出在了哪里？"

带着疑惑，他重新出发了。在管沟里，他随身携带检漏壶和可燃气体检测仪，一直在管道南北两侧钻来钻去，时而低头，时而弯腰，时而驻足检测。管道下方地下水在持续流淌，他的第三双工鞋也湿透了。他的整个脚泡在冬日里的冰水中，却没有流露出痛苦难受的表情，取而代之的是满脸的紧张严肃，泄漏点一直没有找到，他这个西北汉子的心里倍感难受。

为了找到泄漏点，升压检漏方案开始执行。他没有再来回探查，而是站在警戒区域外，时刻关注着升压，1兆帕、2兆帕……每升高1兆帕，他立马小跑着下到坑内，立即开始漏点检测，这时候的他已经连续"作战"超过30多个小时。抢险现场的领导看在眼里，让他进行短暂交接去休息一下。

西北11月的夜晚，寒风格外刺骨，吹得现场抢险人员身子不停打冷战。忽然对讲机里传来消息，坑内要开始进行塑料薄膜覆盖，以便更好地检测可燃气体。听到消息的王新兵立马坐不住了，他从车上跳出来，跑着前往现场对管道进行包裹。

当管道两侧的塑料薄膜即将合拢收口的时候，他忽然闻到一股天然气味儿从南侧管道位置传来。他一刻也不敢耽误，立即兴奋地通知同在坑内的检测人员，前往疑似泄漏区域进行检漏。

25日上午9点15分，终于找到了天然气泄漏点。王新兵一直悬着的心，此刻终于落下了一半，嘴里不停地念叨着："终于找到了，终于找到了。"

漏点找到后，管道修复工作拉开序幕。王新兵更加忙碌了，一会儿用对讲机询问注氮压力，氮气头达到的位置，一会儿到作业坑内检查可燃气体浓度，始终对讲机不离手地持续反复沟通、确认核实。

在听到可燃气体检测合格的那一瞬间，他的脸上露出了欣慰的笑容，随即与负责切割换管作业的酒泉维抢修中心开始现场交接。

"何正香，赶紧确认后勤保障物资到位情况。"

"田沛山，准备好电火花测试仪和涂层壁厚测试仪，焊接结束再次检测，确认没有漏点，内检测数据金属损失减薄处的几个点也要进行复核。"

……

交接完成后，王新兵仍然奋战在抢险现场，落实工作安排，细化现场措施，现场每个角落，王新兵小跑着的身影随处可见。

到了 11 月 27 日早晨，王新兵已经在抢险现场奋战了四个白天三个夜晚。

"我是作业区负责人，带领大家冲在前面，是我应该做的工作。不去现场忙活，我这心里不踏实，睡觉就更不会踏实了。"抢险现场面对领导的关切和员工的关心，王新兵这样憨厚又朴实地说。

整个抢险期间，像王新兵这样坚守奋战在最前线的人还有很多，王新兵只是他们的一个缩影。也正是因为有很多像他这样不讲条件、不顾安危、冲锋在前的普通人，才筑起了保卫这次险情的可靠屏障，才用最快的速度完成了现场险情的处理，才化解了一次重大的管道风险隐患。

"这三天三夜，对于我来说，这是我生命中最漫长的三天三夜，也是终生难忘的三天三夜！"抢险结束后，王新兵对很多人这样说。

霍尔果斯的记忆

2009年12月14日，四国元首共同开启了中亚天然气管道的阀门，5天后，跋涉1800多公里的天然气进入中国，来到霍尔果斯压气首站。

同年10月，刘晓凯从清华大学毕业，来到了霍尔果斯，占地300多亩的大工地和正在安装调试的4台压缩机组，成了他逐梦的大舞台。

当时，和刘晓凯一起实习的29个人，白天分组跟随外方工程师到现场逐个部件调试校核，晚上集中听外聘压缩机老专家授课，每个人都铆足了劲，恨不得24小时都用在学习上。

当时世界上最先进的4台大功率压缩机组和大量设备在紧张的安装过程中，刘晓凯和新分配来的同事们一道跟随站长和压缩机专家学技术，编写《GE燃驱压缩机组运行规程》《机组进气/点火/投产检查表》等关键资料，为即将到来的投产运行做准备。

二百多个日日夜夜里，他从一开始的"不会干，跟着干，学着干"，变成最后的"想着干，抢着干"。

2010年1月的一天，当时气温是零下30摄氏度左右，冷得人直打哆嗦。他和两个比他稍年长的同事在阀室跟踪检测。阀室里没有暖气，三个人只好挤在一块儿取暖。

这时，手里的检测仪突然罢工了。一检查发现是温度太低，检测口结霜了。杨鹏飞一把拿过检测仪，掀开衣服，就塞到了胸口。那个检测仪就是个冰疙瘩呀，这个举动震动了刘晓凯，让他知道了管道人真的不一般。

那一年，天气最冷时曾经创下了零下40摄氏度的纪录。刚投产的天然气含水又多，结果作业区的过滤器全部冰堵了。但是，那会儿采购的蒸汽车、电伴热带都还没有到位，只能用"土办法"——浇开水提温。

站在地上够不着，一位同事直接骑到了管道上。半个小时后，当另一个同事想替换他时，他怎么也下不来了，原来他的棉裤已经和管道冻在一块了。最终他只好脱了下来，穿上另外一条棉裤。人好不容易下来了，棉裤还直愣愣地竖在管道上。刘晓凯再次直观地看到了什么是铁人精神。

在随后的一年多时间里，刘晓凯跟着老专家又参加了下游8座站场的压缩机投产，参与解决了多项技术问题。

霍尔果斯压气首站是中亚天然气管道A、B、C三线进入我国第一站，集西二线、西三线首站和伊霍煤制气支线末站于一体，被称为"中国能源通道国门第一站"，也是下游数万公里天然气管网运行的"心脏"和"动力舱"。

霍尔果斯压气首站承担着跨国贸易计量交接的责任。为了提高计量精度，刘长凯和同事一起翻译英文资料，编写程序，实现了计量系统的时间同步，把时间误差控制到了1毫秒，这意味着在每天最高1.26亿立方米的日输量下，也只有1.5立方米气的偏差。

天然气计量需要精确计算气体组分。长期以来，伊霍线都是每天8点采用手动方法将组分数据输入到流量计算机中，然后一整天都采用这组数据进行计算。如果组分发生细微的变化，就会导致计量的偏差。

为解决这个问题，他和同事们自己动手改造，实现了色谱分析仪与流量计算机数据的实时更新，进一步确保了计量的准确性。

　　2011年7月，上游中亚管道第一次进行清管作业，结果作业区的过滤器被全部堵死了，压缩机也停止工作了。压缩机是整个作业区的心脏，霍尔果斯又是全线的动力舱。压缩机的停机，让当时西二线的日输量瞬间减少了一半。

　　当时的党支部书记顾永军迅速组织了"党员突击队"开始抢险。7月的霍尔果斯温度40摄氏度左右，刘晓凯和大家一起更换气液聚结器滤芯时，聚结器里边超过60摄氏度。人一进去，面罩上分分钟结满雾气，衣服一会就湿透了。

　　每个人出来的时候，都像是刚从水里捞出来一样。但是到了凌晨四五点钟，已经劳累了一天一夜，大家即使披着棉大衣也冻得浑身发抖。那时候，他才真正体会到什么是"早穿棉衣午穿纱，围着火炉吃西瓜"。

　　忠诚责任共担，油气正气同输。这次会战，他和突击队员们一起24小时连轴转，完成了800多个气液聚结器滤芯、100多个干气密封滤芯、8台·次压缩机进口过滤器滤芯的更换，连续7天的奋战，完成了30天的工作量。

　　机组重新启动的那一刻，顾永军说："管道压力有多大，管道人的责任就要有多强，岗位责任永远大于管道压力。"这句话不但写到了作业区的墙上，也铭

刻在了每一名员工心里。这次抢险，让刘晓凯对"国门第一站"必须承担的那份沉甸甸的责任有了更深的理解。

2011年，刘晓凯第一次没有回家过年。年三十的晚上，他和大家正准备出去巡检，他的妈妈从山东老家打来视频电话，问他："站里有饺子没？今年家里煮的饺子你也吃不上了。"看到妈妈伤感的样子，刘晓凯一下子不知道说什么好了。

同事凑过来说："阿姨，你们家里煮饺子用的气都是我们输过去的，要是我们都回去了，这饺子煮到一半没气了怎么办呀！"这句玩笑话没有人跟着笑，周围几个人都沉默了。

有人喊了一声："走，巡检去！咱得让惦记咱们的妈妈们煮好饺子呀！"从此，大家像是患上了"饺子情结"。每年除夕，都拿"让妈妈们煮好饺子"的事宽慰自己、鼓励自己。那是大家一起对5亿人许下的温暖承诺。

西气东输管道从伊犁河谷中的果子沟穿越天山，才能进入内地。这里是刘晓凯等人巡检的重要区域。果子沟里常年有7个多月被冰雪覆盖，每年5月，沟外草长莺飞，沟里还有5米高的雪墙。到了9月，山外还是绿意盎然，沟里已经银装素裹，别有一番景致。

刘晓凯等人生活和工作的霍尔果斯作业区位于伊犁州霍城县境内的可可达拉草原上，很多人都会问他："这么偏远的和荒凉的地方，你们怎么待得下去啊？"

刘晓凯回答说："中国国家地理曾经评选出中国最美的六大草原，其中排第二的可可达拉草原就是我们生活的地方。推开我宿舍的窗户，就可以看到哈萨克斯坦壮丽的雪山。"

刘晓凯上班时，每天至少走一万五千步，要是出去巡个线，就会轻松突破三万步。这些都是他和同事们在朋友圈里经常"晒"出的幸福和骄傲。每当朋友们给他点赞时，他就回一句："景美，人更好！"

在这里生活了几年之后，别人眼中的寒冷与荒凉，已经成为刘晓凯心中最美的风景。

然而，就在他准备将霍尔果斯当作自己一生的归宿时，2011年末，上级安排他担任乌苏压气站的副站长，他只得恋恋不舍地离开了霍尔果斯。此后的几年间，刘晓凯辗转经历过其他多个岗位的历练。

就在以为自己和霍尔果斯的缘分已经难以接续的时候，工作的机缘巧合让他和霍尔果斯再续前缘。2014年11月，当时还不到27岁的刘晓凯被任命为霍尔果斯作业区党支部书记，回到了他心心念念的可可达拉草原，回到了霍尔果斯压气首站。

刘晓凯等人经常巡检的大美果子沟

当时，作业区刚刚被命名为"中国油气战略通道国门第一站"，如何让这个标杆更高、旗帜更红是他最大的责任。刘晓凯和党支部一班人很快梳理出了一条在今天看来完全"适销对路"的"强聚盯"（强堡垒，聚人心，盯设备）三字管理思路。他还借鉴责任区承包制这一管理思路，建立了"基于关键设备巡检质量责任制的党员责任区"，提高关键设备巡检质量，压缩机非故障停机次数明显降低，站场完整性管理水平有了质的提升。这一做法被收入国家管网《集团公司基层党建典型案例》，得到广泛推广。

随后，他组织成立了国门站青年技术攻关小组和党团员先锋突击队，先后攻下了西三线投产的种种难关，自主完成西二线压缩机组 25000 小时保养，形成了 GE 机组温度探头堵头改造、煤制气计量组分偏差优化等 10 项公司级技术成果。

在这期间，他带领团队总结梳理出"21 步工作法"，修订了一系列岗位标准化手册、维检修作业卡和应急处置卡，大大提升了国门站标准化管理水平。

霍尔果斯作业区荣获集团公司"模范集体"称号，他也在与国门站青年突击队共同成长进步的过程中，先后被评选为"最美西部管道人"、集团公司优秀青年。

2017 年，他代表霍尔果斯作业区党支部参加集团公司"弘扬石油精神、推进稳健发展"全国主题宣讲。

2018 年，在中国质量协会主办的全国品牌故事演讲大赛中总决赛中获得二等奖，将西部管道"忠诚责任共担、油气正气同输"的价值理念和"岗位责任永远大于管道压力"的国门责任文化，传播到祖国的大江南北。

2018 年 8 月，共青团中央发布表彰文件，西部管道分公司基层青年员工刘晓凯荣获"全国青年岗位能手"荣誉称号。

此后不久，刘晓凯再次离开了霍尔果斯。但是，霍尔果斯压气首站"岗位责任永远大于管道压力"的国门责任文化，已经永远铭记在他的心里，鼓舞着他继续前行。

在与国门首站共同成长的日子里，刘晓凯带领着平均年龄仅为 28 岁的员工们，驻守在"中国能源通道国门第一站"，用忠诚与担当、青春与汗水，践行着管网人的铮铮誓言。

三次意外成就的"网红"

直播业的兴起，让一些人成为了互联网上的"红人"。

在西部油气能源战略通道上，也有一批年轻的小伙子们，凭借着对输油气技术的探索和研究，在为国家保障油气资源供应的过程中，成为了另外一种"网红"。

这些"网红"身穿橙色工衣，战斗在管网旁边、压缩机旁、戈壁滩上。他们是劳动模范，是技术能手，是保供尖兵。西部管道公司新疆输油气分公司哈密维抢修队的李开宏就是之一。

工作中一丝不苟的李开宏

李开宏人长得不帅，普通人一枚，表达能力也很一般，唱歌跳舞更是和他无缘。他凭啥能当"网红"？

让大家和他本人都能够认可的答案只有一个：李开宏在管网维抢修工作中，一直与压缩机死磕。在此过程中，他碰到了三次"意外"，让他顺理成章地"一路长红"。

管网设备维护检修安全和质量决定着管道平稳输送的可靠程度。哈密区域输气站场共有国内外三种机型 17 台燃驱离心式压缩机组，占新疆输油气分公司压缩机组总量的 51.5%，占西部管道公司的 11.3%。

数量多、机型广，维修困难大。困难能吓倒一些人，也能成就一些人。2019 年，哈密维抢修队共完成 15 台·次的压缩机检修任务，涉及燃气轮机、离心式压缩机故障检修、25K 中修及 50K 大修等多项内容。

李开宏带队完成了其中的 12 台，个人作业天数累计达到 124 天。2019 年 7 月，更是单月连续作业 26 天，创造员工连续驻站检修的新纪录。李开宏就是在这些困难的"培养"下，一步步地找到了自己红遍管网的"意外"。

一次意外的"灵魂拷问"，让李开宏找到了通向"网红"的道路。这件事说起来还是在 2015 年，已经入职 6 年的李开宏一直担任基层后勤管理员，很少到现场参与检修作业。

学历、专业都不错的李开宏一直做着后勤工作，让很多人一直感到意外。但是他自己却觉得挺好，因为工作轻闲自在，毫无负担。毫不夸张地说，那个时候，压缩机组是他心中的圣地，他从来没敢想过有一天会和它结缘。

当时，未来的职业发展规划，于他而言毫无想法，更别提什么主动学习了。

副队长云向峰看在眼里，急在心上。这一天，他经过深思熟虑，终于向李开宏发出了一连串的"灵魂拷问"，帮他开启了职业生涯的"新"路历程：

"这么好的机会，你们不趁着年轻学点本领，以后靠什么立足？"

"过上几年，队里来了新员工问你问题，你答不上来，脸红不红？"

"以后你是想做受人尊敬的李专家、李师傅，还是想做可有可无的老李呢？"

"……"

像连珠炮似的问题问得李开宏哑口无言。也正是这一番问话，让他开始回想自己在大学时的青春梦想，回想初到西部管道时的雄心壮志。对照这些年来不求进取的工作经历，想到自己还不到30岁，李开宏猛然吓了一跳。

痛定思痛，李开宏下定决心改变自己的职业规划，开始沉下心来学习专业技术，力争练就一身过硬的本领，成为一名真正懂技术的行家里手。

机会总是留给有准备的人。2016年，西部管道公司推行"三化一法"，哈密维抢修队逐步开始参与压缩机检修作业。李开宏向队领导主动申请来到了哈密压气站 1# 机组干气密封更换作业的现场。

话说起来容易，做起来却很难。在现实的考验面前，看不懂设备图纸、听不懂专业术语等各种短板暴露出来，他的内心深处一下子充满危机感，可谓是压力山大！

但他没有放弃。此鸟不鸣则已，一鸣必须惊人，他用古人的经历安慰和鼓励自己。"网红"是如何炼成？就是确定了目标之后，不怕嘲笑，不惧苦累，不惜代价地去争取，期待着一个机会让梦想的种子生根、发芽。

没想到这个"意外"的机会很快就来到了他的面前。2017年，西部管道公司加大三支队伍建设力度，生产技术服务中心启动了压缩机检修"师带徒"活动。

听到消息后，抱着试一试的态度，李开宏第一时间报了名。不管是意外也好，还是幸运也罢，全国五一劳动奖章获得者、国家管网集团技能专家黄伟成为他的导师！

这个意外的机会，改变了他的整个职业生涯的走向。

在师傅的悉心指导下，为期三个月的学习使他的压缩机检修技术取得快速进步。更为重要的是，师傅身上执着专注、精益求精、一丝不苟、追求卓越的工匠精神深深感染了他，帮他树立了正确的职业观，走稳、走好未来的成长之路。

在师傅的悉心指导下，通过系统学习和现场实践，李开宏很快适应了压缩机检修的工作节奏，掌握了压缩机故障处理的思路、方法和技巧。黄伟对这个弟子的评价只有 9 个字：肯吃苦、爱学习、有想法。

学习结束后归队，领导对这个后来居上的李开宏有了新的期待，决定让他独自带队完成雅满苏压气站 GE1# 机非驱动端干气密封检修作业。

不知道多少个夜晚，他的内心一直感觉忐忑不安，唯恐不能完美地完成领导交付的任务，都是抱着《作业指导书》和《作业方案》睡着的。最终虽然按时完成了任务，但首次实际作业还是意外频发，这让他清晰认识到了理论和实践的区别。

从此以后，每天下班后学习压缩机图纸，成为他的必修课。妻子辅导孩子学习，他在旁边看图纸、查标准，看不懂单词就一个一个地翻译。

这样的家庭"自习课"一直持续到现在。孩子晚饭后常说的一句话就是："爸爸，我们开始上课了。"

随着时间的积累，他逐渐在压缩机检修上表现出了较高的技术能力，也在队内积攒了超高的人气。李开宏在队内竞聘中，不出意外地当选为副班长，主要负责压缩机检修。

学以致用、知行合一，无疑是对师傅最好的回报。2018 年，公司要求所有 RT65 和 RT56 动力涡轮止动环锁片更换锁紧垫片，由于螺栓处于高温区域，拆卸时极易发生断裂情况，最终只能将动力涡轮扩压器机匣拆卸后送外维修，最快时长也得 10 天。

李开宏另辟蹊径，通过查阅资料向师傅请教，终于找到解决办法，并对这项技术进行固化和总结，形成了标准化作业流程。实现单台次机组节约资金上万元，工作强度和作业时间相比之前减少三分之二，高效保证了机组在最短时间内恢复备用。

目前，李开宏已经成为西部管道维抢修领域的带头人之一，也算是不负这些年来师傅们的培养和领导的信任。但是，管路漫漫，很多问题处理起来十分棘手，单凭一个人的力量终究有限，怎么办？

能否在各种考验面前，在十分优秀的同行中脱颖而出，背后的团队十分关键。2020年的又一次"意外"，帮他找到了新的定位。

随着公司压缩机组高标准高质量攻坚行动的推进和机组运行时数的增长，哈密维抢修队承担的大中修任务，不论是在频率上还是在深度上，都逐年增加。此时，人员能力素质的矛盾很快便显露出来，成为最大的问题。

作为压缩机专业管理小组组长，如何保障多个作业现场的安全可控成为他的心结。怎么办？如何办？带着满心的困惑，再次拨通了黄伟师傅的电话。

师傅的话振聋发聩："任何工作，仅靠一个人是成不了事的，你要改变自己的定位，用所学所悟带出一个过硬的检修团队，这样，我们才能把关键核心技术始终牢牢掌握在自己手里！"

从师傅那里取得"真经"后，李开宏主动请缨担任了内训师，把现场检修和技术分析会作为培训平台，为大家讲结构，讲原理，毫无保留地分享经验和心得。

光靠培训还不够，在检修过程中，为每个人量身安排的边干边学的工作流程，不管是负责零部件管理、参数记录还是负责工器具管理，大家在按时完成任务的同时，都能够不断提高理论与技能水平。

有一次他安排组员邵巍负责现场附属部件的摆放、清洁和记录。李开宏问邵巍："联轴器一共有多少个螺栓？"邵巍一愣，回答不上来。当他对着图纸，将联轴器螺栓按照顺序摆放完毕后，发现少了一颗，头上的汗一下子就流了下来。

李开宏从口袋中把螺栓拿出来，然后对大家说："附属部件的摆放，看似是一个小活儿，但其中有大学问，大家不仅要知道每个附属部件的规格、数量、紧固力矩、公制还是英制、是否需要涂抹密封胶等，还要时时核对确认，这样才能避免备件的丢失和检修事故的发生！"

从那以后，同样的问题再没发生过第二次。正是这样一次次"挖坑"式的培训和讲授，让组员们在奋斗中锤炼了本领，在磨砺中增长了才干。

李开宏每天作业完成回到宿舍后，查阅图纸、复核当日工作、提前准备次日工作已成常态。几年积累下来，团队已经向着压缩机25K、压缩机50K和输油主泵50K独立检修作业迈出了坚定的步伐，独立检修目标正在逐渐成为现实。

2020年，队内迎来3名新员工，李开宏主动担任他们的师傅，根据员工特点制订培训计划，并拿出自己日积月累的经验，通过技能培训图像和文字资料开展专业知识和岗位技能培训，并结合现场作业对培训效果进行验证。

其中一名徒弟曹树茂，原是吐哈油田运输公司的一名管理人员，之前从未接触过压缩机。自到队后连续跟随李开宏到各站开展共计6台压缩机组检修。每个附属部件的细节李开宏都倾囊相授，毫无保留。通过一年半的历练，如今的曹树茂已经成长为压缩机检修专业的培养人选。

可以说，是三次"意外"成就了今天的李开宏，而串起"意外"和"必然"之间的桥梁，则是忠诚责任共担、油气正气同输的精神信仰！

管道"身份证"的来历

"大家来试一试，看看会显示什么？"2022年的一天，青海德令哈市柏树山新村南边的作业现场，管道巡线员林建龙邀请附近看热闹的村民体验他们的新"发明"。

扫出来的数据很丰富

只要扫一扫管道标识桩上的二维码，手机屏幕上就会显示出管道相关数据，同时还有安全警示语、联系电话等信息。这是西部管道兰州输气分公司德令哈输气站为加强高原管道保护推出的"独家秘籍"。

给管道线路标识桩加挂二维码标牌，相当于给管道办理了"身份证"。林建龙说："有了这个二维码，以后现场需要啥数据，就再也不用跑到几十公里外的站场里去查资料了。"

这个看似简单的小创意，为现场作业人员和相关方提供了极大的方便，背后是高原管道人智慧的结晶。那么它是怎么发明的呢？

有一次，工作组到基层站队调研检查，在一个管道与公路的交叉点上。看到来来往往的大货车，有人就问该处管道有没有防护措施，现场陪同的工作人员答不上来，因此挨了批评。

"其实，管道上方是有防护措施的，有很厚的盖板保护。但是，沿线那么多交叉点，陪同检查的那位工作人员不一定全部知道。"德令哈输气站站长张洪涛说。

油气管道不只是埋在地下的一条钢管，它还与大量的河流、铁路、公路及各类地下管道发生交叉。德令哈输气站管理运营着西起羊肠子沟压气站、东至大水桥清管站共666公里长的涩宁兰天然气管道，类似交叉情况比比皆是。

涩宁兰天然气管道一线建成已有18年，复线也有10年历史，管道所经之处地形、地貌复杂。虽然管线上的重要节点都有记录，但经过这么多年，实际情况早就发生了变化。另外，随着人员的流动，不是所有人都掌握管道上的具体情况。以往碰到有第三方施工等紧急情况时，巡线人员就得回到站里去找资料、查记录。

2016年，兰州输气分公司要求各站场对辖区的管道基本情况，按照油气管道地面标识管理体系标准展开全方位测量统计。

管道班班长马广智参与了辖区内管道四分之三里程的数据测量工作。"仅埋深一项数据，少则差二三十厘米，多则差一米多。"他说："由于管道建成时间较长，很多数据与当年的记录都不相符了。"

测试桩是否有偏移、加密桩和警示牌是否有缺失、水工有没有被损毁，管道有没有弯头、弯度是多少、哪些地方与公路、铁路等并行或交叉……线路两侧的地形地貌、阀室的位置和大小、防腐层的情况……只要能看出来的，有标记的，全部进行了测量统计。

在管线上的每一个数据采集点,埋深、管径、壁厚、材质等类似数据少则20项,多则近70项,666公里管线上共有上万个采集点,数据总量加起来超过100万条。

这次测量,与平常的巡线不一样,必须一米一米、一步一步地去测,才能得到真实可靠的数据。为了采集和核实这些数据,管道班员工徒步行进,从那年9月底开始,用了整整三年时间。

夏天多雨季节,高原的蚊子赶都赶不走,成群结队,叮咬之后奇痒无比。冬天,为了防止积雪湿了鞋子而冻脚,他们将塑料袋套在鞋上,磨破了再换一个新的,半天时间就要用四五个。

三年下来,他们手工记录的原始数据整整13本,将近一尺厚。边测量,边记录,边汇总,一条条数据随后又被电子化,逐一分类归档。他们还根据管线环境的变化,对数据及时进行更新。

将近一尺厚的手工记录本

让数据说话,在工作中不仅适用而且有说服力。例如在应急抢险的时候,能否尽快找出来相应点位的数据,赢得宝贵的时间很重要。事实证明,如何更方便地使用上万条数据，很迫切也很关键。

666公里管线上的点位数据，信息量庞大，用A3纸打印后，总共4大本，346页，携带和查找起来都不太方便。

德令哈输气站党支部书记、副站长李军本想把它们保存在手机里，用起来方便些，但是数据量太大了，导致手机运行故障。但这么重要的数据不能让它躺在本子上，不能睡在电脑里。大家一直在思考，如何让这些基础"大数据"智能化，发挥出更大的作用。

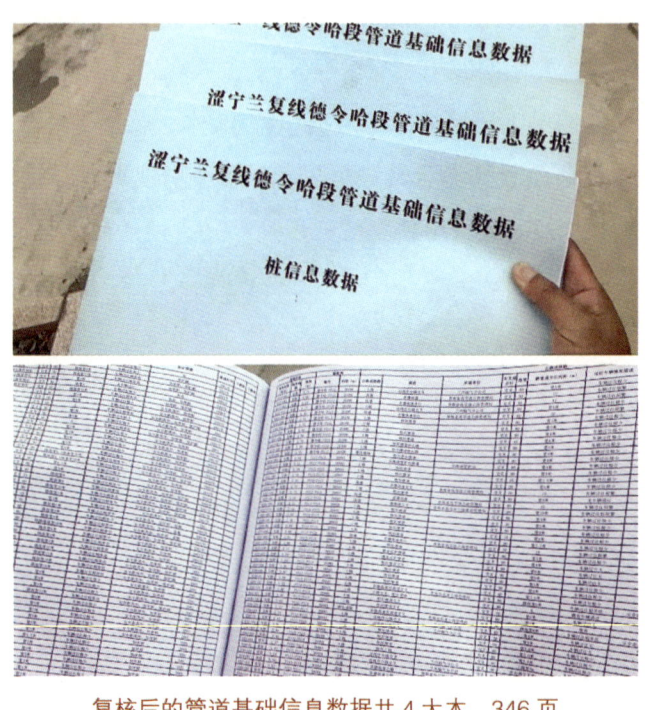

复核后的管道基础信息数据共4大本、346页

一次到北京出差，共享单车上的二维码给了李军很大启发，思路一下打开了。"为何不把这些'大数据'化整为零？把每一个点位上的数据生成二维码，做成标牌装上去！"

于是，他们将测量数据生成了二维码，制成了标牌。例如，高后果区（指管道泄漏后可能对公众和环境造成较大不良影响的区域）每一个点位都有近70项数据，神童也记不住。如果高后果区发生了险情，有了这个二维码，现场直接扫描就知道了一切情况，可以为抢险决策争取时间。

安装二维码标牌，让管道有了"身份证"，初步晋阶为智慧管道。不仅要苦干实干，也要巧干。这一举措让埋在地下的管道家底一目了然。

二维码标牌可以让企业管理人员和相关方更加及时、直观地了解地下管道的情况，也方便社会公众积极参与到管道保护中来。同时，还减少了企业在标识标牌方面的投入。

由于涩宁兰天然气管道沿线地势高耸，受高寒气候影响，温差大，管道标识物冻融风化强烈，极易损坏，喷涂的文字信息往往只能保留一两年时间，而二维码标牌每块成本8元左右，更易维护。

现在，德令哈输气站的管线总会对客人说："别小瞧了我，我也是有身份证的哦。"

从金牌选手到金牌教练

在西部管道公司 20 年的发展史上,能够在集团公司级的技能大赛中获得个人金牌,并培养出同样级别的个人和团体金牌的人屈指可数。乌鲁木齐输油气分公司乌鲁木齐作业区的陈静波是其中之一。

从金牌选手到金牌教练,陈静波的职业生涯外表上看是实打实的"金光闪闪"。但少有人知的是,这种看似开挂的人生,却是在专业不对口、师傅不在线的情况下,硬生生地靠自己不懈的勤学苦练夺来的。

2009 年,"西气东输"二线工程即将与中亚天然气管道相连通,并预计于 2011 年竣工向内地输送天然气。在这样的背景下,西部管道公司开始面向全国各地招录毕业生,不少渴望参加西部大开发的学子满怀热情前来助阵。

陈静波和 200 多名毕业生一起也来到了这里,开始了他不平凡的西气东输管道人的生活。

但要想成为一名优秀的技术人员,陈静波觉得只有学,继续学,在干中学,在学中干,才能持续提高自己。

2012 年,陈静波为自己争取来了一个参加分公司技能大赛的机会。在这种技能大赛中,获得参赛资格的选手要经过理论学习、实践操作等脱产集中培训,然后才能走上赛场。

为了提高比赛水平,相关单位都要聘请西部管道公司的行业高手前来授艺讲课。因此,经过这次大赛之后,陈静波认识到参加比赛是一个向各路高手系统学习各派"功法"的绝佳机会。自此,不管什么样的大赛,他都积极报名参加,不为获得奖金名次,只为学习提高自己。

在一段时间内,陈静波成了技能大赛"狂人",每逢大赛必来,每次培训都专心致志。就这样,陈静波从一名年轻选手一直赛成了富有经验的老选手,参赛成绩也一路飙升。后来,不少人看出了门道儿,这个陈静波不仅是来参赛,更主要的是来取经学艺。

2015—2018年，技艺不断提升的陈静波担任了乌鲁木齐作业区调度运行班班长，角色在变化责任却依旧，在这个最基本的生产单元里，他带领着调度班的所有员工精心地护航西二线、西三线的安全运行。

乌鲁木齐作业区位于天山脚下百里风区的大风口，受降雪和大风影响，开展日常工作挑战多。无论是调度台旁、办公桌前还是生产现场，无论是白天还是黑夜，上班时间还是休息时间，到处都有陈静波忙碌的身影。

在公司岗位作业标准化建设期间，陈静波结合自身岗位实际，以基础管理体系为主线，将适用的岗位体系文件进行梳理，删繁就简，修订了《作业指导手册》。

他与作业区员工根据厂家提供的设备资料，结合生产实际，编写了《西二线电驱压缩机启停机操作方法》《斯达锅炉启停

陈静波获得金牌的高光时刻

操作要点》《空压机组运行操作要点》《气液联动阀操作方法》等操作说明，将操作要点粘贴到设备本体上，在现场操作设备时候可以起到指导作用，尤其是在应急情况下有效避免了误操作。

此时的陈静波仍然不忘通过大赛继续学习与提高自己。2018年，油气管道专业职业技能竞赛拉开帷幕。作业区领导点名让经验丰富的陈静波随队出征。得到上级指示，陈静波这次的主要目标可不只是学习，而是一定要拿出自己的水平来。他知道，这种大赛四年一次，来之不易，自己的年龄渐长，下回能否继续参赛已经难说了。

他顺利地通过了预赛选拔阶段，随后32晋9，通过了9进6，最终代表分公司进入了由集团公司主导的集中培训、分批轮训、以干代练等环节。此间，他离开了家、离开了单位，在近乎全封闭的环境中去不断学习、不断训练，不断提高。他把每一次训练都当作一次考试，不断战胜自己，保持冷静的心态和应有的思考能力。

在决赛前夕，陈静波每天都在进行着"特种兵"式的训练。早上五公里的跑步加5组俯卧撑，上午两次截止阀拆装，下午超声波流量计拆装。训练的日子虽然过得苦，但他始终咬着牙坚持了下来。

"流血流汗不流泪，掉皮掉肉不掉队。"他知道，现在付出多一些，可能比赛来临时就会多一份胜算！最终，这次比赛在陈静波的人生留下了浓重的一笔，他如愿以偿地获得2018年油气管道专业职业技能竞赛输气工项目个人金牌。

此时，拥有十年职业生涯、众多技术革新成果、一枚集团公司级技能大赛金牌的陈静波，也已经从一个无处学艺的徒弟变成了年年带徒的师傅。自己学艺生涯与众不同，经验也自然十分独特。陈静波十分愿意分享给每一个跟他学习的人，他也深深理解那些刚入职员工渴望知识与技能的心理，愿意帮助他们渡过难关。

在这些学员中，王凯明是较为突出的一个。他是工作中与自己签订师徒协议的徒弟，也是在2022年国家管网集团举办首届技能大赛时的学员。双重师徒情，助力王凯明如愿获得了2022年国家管网集团技能大赛输气工金牌。而陈静波也实现了人生的一次飞跃，由金牌选手变成了金牌教练。

在金牌选手变成金牌教练的十余年里，陈静波的技能不断在提升，技术创新成果也在一项项地持续积累。此时的陈静波，已经是一位乌鲁木齐作业区里成就突出的"创新达人"。平时积累的技能与经验，也让他在关键时刻能够挺身而出，化险为夷。

2020年1月某天的凌晨4点，乌鲁木齐作业区突然传出震耳欲聋的轰鸣声，将大家从睡梦中惊醒。原来是站场内第三方企业配置的ESD紧急停车系统突然误触了急停功能，站场内的所有管线全部停止运行。

由于上游管线的天然气仍在倾泻而下，因此管线天然气进入放喷状态。多个放喷火炬以每小时100多万立方米的速度从西气东输管线向天空释放天然气，巨大的轰鸣声就是放喷天然气产生的。

此时，站场上值班的职位最高、技术能力最强的人就是陈静波。他毫不犹豫地成为这个抢险工作的领袖。

管线放喷不仅会损失巨量的天然气，而且会使下游用气中断，乌鲁木齐市百分之六十的用气来自于此，如果不能马上恢复供气，会影响西气东输二线、西气东输三线的运营，后果不堪设想。

ESD紧急停车系统是由第三方企业在站场设立的一种安全报警装备。该装备的急停功能可以在遇到危急时刻自动中止设备运行。但是，该设备由于线路老化等多种原因，却出现了诡异的误触急停现象，造成站场瞬间中断全部管线的运输。

平时积累了足够经验与技术能量的陈静波临危不乱，先是确定ESD系统由于线路老化等原因进入了误触发状态，并非站场上出现了管线安全事故；然后开始带领所有人员在零下二十多摄氏度的寒冷天气中，开始了长达三个小时的抢修奋战。

在这个过程中，最为艰难的任务是要去现场把分输保供设施逐个打开，把整个流程恢复正常。大大的站场内管线阀门众多，平时都是自动关停，但在ESD报警后，必须现场重新手动启动。

陈静波镇定自若，指挥王凯明等一众年轻人依次进行恢复工作。但是有一个干线阀门不知道什么原因，始终动无法打开。陈静波急中生智，将自己的鞋带抽出来，将阀上的电磁手阀捆住后，这才把管阀打开，开通了整个干线的运输流程。

他们用了三个多小时的时间，终于让管线恢复了供气。陈静波和大家一样，脸冻得红红的，手脚也被冻得肿了起来。

如果平时没有对阀门机械结构的足够了解和丰富的技能积累，哪会有什么急中生智？平时积累的技能与知识，才让他能够在这种关键时刻能够做到临危不乱，镇定自若地处理非常情况，也成就了他金牌教练的"开挂"人生。

陈静波通过持续学习和不懈努力，成为油气管道专业领域的杰出工匠和金牌教练。他用自己的经历诠释了工匠精神的内涵和价值，即不断学习、积累、挑战自我，以及追求卓越的职业态度。

从"小白"到"大咖"

"天上没鸟飞，地上不长草，风吹石头跑，氧气吃不饱。"这句话常常用来形容海拔高、缺氧气、生活条件艰苦的地区。

在乌鲁木齐东北部的天山脚下，也有这一样一片百里风区。在重重风力发电机包围圈里，就是西气东输二线、西气东输三线的重要节点和乌鲁木齐天然气保供的前沿阵地——乌鲁木齐输油气公司乌鲁木齐作业区。

作业区从成立的那天起，技术创新、安全维护抢等各个方面都涌现出许多成绩突出的人物。江山代有才人出，2018年，作业区来了一位年轻的90后，将人生的支点架在天山脚下。他就是英俊帅气的王凯明。

当这个小伙子第一次穿上工服工衣，望着远处的戈壁与天山，他暗下决心，要练就一身过硬的本事，在平凡的工作岗位上干出一点不平凡的事情来。

王凯明确实"运气好"，一来到乌鲁木齐作业区，在签订师徒协议的时候，就遇到了陈静波。这陈静波可不是一般的人物，他是2018年油气管道专业职业技能竞赛输气工项目个人金牌得主，是名副其实的金牌师傅。

此后，陈静波毫无保留地指导他，王凯明跟着金牌师傅孜孜不倦地学。耳濡目染，似乎找到了"捷径"的王凯明进步神速，在日常工作中解决与处理问题的能力很快就超过了同时来的很多人。

能力提升的同时，自信心也开始爆表。他很快就有了一个大胆的想法：要像师傅那样，即使当一名普通技术人员，也要当个响当当的金牌工匠。不过，此时的王凯明学到的只有冰山一角，更为复杂和艰深的技术他还没有真正地接触到。

这一天，他随着师傅们在现场开展压缩机维检修工作，王凯明默默退在一旁，观看师傅们紧张而有序地进行拆修作业。此时他才知道，万里学徒路，他刚走上起点，只是学了个皮毛而已。

陈静波看出了王凯明内心的波动，对他说："技术这个东西，永远是越学问题越多。你要是停下来也就没啥进步空间了，你要是迎难而上了也就上了一台阶了。压缩机看着是个庞然大物，但你只要有了技术，没有啥大不了的，你肯定能把它整服帖了。"

技术就是力量。王凯明这时心里才真正地弄清楚师傅获得"金牌"称号的分量，那是学来的、钻来的、拼来的，靠本事挣来的。靠小聪明、碰运气、找捷径并不能带来真正的进步。

捅破了一层窗户纸，此后的王凯明更加勤奋地投入到了业务学习之中。他经常主动放弃休假，成了金牌师傅的"小尾巴"，几乎全部时间用在了读书学习、钻研业务上。

为了方便在业余时间向师傅请教问题，王凯明在结婚后，还特意买了师傅家对门的房子，下班后仍然找时间向他请教问题。这也许就是"与贤者为邻，则其功业日进"吧。

在干中学也是师傅交给他的法宝。作业区不管有什么紧急情况，他都第一时间赶到现场；不管起到的作用大小，他都能够在处理问题的过程中，学习到攻克难关的方法与技能。

2019年，他参加了西部管道开展的为期3个月的生产技术服务中心导师带徒活动。面对这次千载难逢向技术高手学习的机会，他在三个月的时间里，放弃了全部个人假期，全程参与了压缩机组燃机16级叶片更换、压缩机组25K维修及公司首次开展的动力涡轮解体等作业。"这小子说话挺谦虚，可学习东西挺疯狂啊！"很多人说。

在白天的维修结束后，学员们陆续回到宿舍休息。王凯明知道自己并不是最聪明的那一个，在技术上依旧存在很多的短板。短哪补哪儿，为了能将白天学习到的技术要领消化于心，他迅速地将白天干活的每一个细节都记录下来，尤其是师傅们解决问题的方法记得更加细致。

日积月累，三个月的时间里，他就记了厚厚的一大本，形成了一份宝贵的技术资料集。这一页一页笔记、一行一行方块字，不仅见证了他的成长，也在日后成为许多同事学习压缩机的结构和原理的手册。

2020年，王凯明又相继参加了为期3个月的压缩机"体检回头看"活动，在本事蹭蹭见长的同时，也认识到了压缩机平稳运行对作业区安全生产的重要性，明白了压缩机体检工作是一项长期的工作，一两次的检修保养并不能一劳永逸。

此后，他开始独立地思考一些生产中的安全与规程上的问题。在翻阅工艺流程图过程中，他发现生产现场与图纸有出入。2020年10月，在师傅的鼓励下，他经过数日的努力，编写出了新捷分输及新燃分输双气源改造动火作业能量隔离操作票。

为了确保实际作业的安全可靠，在开展隔离作业时，他反复核对阀门编号与现场情况，察看作业过程，确保每一个管段、每一个阀腔都放空到位，每一条与动火点直连管段都置换合格后，他才放下心来。

2020年12月，他全程参与了乌鲁木齐压气站西三线1#压缩机主电机转子更换作业，通过亲身参与转子更换及动平衡调整，再次对压缩机主电机的结构有了更进一步了解，进一步明白了电机的原理、装配图。此间，他仍然保持着全程记录工作笔记的习惯，切实提高了自己的技能，为随时能够扛起机组运行重担做好了准备。

2021年，再次面对西二线、西三线7台压缩机组的"体检回头看"工作时，通过细致入微的努力，压缩机的稳定运行得到很大提升。2021年，全年的压缩机无故障运行时间明显增长，达到10000小时。

此时，王凯明已经担任了压缩机班班长，既从师傅那里继承了对压缩机的热爱，也学会了不骄不躁的工作作风。他不再是当初入职时的"小白"，而是已经能力得到认可的"大咖"。

压缩机班是作业区唯一的"90后"班组。王凯明作为一班之长，在日常工作中，大到压缩机组检修，小到一颗颗螺栓紧固，他都要和小伙伴们学在一起、干在一起。大家在一起碰到难题的时候，总会学着电视主持人的口吻突然在问："你看谁来了？"周围就有人回答："原来是班长来了。"

乌鲁木齐作业区不仅是西气东输二线和三线的主力站场，也是乌鲁木齐市天然气保供的重要力量。确保输油气压缩机组安全平稳运行是他的首要职责。

2022年冬季保供前，压缩机班成立了青年突击队，班长马上带头转型成了队长。

利用72小时窗口期，突击队员们完成4400多个端子更换工作，彻底消除了油雾分离器抱死、润滑油供油压力不足等隐患故障，保障压缩机平均无故障运行时间达到12525小时，比2021年同期提升了227%。冬供期间未发生一次非正常停机，向乌鲁木齐人民交上了一份属于西部管道青年的答卷。

"这个卷子给一百分。"师傅陈静波满意地说。

准备工作做好之后，在漫长的冬季还要一直保持机器设备的平稳运行，时刻不能放松。站场位于天山脚下百里风区，经常刮起十级大风，平常步行30分钟的路程在冰雪、寒风中却要走一个多小时。

他不惧寒冷，跑阀室、查管线，在零下二十几摄氏度的低温天气下坚持工作。在供气高峰期间，他与小伙伴们加密巡检频次，每隔两个小时巡检一次。王凯明知道，作业区设备的运行状态，关乎乌鲁木齐市区和西气东输沿线上成千上万家庭的温暖，时刻不能松懈。

工匠精神的传承，不仅是责任和义务，更是一种使命。陈静波常对他的徒弟这样讲："对工作要有一种情怀、一种执着和坚守，抱有一种责任。"王凯明牢记师傅教导，立下了"出手就出色，完成就完美"的志向。在他的字典里，没有"差不多"，只有"更完美"。这种追求在他首次参加技能大赛的过程中，体现得更加充分。

2022年，刚刚26岁的王凯明有幸参加了国家管网集团首届输气工职业技能竞赛。在分公司的选拔赛上，他的成绩名列倒数，这给了他很大的打击。陈静波以自己的亲身经历激励他说："不能认输，要坚持下去，要把它看成一个难得的学习过程，而不只是一个比拼成绩的机会。"

为了学习提升而战，王凯明重新披挂上阵，秉持着"一剑曾当百万师"的决心和毅力，开始了新一阶段的培训。

自六月份的预赛集训到九月份的比赛，历时四个月，西部管道公司通过集中培训、分批轮训、以干代练等措施，提升了参赛人员整体能力。跑操、学理论、练实操、上晚自习，120个集中学习的日日夜夜，输气工从预赛的32人再到决赛的6人团队，王凯明后来居上，成为参加决赛的一员。

比赛中的王凯明

在培训过程中，王凯明通过系统性学习和考试，完成了4个比赛项目知识的梳理、总结及个人心理素质的锻炼与提升。集训中期，公司组织专家团队赶赴兰州进行中期考核，为参赛选手找问题，抠细节，促提升。每个阶段的学习与培训都让王凯明受益匪浅。

在这次四年一次的大赛中，他最终成功斩获了输气工个人金牌和团体金牌，并荣获国家管网集团"2022年度集团公司技术能手"荣誉称号。至此，王凯明从最初调度运行岗位的懵懂初学者，到如今的油气管道专业职业技能竞赛金牌选手，成了名副其实的行业"大咖"。

这次参赛经历，在他的职业生涯上留下了浓重的一笔。但他知道，这份荣誉，对他今后漫长的职业生涯来说，只是一个小小的光亮点而已。从"小白"到"大咖"，从普通员工到压缩机组班长，他需要继续努力，不断提升个人技能，才能更好地为压缩机组平稳运行保驾护航。

在金牌师傅陈静波的培养下，王凯明不断提升技术水平，快速从压缩机操作新人成长为技术能手，并带领团队提升了压缩机平均无故障运行时间，确保了设备稳定运行，展现了师徒传承对于个人成长的重要性，以及持续学习与自我提升的价值。

王刚的匠心与神迹

在西部管道，提起生产技术服务中心的王刚，不同的人对他有不同的称呼：管网工匠、金牌教练、高级技师、劳动模范等，都是比较常用的称谓。不管别的人如何称呼他，王刚自己总是说："我的名字叫王刚，就是一个普通管道人而已。"

作为西部管网上的一名技术人员，每天都是和各种泵、各种管、各种压缩机打交道，这样的人在西部地区数以几万计。在平凡的岗位上，王刚获得了两项国家专利、二十余项获奖技术革新成果、发表专业论文十余篇。

参加工作30余年，取得的成绩与荣誉堪称"豪华"，但他的起点并不高。1991年，刚满20岁的王刚从一所普通的大学毕业，在基层车间一干就是20多年，因此，这份豪华的成绩单是厚积薄发的结果。

王刚崭露头角是在参加工作十年后，在最普通的岗位练成了过硬的本领，并连续两届获得西部管道公司技能大赛钳工第一名，才为大家所知。

后来，他又多次代表公司参加全国级技能竞赛，并于2005年获得集团公司与共青团中央举办的技能竞赛机泵维修钳工银奖。

"作为一名技能操作工人，只有坚持不懈的学习和持之以恒的实践，才能保证自己不掉队。"这是2005年王刚调入生产技术服务中心后，在笔记本第一页最显眼的位置写下的一段话。

这是对自己的鼓励，更是在面向未来时的自我警醒。

王刚在赛场上过关斩将，在工作中也逐渐成为解决问题的能手。2014年9月，西二线玛纳斯压气站2#机组压缩机驱动端径向轴振在启机通过临界转速时，振动超过停机保护值而触发保护，无法启动。一旦停机超过一定时间，就会严重影响生产，给国家造成较大的经济损失，且会影响下游天然气的保供。

常规办法虽然可以解决跳机问题，但振动高的问题依然存在。为彻底解决这个问题，王刚提出通过增加转子配重的方法，现场进行动平衡调整，使转子不平衡量降低，从而降低机组整体的振动水平。

王刚带领团队克服缺少技术资料、动平衡测试仪，以及压缩机转子上没有设计配重盘等诸多困难，凭借多年积累的经验，利用机组现有的振动监测系统采数据集重新计算，最终在不拆解压缩机转子的情况下对转子动平衡进行调整，通过联轴器加配重片调整配重，仅计算了一次，启机后机组振动值由以前的70多微米降低到30微米至40微米之间。

如果说王刚在公司和集团公司的技能竞赛上屡创佳绩，只是让人们刮目相看的话，此次在生产上提出解决问题的方案则有些不鸣则已、一鸣惊人的味道，现场人员惊叹此次操作为"神迹"。

但是，多年的技术积累让王刚表演的"神迹"仍然在继续。2018年10月7日，西二线霍尔果斯压气站2#机组燃气发生器振动偏高，无法正常运行。

冬季保供即将临近，已经没有时间允许送检。面对又一高难度挑战，王刚带领中心技术团队根据燃机振动值变化趋势，详细分析，计算配重块的位置和重量。

经过三次调整测试后，振动值降低到完全满足机组满负荷运行要求，这项长期困扰压缩机组安全平稳运行的难题得以彻底解决，创下了管道行业同类型燃气发生器现场动平衡的第一次。

从攻关学员到带徒师傅，王刚在2018年在"油气管道专业职业技能竞赛"中，因为所带学员获得了金牌，被集团公司授予"金牌教练"的称号。

2019年8月7日至9日，在哈萨克斯坦举办第二届"行业标兵"国际职业技能竞赛中，因成绩优异，被竞赛委员会给予"专业技能值得敬佩，完成了无法完成的任务"的高度评价……

此时的王刚，已经成了生产技术服务中心的一名老师傅，是名副其实的管网行业的顶尖工匠。顶尖工匠，必有一丝不苟、洞观细致的匠心，才能创造出巧夺天工的精品。

2018年7月轮南2#压缩机组因振动高跳机。王刚通过远程监视平台数据分析得出：跳机原因是转子平衡破坏，可能有异物吸入或叶轮掉块。

故障类型直接影响后续处理方案的制订。如果是叶轮掉块或异物卡在叶轮中，就必须对压缩机抽芯大修；如果是异物吸入只需要拆除进口短节就能处理。但如果判断失误，不但要浪费大量的财力、物力，而且会延长检修周期，直接影响输气量。

面对压力，他没有退缩，通过设备数字化仿真模拟技术，模拟异物进入压缩机后在不同部位对转子的影响，再根据振动频谱的细微变化反复比对，最终得出是异物对叶轮进行了冲击但未进入流道的结论。

但是，作业区人员从入口引压管孔探检查并未发现异物，会不会判断失误呢？

"应该在入口导叶背面！"王刚坚持着自己的判断，并在三维图上标记异物存在区域。待拆除入口短节，在入口导叶背面发现异物，与他标注位置完全一致，现场人员都对他竖起了大拇指。

近年来，随着公司压缩机组运行时间的持续增长，各种疑难故障也逐渐凸显，如何让压缩机组高标准高质量运行成为困扰生产技术服务中心的一块"心病"。工匠，必尽工匠之责，而攻克国外设备技术"卡脖子"的难题就是重要责任之一。

2020年3月，吐鲁番压气站国产电驱2#机组，在更换励磁机整流盘上二极管后，启机出现振动高报，无法正常启动。如果请厂家处理至少需要一个月，而且服务费、差旅费等需要三十万之多。

听到这个消息后，王刚主动请缨，开始进行攻关。通过分析发现，挠性转子必须采用多面平衡技术，常规的单面现场动平衡几乎没有效果。

他开始细致地分析每一个可能性，剖析故障产生的原因，终于圆满完成了双面现场动平衡调试，实现了大功率变频电机多面现场动平衡零的突破，为公司节省了高额的服务费用。

2021年11月，在广州分输压气站正常停机过程中，发现2#压缩机组主电机轴振动、励磁机轴振动均偏高。正值冬季保供的关键时刻，分公司立即与电机厂家、压缩机厂家对2#机组各部件及辅助系统进行深入排查和测试，但故障依然没有消除。

管网公司再次协调廊坊压检中心、西气东输和电机厂家组成动平衡调试小组，西部管道生产技术服务中心以王刚为首的技术团队抵达现场协助处理。此次检修，让公司的技术服务再一次"走了出去"。

调试小组三天经过十几次调试，将振动值降至300微米左右后，无法继续降低。当天作业完成刚返回宾馆，王刚接到广东运维中心打来的电话："再给你们一次机会，想不想试一试？"

"我们立刻回现场。"王刚毫不犹豫地答道。

这次出征代表的是西部管道，面对的是一场硬仗。早有心理准备的王刚已经观察到，由于每次启机测试的数据由厂家接入数据采集器，不对外提供，唯一对外的只有一个显示器滚动数据窗口。现场抄数根本来不及，只能依靠站场操作人员使用防爆手机对着屏幕录像。

他拿着录像反复观看关键数据，在脑子里构建空间模型，寻找振动变化规律。经过多次计算和反复调整，第一次启动振动值就降到200微米以下，初见效果。

"太好了！再给你们一次机会看能不能再降点？"厂家又提出了期望。

解决问题的方向正确，继续深化战果就存在极大的可能。接下来的第二次调整后启机测试，振动值达到了85微米左右！前后不到三个小时，他就使电机运行状态优于同工况下的1#机组，问题彻底解决了。

择一事，终一生。三十余载的匠心坚守，使王刚在工作中练就了极强的应变和解决技术难题的能力，出色地完成了一项项高难度故障处理。执着专注、精益求精、一丝不苟、追求卓越的"工匠精神"，在他的身上体现得淋漓尽致。

但是，在人们喊他管网工匠、金牌教练的时候，他还是说："千万不要这样说，因为我只是一个普通西部管道人而已。"

王刚的故事，是匠心与智慧的赞歌，激励无数人追求卓越，他如园丁般默默耕耘，推动管网技术不断前行。

薪火相传师徒情

  1999年春天，丁伟在大学毕业后，经过短暂的油气运输课程的培训，就在沥沥的细雨中踏上了西去的列车。当列车驶出北京站时，他忽然认识到，自己的人生将进入一个新的阶段，工作和生活都将发生一系列难以预料的变化。

  列车一路向西而去。当他看到了窗外西部边疆那干涸、荒凉、没有一寸植被的戈壁滩时，出发前夜内心中满满的兴奋荡然无存。一缕离家的愁绪和对未来的担忧，随着列车有规律的摇动声，渐渐地占据了他的内心。

  两天后，列车缓缓驶入鄯善火车站。走下列车，他看到小小的火车站上除了同来报到的同事和站台叫卖小吃的商贩外，了无几人。

  接站的人把他们带到了鄯善管道公寓。那是一栋在当地算得上十分不错的多层建筑。在这里短暂地吃饭、休息后，他和大家一起又乘坐大客车前往库尔勒，那里才是他此行的终点。

  车窗外茫茫的戈壁使他再次陷入了迷茫。

  "到了，下车了！"司机的叫喊声把他惊醒。放眼望去，窗外一片漆黑。他不知道睡了多久。揉了揉惺忪的睡眼，看了下手表，天啊！快十点了，他惊讶于自己居然又睡了近5个小时。

  下了车才看清楚，落脚地是一个部队的院落。虽然接待工作餐很丰盛，但他丝毫没有胃口，三天的旅途劳顿让他顾不得肚子的问题，草草吃了几口就睡了。

  第二天早上，起床号和军人出早操的口号声把他从睡梦中唤醒——原来这里真的是部队大院。他们落脚是地方叫巴州军分区，因为库尔勒管道公寓住房比较紧张，才暂时住在了这里。

  当时正值初春，街道上五颜六色的服饰和宽阔整洁的马路让他觉得恍然如梦。新疆，就这样出其不意地出现在了他的生活之中，再也无法分开。

接下来是三级入站教育，考试通过后他终于走进了期盼已久的输油站场。庄严矗立的储油罐、轰鸣的输油泵、错落有致的各种涂色管线，让他知道今后工作中要学习的东西还很多。

丁伟被分配到了维修班，从事焊接工作。这对于他来说，是一个以前没有接触过的专业。师傅姓胡，大家都说："丁伟，你摊上了一个好师傅，他可是咱们这里的'Number 1'。"

但是，好师傅却碰上了不争气的徒弟，一个多月的实习下来，对焊接工艺略知一二的丁伟却打起了退堂鼓，他认识到自己根本不是从事焊接维修的料。

上岗考试的前夜，胡师傅为他打磨了一截377毫米管道的坡口。望着师傅蹲在地上专心的样子，丁伟心里很不是滋味。学了多年储运的他知道，自己很难考过去，因为焊接大口径管道技术不是一个多月就能练出来的。

最终的结果和预期的一样，丁伟没有获得上岗资格。主管工程施工和管道的副经理生气地说道："就这水平，我连焊工检测尺都没上就知道不行！他怎么可以在管道行业的维修部门工作？这样的人我们不能用！"

晚上，丁伟躺床上想着盘算着第二天如何面对同一起进疆的同事告别，如何厚着脸回去和父母交代。最后，他安慰自己：睡吧，好坏明天再说……

由于焊接考试没有通过，站领导找他谈心，让他回北京的原单位报到。这一刻，丁伟突然内心除了羞愧之外，还有一丝淡淡的不舍。毕竟，建设祖国西部边疆的热情，也曾在他的胸中燃烧过。他缺少的不是热情，而是合适的位置。

就在他收拾行囊准备离去的时候，库尔勒原油站站长李江却找到了他说："考虑到你所学专业是储运专业，建议你转岗去从事输油调度。如果愿意的话，我可以推荐和安排。"

有机会能在这里重新选择工作岗位，避免灰头土脸地回去面对无法向家人和原劳务派遣单位领导交代的尴尬，对西部开发热情依旧的丁伟没有过多考虑，就欣然接受了站长李江的建议。

丁伟在库尔勒原油站的师傅，是1998年大学毕业参加工作的黄一勇。丁伟和这个行业中不得了的大咖的初次见面，是在原油站调度室。这个山东汉子一脸平易近人的微笑，让丁伟紧张的心情缓解了很多。

黄师傅丝毫没有对他的过去表现出一点质疑的神色，反而一再鼓励他从此以后好好学艺，有一个吃饭的本事。

丁伟告诫自己，以后就要跟着新师傅在新的岗位学习和工作了，一定要争气，没有上岗资格的悲剧不能重演。

干长输管道焊接不行，但是在调度岗位，丁伟在黄师傅的悉心帮助和带领下，却成长得很快。从简单的工艺流程图到复杂的设备设施系统，学得十分顺利。一个月后，信心满满的丁伟顺利地通过了调度副岗上岗考试。

当他将这一消息告诉黄师傅时，却没有看到一丝喜悦的心情，而是平淡地说："这仅仅是调度副岗的上岗考试，通过是应当的。你需要学习和掌握的东西还多着呢。"

那一刻，丁伟才知道通过上岗考试虽然代表着一个月的辛勤努力没有白白付出，但也只是在这个岗位上找到了起点而已，还需要在以后的工作中继续努力，去学习更多的技能，才能成为一个优秀的调度岗员工。

上岗后的初期，丁伟并不在黄一勇师傅担任调度主岗班组。但黄师傅却对他说："不管在哪个岗，不管和谁学习，都要虚心地学，都要不满足于副岗的现状，要争取当上调度主岗！"

"调度主岗？这个我完全没有考虑过，能上副岗我已经很满意了。"丁伟脱口而出，说完他自己也有点后悔了。

师傅望着他许久后才说："你这么年轻，接受新的知识快，为什么不能趁年轻多学点东西充实和提升下自己呢？"

一股羞愧感油然而生。丁伟回答师傅说："我会努力的，您放心。"

接下来，黄师傅休假一个月。假期归来，丁伟开始跟着黄师傅的班。调度主岗需要掌握的知识比较全面，不仅是输油气工艺、设备管理，还有基本的电气、仪表、消防等相关知识。

不管上班还是下班，只要得空，他就虚心向黄师傅请教。黄师傅十分耐心，遇到他难以理解的知识点，经常用画图的方式不厌其烦地讲解很多遍，直至他弄明白为止。

功夫不负有心人，在半年后的主岗选拔中，12个人参加了考试，丁伟从中脱颖而出，如愿成为一名调度主岗。他也是西部管道塔里木输油气分公司最年轻的调度主岗员工之一，那是2000年。

丁伟成为调度主岗后，黄师傅就从调度岗位上下来，开始担任工艺运行主管工程师，他对丁伟的要求比以前更加严格了。

很多次黄师傅教导他说："作为一名合格的调度主岗，要严格要求自己。对于运行工况的每一次细微变化都要认真分析、比对，找出其中问题所在，没有无缘无故变化的运行工况。调度工作除了不断地学习外，更重要的是那份坐得住、守得住的责任心！"

师傅关于责任心的话语重心长，为丁伟今后的工作和学习找到了坚实的坐标。

随后的多年间，丁伟也当了师傅。时至今日，他已经记不清带了多少个徒弟。对于他们的要求，他和黄师傅一样，心中始终有一个坐标伫立在那里，那就是永不忘记的责任心。

多年以来，丁伟带出来的调度主岗、调度副岗一直源源不断的充实着塔里木输油气分公司的输油气调度岗位，为西气东输、西油东送尽到了一份责任。丁伟也从一名考试不合格的焊工到调度副岗、主岗、调度班长，一步步走来，一点点地从一个愣头愣脑的小伙子蜕变为成熟稳重的中年人。

调度工作看似平淡无味，日复一日、年复一年地倒班，工作中也不可能干出惊天动地的大事，但能保证输油气管线平稳运行就是他们最成功的事业。

通过对异常运行工况的分析和参数比对，找到导致产生异常工况的原因；及时发现运行参数异常，通过调整运行参数使得输油气管线恢复平稳运行；排除和确定输油管线打孔盗油点,保证了国家管网的正常运行……他的年华,一直在平淡却不平凡的岁月中度过。

丁伟在工作中逐渐摸索出很多独有的工作经验和技巧,他都毫无保留地传给自己带过的徒弟,再由他们传给他们的徒弟。例如,在管线工艺处置过程中,进行氮气反推轻管球时,他用手持设备结合多年的经验,会精准地确定轻管球在管线中的位置,误差不超过 20 厘米。

薪火相传,多种技艺在"传帮带"的传统中,一直在塔里木输油气公司延续。

2020 年,由于工作需要,丁伟从输油气调度转岗到了管道管理,他又开始了新的知识与技能的学习。黄师傅告诫他不能忘记的责任心依然是他工作的坐标,一直沿着管线陪伴他向前延伸。

在丁伟的成长路上,师傅为他打磨棱角,树立标杆,他学到的不仅有工作经验和业务技能,还有守护油气管道平稳运行的责任。在二十余年的时间里,丁伟不断延续"传帮带"精神,让"永不忘记的责任心",在管网人心中生根发芽长成参天大树。

计量班里的"女人花"

甘肃输油气分公司兰州作业区承担着西部管网 75% 的输油任务，服务于 15 家上下游单位，肩负着 10 余个省市油品保供重任。可以说是我国西部油气能源战略通道西油东送的核心枢纽。

在兰州作业区综合办公楼上写着一句只有 15 个字的口号："创建窗口站，守好储备库，呵护母亲河。"保障西油东送通道畅通无阻，呵护母亲河这样重大的任务，作业区男子汉自然责无旁贷，不过"女人花"们也独有风采。

计量班里的"女人花"

综合计量班就是以女员工为主的班组。2019 年 9 月 25 日，计量班突然接到上级通知，要在正式转入国家管网队之前，做好资产划转和清算。

作业区有 22 座储罐，每具储罐油品的高度、温度、体积量、纯油量、密度、含水率、油品比例及单一油品量和罐底油泥含量等所有数据的采集和计算，按照正常工作量至少需要 7 天。但是，上级部门给这些她们的时间却只有两天。

"两天？这能干完吗？不成不成！"消息一出，计量班的"女人花"们立刻炸了锅，各种不可能的质疑充斥在班内，从办公室到公寓一片的叫苦连天。

"按照正常是不可能，但这是我们在'国家队'的首次亮相，必须把不可能变成可能！"计量班负责人杨春花的自信缘于实力，因为她们是国家级"质量信得过班组"称号获得者，这样的荣誉绝非浪得虚名。

杨春花的话激起了员工的好胜心。说干就干！16位员工兵分三路开启了"白+黑"工作模式。三人负责计量，三人负责化验，剩余的十人每两人一组负责完成所有上罐检尺、测温、取样的操作。

每个储罐都有25米多高，普通人空手爬上爬下来那么几回，也会头晕目眩。况且上去取样并非空手来去，而是要背负近20斤重的计量工器具箱，再加上取样瓶，装满样品后每只为两斤，每次操作要取三大瓶，总计一次背负重量为26斤。

这样的高度，这样的重量，就算是男职工也有点小喘！可是计量班的女员工们硬是扛了下来。有人问怎么做到的，答案是女人身子轻，上高有优势。

为了保证每组数据的连贯性、准确性，班组中的每朵"花"都独立负责7个储罐的计算。计算完自己数据后，还要检查另外两人的数据，相当于每个人都要将所有储罐参数算一遍。

在这两天的时间里，计量办公室里除了计算器的按键声就是笔头与纸张的摩擦声，交织而成一首"女人花"的旋律。

就这样，大家连轴运转了48小时，终于在29日上午8点完成了所有储罐的清算。那一刻，"女人花"套用了相声中说的那句名言："我骄傲！"

但是，她们与储罐的较量并没有结束。2021年初，也就是在进入"国家队"之前，兰州作业区发起了一项"严把安全关卡，整治低老坏"主题活动。作业区98名员工被分为22个小组，要清理所有储罐罐顶浮盘。这在兰州作业区还是头一遭。

罐顶浮盘清理不是一件简单的任务。25米高的大罐扶梯是以60°倾角安装的，爬上罐顶已经相当消耗体力。再加上当时大部分储罐都是低液位运行，罐顶到浮盘的扶梯倾角已经超过了75°，处于近乎直立状态，上下行走十分困难，危险系数也比较高。

除了爬到浮盘的不易外，罐表开裂的漆皮也很麻烦。因为要在罐顶作业，没有当时没有铜铲这种防爆工器具可用，只能用手一点一点将裂开的漆皮扣下来，她们每个人的手弄破了皮。

三月中旬的兰州天气还是很冷的，大家裹着厚重的工服趴在浮盘上，一干就是一天，还真是有点面朝黄土，背朝天的滋味。讲到这里，这项工作并未接近尾声，重头戏才刚刚开始——如何将清理的九十多袋垃圾从浮盘运送下来送到集中点。

叉车无法行驶到罐顶，租用超大吊车费用昂贵……大家只能采用最原始的方式——手提肩扛。三十多斤的袋子，她们两两合作，共同抬起一个袋子，从浮盘爬到罐顶，再从罐顶爬下来。每次至少耗时四十分钟。而这些动作大家在一天之内已经记不清重复了几次。

一周的浮盘清理活动把大家都折腾得筋疲力尽。但大家的心里却很敞亮，三百多斤的垃圾运走了，也运走了安全隐患，换来了设备的本质安全，也让这些"女人花"和焕然一新的作业区一起，以新的面貌进入了"国家队"，再苦再累都值！

"女人花"们的故事不仅是对个人奋斗的赞美，更是对团队精神和集体荣誉的颂扬。在未来的日子里，这些"女人花"们定能绽放出更加绚烂的光彩。

动火专业户的一次抢险

2021年11月23日下午，伴随着一阵急促的警报声响起，酒泉输油气分公司酒泉维抢修中心院内全体人员立即赶到紧急集合点，已经全副武装的雪会斌眉头紧锁来回走动着。

"接上级通知，西三线一段管线旁边水流中有气泡，检测出天然气含量，疑似管道泄漏……"在通报了事件情况后，雪会斌简明扼要却又条理清晰地下达了一连串抢险指令。

抽排水、应急照明、断管、焊接等抢修设备和B型套筒、管帽、高压夹具、换管等抢险备件装车完毕，全体队员立刻闻讯而动。

在赶赴现场的路上，伴随着情况未知的焦急，雪会斌一边默念着什么，一边记录着什么。手中的电话停了又响，响了又停，一会儿询问抢修车辆行进是否顺利，一会儿协调应急物资准备是否充足到位，一会儿又与作业区对接现场情况……

从酒泉到抢险现场，近三个小时车程，他一刻也不敢放下电话，只抢险做万全的准备。

24日凌晨，夜幕沉沉，在这个冬日，湿地的环境显得越发阴冷，人员、设备、物资、车辆陆续到达现场。车辆还没停稳，雪会斌就已经开始用对讲机部署现场工作了。

他下了车，迅速把现场摸排了一遍，查明现场情况。凭借多年的抢修经验，他将抢险队员分成两组，一组负责抢修设备卸车，另一组负责搭建现场应急照明设施和抽排水。

沼泽地泥泞湿滑，一阵阵寒气卷袭而来，黑夜中只有抢修灯具发出一抹亮光。

在这样的条件下，雪会斌一再叮嘱抽排水任务要按时按点完成，人员和设备要全程保障安全。整整一晚上的忙碌中，除了分配任务，盯住人、盯住设备，加上协调和安抚，没有多余的言语。

经过两天一晚的不懈奋战，管道泄漏点终于得到确认，11月25日下午，应急抢险换管作业也随之正式开始，这也是雪会斌和他的维抢铁军队伍再次接受检验的时刻。

"没有压力不可能，这么多领导、这么多员工，还有相关方人员都在关注着，我们得顶得住，而且我相信我们的员工一定能行。"话虽如此，他在现场一刻也不敢马虎。湿地环境特殊，设备的吊装和摆放是他面前的第一道考验。

他有条不紊地安排管工进行切管设备调试安装、电工接地配电，作业现场各项工作开展井然有序。

由于夜间照明范围有限，在抬抽水泵时，他不小心掉进了泥坑，泥水灌了他满满一鞋，裤腿也从里到外湿透了。这时候他反倒略显腼腆地笑了，拖着湿透的工鞋来回奔走，整整奋战了一夜。直到第二天，现场作业人员发现后，他才利用间隙重新换了工鞋。

在抢险前期，为了顺利开展换管作业，他妥善安排队员进行轮流休息，自己却始终坚守在现场。他不仅是中心的指挥员，更是员工们的老大哥，像一台不知疲倦的机器连轴运作，快速判断、思考、决策，从他在对讲机前的对话里都能听得出来。

"雪主任，作业坑下面又需要排水了""雪主任，我们需要些抹布，能不能协调一些"……他就这样连续奋战了48个小时，处理一个又一个难题，没有一刻的休息。

在焊接阶段，由于管道应力、管口椭圆度偏差较大等因素的影响，管道下游侧左边焊口仰焊45°位置焊缝坡口角度、间隙较小，加之由于湿地段管道下沉，导致作业空间不足。

为避免这些不利因素影响焊接质量，雪会斌亲自爬到管底，详细查看情况，结合现场实际组织焊工讨论后，制订了焊接方案，确保了焊接质量。最终，在他的带领下，维抢铁军历经28个小时，以高质量完成了切管、组对、焊接任务。

从积水抽排到管道水泥压块调离，从泄漏点查找到应急照明保障，从管道切割下料到管口加热和管道焊接，即便是抢修收尾工作，他也一直参与其中，始终是队员们坚强的战友。

恶劣的环境，寒冷的天气，紧张的作业节奏，队员们多少有点忙乱。他一直在他们身边加油鼓劲，细心安抚，协调配合，共同克服作业过程中遇到的一个又一个困难，直到作业全部完成。这时候，才见他真正地松了一口气，露出了欣慰的笑容。

回到中心驻地，他带领全体员工深入学习并总结此次动火经验。在接下来的工作中，他不断在已有动火作业经验上总结和提升，每一次都力求提升一点点，在此基础之上，他成功地组织开展了一次又一次动火作业。

这些年来，在他的组织下，开展特级动火 10 次，一级动火 4 次，并跨区域完成兰州分公司湖东压气站绝缘接头更换动火作业，全部焊缝一次性检测合格。

很多人戏称他是"动火专业户"。他那饱经风霜的脸上总是微微一笑，有人夸赞他的团队技术过硬，他也总是回应着一句："还行。"

"一毫米"内责任大

在西部管道,有一个和"一毫米"有关的故事,从时间上来说,可能有些短;从空间上来说,可能有些小,但所涉及的责任却十分重大。

王家沟作业区的施晶,于2008年来到西部管道公司王家沟作业区油库计量班工作。到这里不久,就和张银军师傅签订了师徒协议。

张银军为人和善,对谁都是笑眯眯的,由于在家排行老六,大家都亲切地叫他"小六子"。"小六子"师傅从事计量工作十几年,是王家沟通油品计量方面的"大拿"。

王家沟油库是集管道、铁路运输为一体的综合性油库,当时共有9座5万立方米储罐,是新疆北部地区成品油、原油和哈萨克斯坦进口原油的重要集散场所,是国家能源战略的重要枢纽。此外,油库还肩负着乌鲁木齐市"煤改气"项目天然气的供应。

2010年的冬天特别冷,乌鲁木齐市最低气温接近零下30摄氏度,油库储罐扶梯上结了厚厚的一层冰。站在20米高的罐顶,面对冷风袭来时,施晶感到整个人都感觉快要冻僵了。

"小六子"师傅考虑到施晶是个女同志,每次和她搭班时,都会把她留在办公室里值班,自己上罐进行计量操作。

按照交接规程,一次计量交接大概在一个小时左右。可是,这一天,"小六子"师傅早上一上班就赶去交接,直到临近上午下班还没有回来。施晶十分担心,就急忙从办公室出来,赶到现场去查看。

走近油库,她远远地看到师傅还站在大罐上检尺。在零下28摄氏度的气温下,师傅已经在罐顶待了将近4个小时。

施晶走到近前,"小六子"师傅刚好完成了工作任务,拖着疲惫的身体走下罐梯。施晶看到师傅的眉毛上结了厚厚的一层霜,嘴巴呼出的热气也在棉帽边上凝结了一层冰晶。施晶眼圈一热,眼泪禁不住在眼圈里打转。

"师傅,大冷天的,为啥这么长时间?"她问。

"为了一毫米！""小六子"笑了笑说道。

"为一毫米？你冻这么久？不会吧？"施晶吃惊地问。

"是真的！就一毫米。""小六子"笑着说。

施晶又继续问下去以，才知道情况确实如此。原来，油品计量检尺时，通常在油罐液位上会有一毫米的误差。这一毫米虽小，但却能造成较大的损失。为了消除这一毫米，"小六子"师傅站在罐上反复计量检尺达9次之多，终于确定了准确数值。

"为了这一毫米冻成这样，你值得吗？"施晶心疼地问。

"值得，守住一毫米就是守住咱们油库人的底线！""小六子"庄严地说。

在很多人看来，不管是衡量什么东西，一毫米都是微不足道的误差。但是，在西部管道公司的油库油品计量工作中，液位相差一毫米却有可能给公司造成很大的经济损失。

例如，以油库5万立方米的储罐计算，1毫米换算下来大概就是2800升成品油。按照普通家庭的小轿车百公里耗油10升计算，"1毫米"的油可以让车辆奔跑28000公里，相当于从南极到北极跑个来回还有富余。

液位相差1毫米，温度相差0.1摄氏度，密度相差0.1千克/立方米，对于油库内的巨型储罐来说，都会产生较大的影响。

在20米的高空，顶着寒风一次次地重复计量就为了消除"一毫米"的误差，"小六子"师傅是大家的工作榜样，而他留给计量员的"较真一分一毫，确保分毫不差"的"一毫米"精神，也在王家沟油库一代代的油田计量员身上传承了下来。

对于王家沟油库而言，"一毫米"不再代表数量，而是精益求精的工作理念，是脚踏实地的工作态度，是严谨细致的工作作风，是爱岗敬业的奉献精神。

不多不少的"一毫米"，在丈量油罐油品的同时，也在丈量计量人员所肩负的责任和人生高度。

计量员"小六子"为精确计量油品，在严寒中反复检尺以消除油品计量中"一毫米"的误差，再现了计量人员精益求精、严谨细致、追求卓越的工作态度。将激励各岗位员工秉承"一毫米"精神，坚守岗位，尽职尽责。

有一种奉献，与 红柳 同在

"高光"的青春时代

三百六十行，行行出状元。这个故事的主人公是西部管道公司项目建设行当里的青年才俊胥杰。他不但人长得白净帅气，工作中也是数一数二的"将才"。

胥杰是工程项目管理部技术部副部长，2007年毕业于西南石油大学油气储运工程专业。"只有将个人的发展融入国家管网的发展之中，才能真正实现人生价值。"这种工作目标帮助他塑造了"高光"的青春时代。

自参加工作以来，胥杰一直从事油田地面建设、长输管道等油气储运项目设计和工程项目管理工作。坚持业务学习，是他一直没有放弃的事情。在他随身携带的背包里，总能看到几本不同的书籍和工作日志。胥杰说："抽空就随看随翻，可以高效利用碎片化时间学习，随时掌握工作情况。"

胥杰人虽年轻，却是一个老管道人。他先后参与了西气东输二线工程、独乌鄯原油管道工程、西部管道克乌成品油管道复线工程、西部管道王家沟—乌石化原油管道工程、西部管道乌石化—王家沟成品油管道复线工程和新疆油田公司呼图壁储气库工程等多项工程项目的设计、协调工作。

他还先后负责了伊宁—霍尔果斯输气管道工程、独山子分公司基地建设工程、西二线霍尔果斯维抢修队基地工程和西二线独山子维抢修中心基地工程等十余个项目的前期管理工作。

在工程项目的设计和管理过程中，他积累了大量的工程设计和管理经验。为了发挥好设计的"龙头"作用，他主动承担现场踏勘和与设计对接等工作。他常在减压装置的管廊和框架上爬上爬下，确认每台阀门、每个支架的具体位置。他也经常抱着图纸和各类规范，熟练地指出设计缺陷。对于工艺流程，从哪台泵出来到哪台设备中止，哪条管线的节流装置更优化，他如数家珍。跟他一起工作多年的高级工程师金立果佩服地说："专业就是专业，常减压工艺流程你比我还熟悉。"

立足项目实际，做勇于创新的标兵。在日常工作中，他立足项目建设实际，勇于开拓创新，干就干好，从不打一丝折扣。

他主要负责工程项目的前期设计管理工作，认真组织公司委托的建设项目前期调研、可行性研究和初步设计编制工作，参与建设项目前期方案论证、项目建议书编制、可行性研究工作，负责签订可行性研究和初步设计合同，负责施工现场的设计管理工作，负责竣工资料中项目前期资料归档，负责完成与技术部相关的HSE、科技推广等工作。

工作节点环环相扣，他清楚地认识到只有熟悉设计工作的每项步骤，各个阶段需要把握控制的要点，才能对工程项目的各单体设计方案、总体技术路线、投资等有清晰的认识。

他深知，一分部署，九分落实。干工作没有捷径可走，只有勤奋和努力。他创新工作方法，将所学的专业理论知识和工作历练所积累的工程设计与工程项目前期管理充分结合，形成了一套较为清晰完整的工作思路。

工程项目前期管理工作不仅仅是一种对脑力的考验，更是考验一个人的沟通协调能力，一个项目下来，不仅对自己所从事的专业知识有了更深一步的认识，同时对其他辅助专业的知识也有所了解。

他时刻思考"以往的办法是否有效"，时刻谋求"更好的办法是否存在"。干工作必须找到正确的方式方法，他与同志们一道，对标工作计划和执行情况，结合一周内需要准备的技术工作，积极协调解决技术质量问题。他注重专项培训，通过"传帮带"的方式，打造项目管理专家型团队，建设平安绿色精品工程。

发扬"四千"精神，做爱岗敬业模范。他认为："干好项目，就要真正做到走遍千山万水，吃尽千辛万苦，说尽千言万语，想尽千方百计。"作为项目负责人，他注重培养自己过硬的政治素质和良好的职业素养。

多年来，他先后获得了公司工程项目建设先进个人、劳动竞赛先进个人、项目管理先进个人以及西二线轮吐增输工程优秀设计一等奖、王家沟—乌石化原油管道工程优秀勘察设计咨询一等奖，以及电驱压缩机冷却方案优化技术革新奖等多项荣誉。

胥杰同志在平凡的工作岗位上，踏实工作，默默耕耘，用自己的智慧和汗水，诠释着新时代工程建设者爱岗敬业、无私奉献、积极进取的职业品格。

在平凡岗位上打开一扇非凡的大门

提起马兰作业区四道班压气站的黄辉,他在站里年纪不是很大、工作时间也不是最长、长得也不是很帅、学历也不是很高,但是若论起学习能力、岗位技能和创新精神,却在站里名列前茅。

有奖为证:参加工作的第十年获得集团公司"十大杰出青年"荣誉称号,主持并参与压缩机单向阀内漏监测与反转预警获得集团公司"青年创新金种子"表彰,连续6年荣获分公司"先进个人",连续4年获分公司"安全生产先进个人",三次被评为"优秀党员"称号。黄辉真是一个看着普通但确实不平凡的人。

黄辉在紧固压力表

2010年7月,21岁的黄辉自毕业后就来到马兰作业区。一直工作至今,将近14年的时光都在四道班压气站度过,倏忽之间,当时的青春少年现在已然过了而立之年。

初到西气东输,同别的同事比,黄辉在技术上有很大差距。"我就是个平凡人,知道自己不聪明。"他经常这样提醒自己。因此,黄辉把设备设施和系统故障当作一种难得的资源,不放过每次培训、学习和解决问题的机会。生产出了问题往往冲在最前面,废寝忘食、深入钻研,抓住厂家技服就是一通"十万个为什么",常常为了解决一个问题不惜消耗"二两肉"。

柔道里有一种格斗技巧叫"揪杀",一旦与对手揪打成一团,就要以"揪杀到底"的心情迎敌,丝毫不能松懈,如果妥协的话,就会被对手摔倒。黄辉一定是把现场的疑难杂症当作了自己的对手。

黄辉喜欢文学、历史,更喜欢各类专业书籍,在办公室、宿舍各种场所,常常见到他手不释卷的样子,他认真学习压缩机原理、仪表自动化相关知识,认为自己不聪明,就多记笔记,将原理知识及操作方法整理到随身携带的小册子上,以便及时查阅。每天能多摸几遍设备,心里就比较踏实。在设备维护、卫生清扫工作中,他总是冲在前面,从不计较干多干少。

黄辉在劳模工作室成立时留影

这些年里,他干过电气岗、管过安全、当过线路巡护员,后经辗转到了仪表自控岗位。在仪表自控岗位,好学苦练的黄辉凭借一手熟练的专业技能,迎来了自己的暴发期，并成为四道班碰压气站劳模创新工作室的带头人。

四道班压气站 2# 压缩机组有两台可燃气体探测器安装在机架顶部位置，距平台 3.5 米高，在维护和检定时工作人员需要攀爬到护栏顶上，才能勉强够上，护栏外部距离地面至少 10 米，安全带无合适锚固点，以前只能低挂作业，人员坠落风险较大。为此，他研究设计了两套利用探头绕性管柔软性，能够手动升降可燃气体探测器装置，为维修工作提供了方便，降低了员工作业安全风险。

在压缩机保养维护中，他先后完成压气站 1# 压缩机组 GG 及压缩机两端干气密封安装更换；自主完成 2# 压缩机非驱动端轴瓦温度探测器更换，消除了设备缺陷。针对站场、阀室气液联动阀检测中出现的问题，分别编制了《Rotoke 电动执行器手轮漏油维护操作方法》《气液联动阀 Lineguard2200 系统操作与维护》指导培训教材。

勤恳敬业的工作过程，让黄辉积累下丰富的运行维护实践经验。2016 年，站里 2# 机组 2.5 万小时保养，他假期没休完就赶到机组保养现场，从动力涡轮拆卸解体，到拆装机组驱动端外围连接、更换新干气密封，每天早起晚归现场工作十几个小时，晚上回到宿舍还要整理机组保养资料。20 天下来，保养任务顺利完成，黄辉却消瘦一圈。

在 2023 年的机组控制系统升级改造过程中，生产技服与工作室成员共同完成了控制系统自主升级改造，节约外部调试费用约 10 万元，同时锻炼提升了自控专业的技能水平。参与人员通过调研、对比及风险识别，将两台压缩机上位机进行国产化替代。作业区独立完成上位机画面组态编写，经过一年的运行一切正常，此举节约设备采购及软件调试费用约 7 万元。

多年来，他先后参与了 25 项创新工作，为站场节约了大量资金，确保了机组的稳定运行。

压缩机的运行与维护是一项科技含量高而复杂的技术，自身技术素养是一方面，更重要的是提高团队的整体技术水平。作为创新工作室专业负责人，他主动开展师带徒、结对子一帮一等活动，积极传授他积累的工作经验。

他告诉工作室成员，不能一味地死磕书本上的知识，外部专家处理疑难故障时不能袖手旁观，搞技术不是看和听就能学会的，要俯下身子、静下心来亲自上手去摸索、去干。在解决故障方面，他提倡不能一碰到难题就去求助他人，这虽然是一种快速解决问题的方法，但会逐渐让人失去独立思考的能力，一定要独立思考、亲自上手；针对压缩机自动化程度高、辅助设备多、监控数据多等特点，通过每日岗位练兵答题、现场操作培训等形式对压缩机、自动化人员进行培训，还创立"故障库分析"学习法，带领大家分析故障库中的报警信息，令员工提高了对异常报警的认识和处置能力……

黄辉在平凡的工作岗位上始终勤勤恳恳、埋头苦干，为马兰作业区安全生产做出了卓越贡献，他在平凡的岗位上打开了一扇不平凡的大门。

每天打一个电话

2014年11月21日，是沈玉飞准备休假的日子。吃完早饭后，他来到站控室看了看昨天晚上的机组运行情况。

每天晨会前，他都要到站控室查看机组夜间的运行情况，这是多年来养成的习惯，即使要休婚假了，他也没有忘记。

值班人员告诉他夜间机组运行平稳，没有报警。但沈玉飞还是将三台机组的趋势图调出来看了一遍，确认了一下情况正常后，才放下心来。

在离开站控室的时候，他叮嘱值班人员多注意机组运行参数的变化，有问题随时给他打电话。

回到宿舍，沈玉飞背起早已收拾好的旅行包，准备休假了，回家去当新郎官。出门前，沈玉飞给爱人打了个电话："我终于出发了！"爱人及时地发回一个"烈焰红唇"的表情。

他从二楼飞奔到一楼，推开玻璃门，钻进了等候在办公楼门口的小车里。小车徐徐启动，向站外驶去。刚离开作业区没一会儿，沈玉飞的手机响了。

"沈玉飞，你走到哪儿了？"电话里传来作业区负责人的声音。

"我刚出发5分钟。"沈玉飞回答说。

"那你先返回来吧，公司领导等马上要来检查工作，压缩机运行情况还得你给介绍一下。"

"马上往回返！"沈玉飞对司机说。

小车返了回来。沈玉飞没有回宿舍，而是直接来到了站控室。此时，正好公司领导也刚刚到来。在检查期间，沈玉飞详细介绍了压缩机运行情况，领导十分满意。

两个小时后，公司领导走了。沈玉飞再次背上旅行包，准备离站。假期重新启动，向着家的方向。

谁知人没走几步，沈玉飞的手机又响了："沈玉飞，公司要上报一个压缩机滤芯储备和需求统计表，要得很急，具体要求我已经发到你的腾讯通上了，你现在统计一下，上午下班前发过去。"

沈玉飞迟疑了一下，本来要说"我休假了"，可是话到嘴边说出来的却是："好的，我现在就统计。"

那一刻，他内心虽然很着急，但还是耐下心来，迅速赶回了办公室，认真地完成了统计工作。这次应该没有事儿了，沈玉飞重新坐上车子，再次启程。

沈玉飞原本在一个月前的国庆节时就该休假的，但由于工作原因，买了三次火车票，退了三次火车票，一直没有回去。

第一次，原计划婚礼在国庆节举行，适逢公司各项作业升级管理，为了确保节日期间生产安全，沈玉飞推迟了休假，也推迟了婚期。婚礼改到了国庆节后的一天，但是，为了解决压缩机一个疑难杂症，又没有回去。后来，婚礼又定在11月上旬举行，没想到，临近乘车的日期了，压缩机岗人手不够，根本走不开。

这一次，沈玉飞是非回去不可了。岳父也下了死命令："西气东输不是没有你就不输送天然气，这次你必须按计划回来举行婚礼。"结婚是人生大事，沈玉飞也十分着急。再一再二再三，但不能再推迟了。

去年国庆节和爱人领了结婚证，婚礼仪式一拖再拖。但眼下实在是不能拖了，因为爱人已经怀孕六个多月了，肚子开始显怀，况且日子定了，酒店订了，请帖已经发给了亲朋好友，家里人就等他回去了。

就在沈玉飞休假的前一天晚上，作业区负责人召集在岗全体人员开了一个座谈会，就沈玉才回家举办婚礼期间，如何保证压缩机正常运行、出现异常停机如何启机进行了讨论。

大家出谋划策，最后商定由调度岗值班人员密切关注压缩机的运行情况，有问题随时给沈玉飞打电话。每个人都在努力让他按时休假成婚，这让沈玉飞十分感动。他表态说："我的手机24小时开机。"

车子出了作业区，车子上了伴行道，车子上了调整公路，车子终于停在了火车站。这时，沈玉飞才确定，自己真的开始休假了，真的可以回去举办婚礼了，真的可以当新郎官了。

在沈玉飞休假的那些日子里，作业区的压缩机运行平稳，没有人给沈玉飞打过电话，倒是沈玉飞按捺不住他对压缩机的牵挂，每天都至少给调度岗打一个电话。

打电话干吗？了解压缩机的运行情况，让调度岗值班人员把压缩机运行趋势图、参数记录表、报警信息等拍照发给他。当了新郎官的沈玉飞，仍然放不下的站场的压缩机。

美好的假期总有结束的时候，沈玉飞按时回到了站场上，他放下行李就直奔压缩机厂房而去。见到同事们的面，有人起哄说，讲讲婚礼和新娘子的情况。他却说："你们先讲讲压缩机的情况！"

同事们说："好着呢！"

沈玉飞也说："她也好着呢！"

牵挂多了，家庭负担重了，但是他对压缩机的责任心不但没有减少，反而更加浓重。

结婚半年后，沈玉飞的孩子出生了。又过了一年，孩子学会了在视频电话里喊他爸爸。到了2024年，已经上小学的孩子开始张罗着到作业区来看望爸爸了。

"来吧儿子，爸爸实在是没时间回去陪你，你来陪爸爸。"沈玉飞兴奋地说。

涩北儿郎最牛的 24 小时

2021年3月1日，又一个载入涩北压气首站站史的日子。这一天，涩北管网儿郎用他们的坚守和智慧，为涩宁兰管线万家温暖谱写了一曲激昂的战歌……

当天傍晚6时30分，位于高原戈壁深处的涩北压气首站，大家正吃着晚餐。在站控值班室，夜班值班员敬尚绪正与白班值班员交接生产情况。

18时47分，上位机发出急促且连续的"嘀嘀嘀"报警声。敬尚绪马上查看，发现是一线第三路聚结器液位计突然液位高报警，液位显示100毫米，同时还在不断上升。"不正常！难道气田来气含水量又出现问题了？"他心想。

天然气中水分会对设备和管线造成严重的影响，主要表现腐蚀管线、产生冰堵。特别是在寒冷的冬季气温较低时，积水结冰，体积膨胀，极易冻坏排污阀门组件部分及连接处，产生安全事故。

涩北压气首站是西部大开发重点工程涩宁兰天然气管道的起点，承担着甘肃省和青海省两省天然气输送重任，管辖着345公里天然气管道的生产运行工作。此时正值冬季保供期，发生任何一点闪失，都将影响两省的生产和生活。

2008年"8·18"涩北气田来气含水量高导致压缩机组返厂大修数月、2015年"11·17"涩北气田来气含水量高导致全站员工连续抢险72小时的惨痛教训历历在目，敬尚绪心头一紧，立即向值班站长王定国汇报。

王定国接到汇报后，他敏锐地嗅出了其中的危险，立即下令全员暂停用餐并迅速赶赴站控室待命。

18时51分，原本热闹的餐厅已空无一人，大家全部赶到了站控值班室。

18时52分，站控值班室。王定国紧盯上位机各聚结器液位，同时派出两名员工对一线聚结器手动排污。现场反馈打开排污阀时排污管内有水流声。至此，气田来气含水高确认无误，危险已经降临！

为避免事态扩大，王定国宣布全员立即投入应急处置。

险情就是命令，值班员立即向各级调控及相关部门汇报，并严密监控各项生产数据。同时，王定国冷静地将全站员工分成三组，第一组在一线分离器区持续排污；第二组员工在复线分离器区持续排污；第三组在燃料气、调压橇、汇管、干气密封过滤器、压缩机橇座持续排污。

监测聚结器液位及水露点变化情况，并向各级调度汇报

18时56分，一线一路聚结器液位计高报液位显示232.14毫米，19时10分，液位更急剧上升至414.65毫米。

19时13分，复线第三路聚结器液位计也出现高报，液位达到108.6毫米。

此时的站内工艺区处处橙衣晃动，大家轮流对排污设备手动排污，同时密切巡检站内工艺设备运行有无异常。

此时，室外温度低至零下18摄氏度，工艺区寒风不断，冰冷刺骨。手冻麻了，揣到棉衣袖子里捂捂；脚冻麻了，原地跺上几脚；排出的污水弄脏了工服，染上一股洗不掉的恶臭，但是没有一个人抱怨，轮流上前替换着又冷又累的弟兄。

干气密封排污

在此过程中，两名员工由于长时吸入排污天然气出现轻微眩晕，但是他们依然不愿退却，在确认健康无恙后再次投入了轮流排污行列！

寒夜星灯，涩北儿郎以血肉之躯，用满腔热情力保机组平安！

23时3分，上位机再次发出危险信号，2#压缩机干气密封过滤器压差增大，由2.7千帕逐渐涨至104.94千帕。为确保干气密封完好，王定国联系调度紧急手动停运2#机组，并安排员工对2#机组干气密封滤芯彻底排查。直到打开干气密封过滤器后，发现滤芯内部存在黑色油污状液体，过滤器筒体底部也有少量黑色油污状液体，大家立即清理过滤器并更换了新滤芯。

在确认一线、复线各过滤器液位值未继续升高且干气密封管线无大量进水后，为确保输气量，经请求上级同意后，王定国又组织重新启动了2#压缩机组。23时19分，2#机组成功带载，站内恢复危机发生前的正常输气量。

与此同时，根据现场各排污点情况反馈，排污量已逐渐降低至零。但是大家不敢懈怠，继续每隔一小时对一线、复线聚结器等过滤器排污，值班员继续密切关注上位机各参数变化情况。

进行聚结器排污

从3月2日零点开始，本次气田来气含水量高事件应对进入防御阶段。在确保输气安全前提下，大家继续分成两组：一组在值班室搭地铺休息，以保持充沛精力应对可能发生的险情恶化；另一组坚持在现场排污和全面巡检，反复轮换。

此时，城市里面的人们都已进入了梦乡。涩北的夜晚一如既往的寒冷异常，气温下降到了零下22摄氏度，风呼呼刮着，仿佛在向涩北将士们示威。勇敢的涩北儿郎在王定国的带领下，用坚韧与天斗、与地搏，用满腔的热情与寒风抵抗。

海拔2700多米的高原戈壁上，这群小伙子幕天席地坚持奋斗，缺氧使得他们上气不接下气，没关系，休息一会儿再上；寒冷使得他们全身如坠冰窖，没问题，去站控室喝口热水暖暖身子再来。

时间眨眼到了2日凌晨4时，经反复确认各液位值以及机组干气密封过滤器压差值变化已经完全正常和稳定，现场每小时一次反馈的排污量几乎为零。

为确保站场次日各项工作顺利开展，王定国安排除两人继续在站控室强化关键参数监控外，其余人员全部回宿舍休息。回到宿舍，大家又冷又累又饿，简单吃了一包泡面就各自入睡了。

2日早上9时，忙碌的工作继续。为确保安全生产，一部分员工继续每隔一两小时对现场的各类过滤器排污，另一部分员工则对主复线卧式分离器逐一打开检查并更换受损的滤芯，当日值班员则继续强化对关键参数的监控和跟踪。

2日下午6时16分，一夜无眠的王定国再次安排员工对全站所有排污点进行了一次全面排污，经确认站内各排污点排污量正常，上位机各项参数值也完全正常无恶化趋势，这也标志着本次气田来气含水量高应急处置全部完成。

此时日将近晚，从涩北压气首站站外东北角远眺站场，复线工艺区垒墙上的"为祖国输油气，为人民送福气"十二个大字在晚霞映射下正焕发着迷人的光晕，夕阳将工艺区内正收拾现场的管网将士们的影子拉得老长，橙工装醒目无比，安全帽上的国家管网"网通天下"标志更是鲜艳异常！

24小时一直坚守在岗位上的王定国发出的最后一个指令是给自己的。他说："王定国啊，你也该休息了，实在顶不住了。"

"艰苦不怕吃苦，缺氧不缺精神！"涩北压气站属于高原、戈壁和沙漠。但是，以王定国等人为代表的涩北儿郎愣是把这一块代表着落后和死寂的"生命禁区"变成了千万民众的供暖大本营，你说牛不牛？

对于西部管道人来说，这是普普通通的24小时，也是难以忘怀的24小时。他们以血肉之躯迎接挑战，用满腔热情力保机组平安！

两个男人的三天三夜

在寒冷的冬天,在沙漠边缘的戈壁滩上,在塔里木输油气分公司库尔勒输油管线定向钻穿越的黄水河边,有两个男人,一个叫丁伟,一个叫鲁振民;一个是从北京来的文质彬彬的书生,一个是土生土长的新疆壮汉。两个男人是西部管道塔里木输油气分公司库尔勒作业区的机械岗位的技术员。

到底是什么原因让他们一定要跑到大冬天的黄水河边呆三天三夜呢?说起来这个事情还真是不小,谈不上惊天,但真的是"动地"。两个男人在这里参加了库鄯线黄水河沉管改造工程,在最紧要的管线回拖的三天三夜里,对工程安全、管线保护进行监护。

库鄯线全称是库尔勒—鄯善输油管线,是我国第一条具有 20 世纪 90 年代国际先进水平的长输油管道。它作为东西油气走廊的西部首段,西起新疆巴音郭楞蒙古自治州库尔勒市,东至吐鲁番市鄯善县,全长 476 千米,设计年输量 500 万~1000 万吨,1997 年 7 月建成投产。

管线途中穿越黄水河、孔雀河等河流,其中黄水河穿越位于焉耆县与和硕县交界 314 国道西侧约 80 米,地处博斯腾湖西岸,属于焉耆盆地滨湖河口冲积区。库鄯输油管线在穿越黄水河时,采用大开挖方式,仅为沼泽湿地穿越,并未作为固定河流进行穿越设计和施工。

2017 年,巴音郭楞蒙古自治州按照中央环保督察要求,为实现博斯腾湖三类水质达标,把黄水河河道作为向博斯腾湖输水的主要通道和鱼类洄游的主要通道,黄水河将从季节性河道将转变为主要固定河流。

2018 年 9 月,塔里木河流域巴音郭楞局按照中央环保督察组要求,开展了黄水河河道疏浚工作,将原黄水河河道拓宽至 30 米,河床下挖约 3 米。由于河道拓宽及挖深,库鄯线穿越黄水河管道埋深突然变浅,已经无法满足规范要求。

作为我国重要的能源通道之一,该管线一直承担着大量的油品输送任务。

在管线上方的水域中从事各类生产活动时，一旦发生漂管、露管等事故，极有可能造成较大的经济损失。更重要的是，黄水河注入塔里木地区的生命之湖——博斯腾湖，一旦发生原油泄漏，将对周边环境造成巨大影响。

为消除河道疏浚过程中可能造成管道泄漏及污染博斯腾湖的风险，中国石油管道局启动了库鄯线黄水河沉管改造工程，对管道穿越黄水河段进行定向钻穿越，消除河道疏浚可能造成泄漏及污染风险。穿越段长度2290米。改造完成后，河床底部距离管线将达到17米，管线安全系数大大提升。

2021年10月1日，库鄯线黄水河穿越段输油管道沉管改造项目正式开工。定向钻、扩孔完成后，管线回拖于12月底正式开始。管线回拖成功后，历时三年的沉管改造工程也将进入收尾阶段，因此这项工作十分重要。

库鄯线是塔里木输油气分公司库尔勒作业区的管辖范围，负责日常管道维护与安全。为了协助回拖作业的顺利进行，确保管线作业的安全与管道完整，作业区派出了两名技术人员进行现场作业的监管与管线完整性维护。这两个人就是鲁振民和丁伟。

管线回拖作业进行了三天三夜，两个硬气的男人或轮番上阵，或一齐坚守，也一直陪伴着施工作业人员度过了三天三夜。他们的目标是让这个隐患治理项目顺利完成，绝对不能把隐患治理完以后，再形成新的隐患。

三天三夜的现场作业监护，除了安全检查之外，另外一项重要内容就是管道本体保护。在回拖过程中，管线不可避免地要和周边的石沙、冰块等发生摩擦，虽然有相应的保护措施，但仍然会损坏管线外的保护层、防腐层。

两个男人就要站在回拖现场，拿着手电，目不转睛地检查，发现有损坏的部位及时叫停，现场进行补强处理。回拖管线将被埋到17米深的地方，如果再出现问题进行修补难度非常大，因此，监护环节必须细心、耐心加小心。

从回拖开始，他们就必须跟随施工单位一起坚守一线。施工单位休息了，他们才可以回到作业区的车上或小帐篷里休息一下。

"从来没经历过大冬天跟着进行回拖作业，这次开了眼了。"丁伟说。

"说不苦是假话,但我不苦哪有你的甜哦。"鲁振民不知道套用了什么曲调唱了起来。

两个男人的三天三夜,面临着日常生活中可能根本遇不到的问题。最大的问题就是寒冷,而他们的防寒、食宿的地方只有一顶他们临时搭的小帐篷。鲁振民在帐篷中挂了一个温度表,显示温度每天都是在零下 24 摄氏度左右。想抽支烟,打火机因为油温太低,都打不着火。

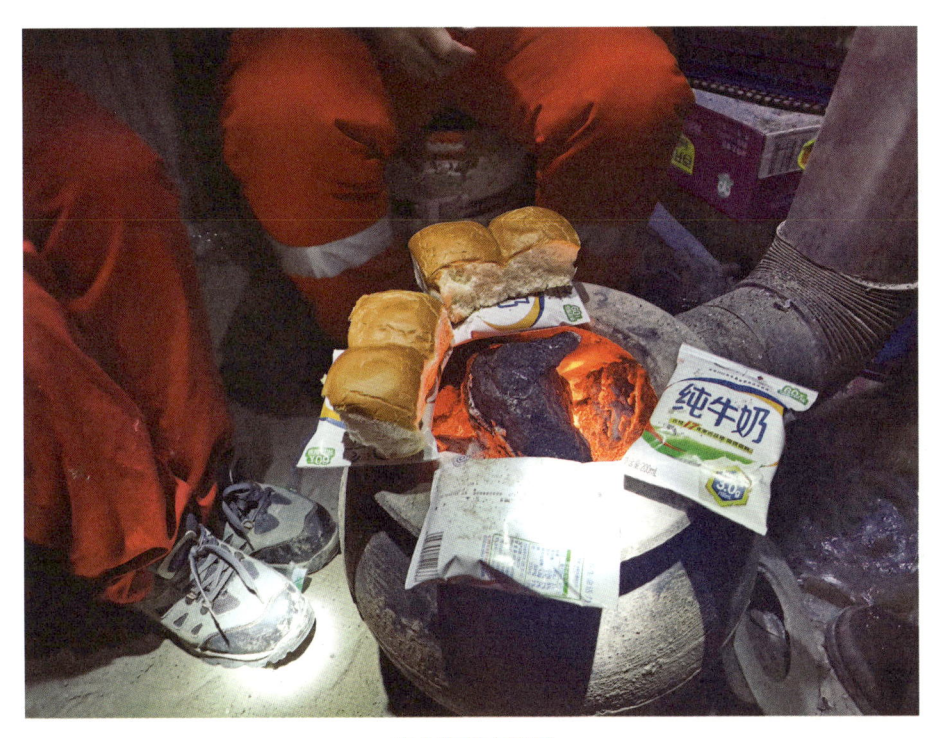

在小帐篷中取暖

好在他们在帐篷里临时支了个火炉子,也让他们时不时地可以吃上热乎的伙食,比如泡面、开水泡冷馍等。最为重要的是,这个炉子救了丁伟的脚。

当时,丁伟在现场保护管线,一不小心踩到黄水河的冰窟窿中去了。水很深,虽然掉进去的只是一只脚,但是在寒冷的冬季,本来就冷得直哆嗦,鞋子再被冻成冰疙瘩,要命的是,他只穿了这一双鞋子来,没有换的。

丁伟蹒跚着回到了小帐篷里，对着那个小火炉子就大笑起来。他心想：多亏了有你呀伙计，要不明天我可玩完了。整个前半夜，丁伟中蹲在火炉边烤鞋，鲁振民在散发着丁伟脚臭的热气中酣睡。事后鲁振民说："两个男人的夜晚，脚气味太重。"

不管遇到了多少难处，两个硬气的管道男人陪伴、监护着黄水河管线穿越回拖取得了成功。管线出土角度、位置都与设计吻合，为进一步的管线动火作业创造了条件。2022年元旦，鞭炮声在工地响起，两个大男人站在欢呼的人群当中，丁伟一扭头，看到鲁振民的双眼有泪花闪烁。丁伟自己也觉得一股热流涌上心头。

这是两男人和所有参与穿越工程的全体员工献给新一年的厚礼。两个男人的三天三夜，无法写入中国管道事业的历史当中，却在他们自己的人生经历中，留下了永难磨灭的一缕光辉。那是属于他们自己的光辉，照耀着他们的工作前路，也充实了他们西部大漠的人生。

在塔里木输油气分公司库尔勒输油管线定向钻穿越的黄水河边，两个男人的三天三夜，成为西部管道人讲不完的话题。

管道工程"尖兵"

2022年7月30日，中央电视台播放了一条消息：古河天然气管道工程今日开工。

在很多观众为之兴奋的同时，正在食堂吃饭的西部管道公司一项目部副经理兼古河管道项目经理、党支部书记文运明激动万分地说："弟兄们，看见了吧，中央台都播放咱们的项目了，这就叫C位出道！加油，咱们一定弄出个精品工程，给全国人民报喜！"

古浪至河口天然气联络管道工程项目起自古浪压气站，终点为河口站，自北向南经过武威市古浪县、天祝县、白银市景泰县、兰州市永登县和西固区。

线路全长188.4千米，设计年输量50.8亿立方米。项目建成后，将有效提升兰州市及周边地区天然气保供能力，意义重大。

该项目作为国家发展和改革委员会、国家动力局明确的2021年石油天然气基础设施重点工程，主要解决因涩宁兰管道气外输量减少和兰银线冬季反输能力不足导致兰州市及周边地区天然气保供能力缺口问题。

作为项目的总负责人，面对如此重大的建设项目，文运明身上的压力可想而知。这位不爱张扬的实干家，于1994年油气储运专业大学毕业工作后，就与管道建设结下了不解之缘。

在员工的心目中，他是一名优秀的领导干部，也是一名卓越的项目经理，更是一名富有情怀的党支部书记。

每当聊起他，很多人都会说他身上有一股子拼劲儿，工作节奏快、办事效率高、整体管控能力强。

近30年的工程建设经历，成就了他丰富的管理经验。在他的办公桌上，摆着一张"工程进展时间轴大表"，古河管道工程建设合规手续办理情况、开工准备情况、工程进展情况，让人一目了然。

可以说，如何管控好古河工程，哪个节点会出现哪类问题、如何解决，他心里清清楚楚。

西部管道将建设重任交付给他，充满了对他的信任与期待。而他在一年多建设热潮中，他也不负众望，于当年12月3日提前28天完成了100公里焊接挑战目标，焊口一次合格率为98.75%。

这份亮眼的成绩单，是他与古河全体工程建设者用"逢山开路、遇水架桥"的闯劲、凭借"滴水穿石、绳锯木断"的韧劲，一个节点又一个节点地干出来的。

这样说也许过于沉重，如果换成一种轻松的笔调，可以说他下了三步好棋、织了三张防护网、铺了三条大路，最终搞定了这个巨大的民生工程。

古河管道工程建设项目部是公司真正意义上第一个建管融合项目部。为充分发挥建管融合优势，打造一支项目建设的"铁军"，他下了三步先手棋。

第一步，充分开展培训。每人分派培训任务，培训内容涉及集团公司规章制度、中俄等项目经验、公司程序文件等，全员熟知集团及公司的工作程序、职责及工程建设基础知识。

第二步，组织集中学习。学习内容涉及项目可研及初设、项目管理文件、项目招投标文件及合同、DEC文件等，可研与初设通过详细分工边审查边学习，熟悉掌握古河线项目设计内容，项目管理文件通过详细分工边编制边审查边学习，掌握古河项目总体部署、质量计划、施工现场标准化、作业许可等内容，项目招投标文件及合同通过参与编制、审查，掌握参建单位的实施内容及技术要求。

第三步，在项目实施过程中，根据项目进展及质量月活动，开展定向钻、焊接、连头、返修、下沟等培训工作，进一步提升对现场各工序的管控水平。

三步棋运筹帷幄的过程中，很多同志说，跟文运明在一起工作，白天跑现场，晚上培训学习，已成了一种常态。

下完三步棋，文运明开始织三层防护网。古河线路全长188.4千米，2023

年 4 月完成主体焊接，能不能按计划推进，老文的眼里可不容沙子。多年的施工管理经验让文运明对各个环节都了如指掌。为此，他提前做足了功课，编织了三层密集的防护网。

第一层，提前 3 个多月启动招标选商准备工作，提前完成招评标文件和合同文本的编制审查。古河工程初设批复当天用时 8 小时发布 6 份主要招标公告，24 天内完成 14 项招标开标、评标工作，均一次成功。

第二层，组织古河工程实施项目管理文件 20 个，梳理开工准备 96 项，分解标段焊接任务，复审总体进度计划，核实人员、机组、管材进场安排，跟踪落实征地进展，适时分析焊接工效，落实计划管理措施。

第三层，克服疫情影响，咬紧牙关克服征地外协、队伍进场、物资拉运、机具调遣等困难，在开工当天凌晨驻地被征用为防疫场所的情况下，连夜动迁依然按时合规实现 7 月 28 日项目开工启动。

有了三层网做金钟罩，大家都感慨地说："文运明总能提前预判工程施工过程中遇到的技术问题，确保了工程建设的顺利进行。"

古河管道工程采用"业主建管融合项目部 + 监理 +E+P+C"的管理模式。为压实项目管理责任，保障项目有序推进，文运明坚持"事不过夜"的做事风格，为第一时间解决项目棘手问题，开辟了三条项目推进之路。

第一条，落实全员质量管理责任之路。按图施工，严格执行质量计划，明确质量验收程序，对质量管理实施过程评审；严格执行"过程监督、成果确认"的质量管理理念，确定下沟前焊口四方现场确认、建立管沟和隐蔽工程举牌验收制度，确保管道埋深规范。

第二条，高质量焊接之路。全面采用全自动焊、组合自动焊工艺，全自动焊工艺达到 88.7%。加强连头口（含金口）、返修口、变壁厚口"三口"管理，建立"三口"管理台账。制订"黑口"管控措施，杜绝产生"黑口"。同一位置焊缝返修次数不应超过 1 次，根部焊缝缺陷不允许返修，采用割口处理。

第三条，保安全生产之路。建立了项目部 QHSE 问题及整改台账和隐患台账，为后续总结分析和提高积累了基础数据。另外，还组织开工前承包商安全培训，建立工程建设 HSE 标准化管理指南，规范承包商行为。建立了"建设项目部—监理—施工单位"三位一体的外协体系，做到精准对接、精准定位、精准推进，压实各级协调人员岗位责任。

在一年的时间里，文运明为带头落实三步棋、补强三层网、拓宽三条路，坚守现场 200 余天，"白加黑""5+2"连轴转，不请假、不休假，最终按时按质按量完成了建设任务，用实际行动诠释"铁军"二字的内涵。

"IT 男"的西部青春

吕喆明在大学读的是计算机专业，是个不折不扣的"IT 男"。这些年来，他的大学同学都在北上广和内地各大城市安了家。此间，不断地有人问起他是不是仍然在无人区工作，问他后不后悔。他总是笑着说："你看我这青春无敌的样子，是会后悔的人吗？"

2018 年，已经在西部管道征战了 9 年的吕喆明在一次优秀员工演讲大赛中，坚定地对西部管道表白："来到西部是我最初的选择，我要做的就是永不怀疑，一直用奋斗来证明'初心无悔，方得始终'"。

不管岁月如何流逝，一直拥有着无敌更无悔的青春，这与吕喆明的"红色履历"有着直接的关系。2008 年，他在大学四年级时，就宣誓加入了中国共产党，是个名副其实的"老党员"。

这名年轻的"老党员"，自 2009 年来到西部管道公司后，从鄯善输油站到乌鲁木齐首站，再到山丹压气站、生产科，以及后来的烟墩作业区，到如今担任了西部管道公司的团委副书记，他一直在为西部管道人的青春书写着独有的定义。

刚参加工作时，一位老师傅对他说："现在所干的活儿和付出的努力，不仅是在推动公司的发展，也是在为自己的成长添砖加瓦。"这句实实在在的话让吕喆明牢记在了心中，也在不久之后的工作中得到了验证。

最初的岗位是在鄯善输油站计量班跟班实习，每逢月度盘库，师傅们都要在电脑前坐上一整天，反复查询罐容表、石油计量表，这种计算费时费力还容易出错。

时间一久，"IT 男"的创新细胞被激活了，他开始琢磨着能不能用信息化程序把大家从烦琐的计算中解放出来。

于是，他开始努力学习盘库计算方法，然后开始动手编写"静态油量盘库计算软件"，通过数月的努力，他建立了包含上万条信息的查询数据库，从而让月度盘库时的油品计量实现了秒杀。以往一天的计算工作，在一个小时内就可以完成。

这项成果不仅提高了工作效率，也帮助他顺利转正，并在同年被西部管道公司评为科技论文二等奖，吕喆明与公司实现了双赢。

有了计算机知识与输油气业务的"第一次亲密接触"，一扫他刚入职时心里存在专业不太对口的"担心"，让他认识到自己的专业知识在这里不只是有可为，而是大有可为。他坚信只有用心、肯干、坚持，青春仍然会灿烂无限。

2010年，吕喆明被正式分配到了乌鲁木齐输油首站担任仪表自动化技术员。当时，SCADA系统运维整体上委托外部公司运行，作业区的员工由于缺少足够的专业知识储备，与之交流缺乏足够的底气，极不利于系统运行与维护。

吕喆明不信这个邪，他从零开始学，每一个模块、电源、保险、浪涌都不放过，有空就待在机柜间一探究竟。白天抄录整理设备型号，晚上查询学习设备说明书。

半个月过去了，他写满了一个厚厚的笔记本，后来，这份笔记成为乌鲁木齐输油首站第一套SCADA系统设备台账履历。

随后他又逐个核对，修改了PLC接线点表，并自学了程序逻辑。有了扎实的基本功后，当他再向运维单位安排工作、提示风险和指出错误时，年轻的小伙子腰板挺得直直的，硬气多了。

也正是吕喆明等一些青春派的小伙子们的冲劲，站场SCADA系统运维开始从外委向自主运维跨越。

不过，在正值公司筹划自动化自主运维的关键时期，吕喆明在2014年突然被调入了分公司生产技术科。分公司所辖站场PLC和上位机种类繁多，所需要的技能大大超出了他在站场的技术储备。

打铁还需自身硬。他首先自学了5种PLC和5种上位机软件的使用维护技术，然后参与了每一处自动化系统故障的排查和处理。白天组织测试、处理故障，晚上带着技术员总结作业过程，最终形成了 12 本自主运维技术手册。

那一年，朋友圈里小伙伴们热衷于计步排名，而新疆分公司已经比起了每月的出差天数。吕喆明到分公司属的站场接近 300 天！几乎包括本应休假的时间在内，他一直坚持在基层站场，在分公司的办公室没有待几天。

经过分公司技术专家和站场员工们的共同努力，新疆输油气分公司在 2015 年自动化自主运维的第一个年头，便交上了零停输、零中断和百分之百测试完成率的答卷。仪表自动化系统总体故障率较之前下降 6.3%，上位机和第三方设备故障率降低 53.3%，SCADA 系统总体可用率提高 6.4%。吕喆明和小伙伴们的努力证明了自主运维的优势。

但是，在吕喆明的青春光辉闪烁的时候，却也留下了让他心疼不已的遗憾。2015 年，他的母亲病重，当时正值分公司自动化自主运维的关键时期，奔波于各站的吕喆明竟然抽不出时间来休假陪伴母亲。

他万万没有想到，就在他心中祈祷母亲早日康复、自己的工作告一段落就去陪伴他老人家时，家乡传来了母亲病故的噩耗。正在站场和同事们分析 SCADA 系统运行工况的吕喆明闻听噩耗，顿时泪如雨下。

生母离世，哪个男儿不泪流！当他请假回去送别母亲时，内心的愧疚似乎永远地镌刻在他的心里。此时的青春，泪迹斑斑。

管道人的妻子，有时不仅需要两个人的真爱，还需要理解国家能源保供大局的大爱。对于吕喆明的妻子来说，更是聚少离多，那些本应属于青春岁月的浪漫与芳华，似乎注定因为他与管道的朝夕相伴而无缘。

吕喆明错过了一次又一次的纪念日，没有兑现一个又一个许下的诺言……但妻子理解他，总是做那个"不愿耽误他工作"的人。

2016 年 8 月，吕喆明又被调到了被称为西部管道国产化"试验田"的烟墩作业区。烟墩压气站是西气东输二线、西气东输三线新疆段的最后一站。这里运行着西部管道公司仅有的三台国产燃驱压缩机组，管理着国产 56 寸全焊接球阀工业性试验场。

国产化装备处于探索阶段，总会出现各种各样的问题。组织上将解决这个问题的重担放在了年轻的吕喆明的肩上。作业区成立了由吕喆明任组长的青年攻关小组，首个核心任务瞄准了攻克国产燃驱机组运行难关。这个攻关小组，平均年龄只有三十几岁，是实打实的青春派。

2018年，是国产机组疑难杂症集中爆发的一年，机组先后发生典型故障48处。其中一项是设备运行初期，国产机组滑油消耗量远超正常指标，问题反馈给厂家，厂家也摸不着头脑。

后来，仪表班班长王文然在巡检时发现压缩机厂房外的鹅卵石上有油渍，这才知道那些滑油是因为油气分离系统异常工作，而被燃机尾气带入大气，遇到厂房上层的冷空气后凝结，又飘落了下来。

吕喆明带领攻关小组与厂家经过讨论，通过更换油气分离箱，改造排气管路，以及解决低压涡轮支撑环偏拉等措施，将滑油消耗量从最初的每天80升降到每天3～4升，达到了进口机组的标准。

这个难关的攻克，不仅每月、每台机组可节约滑油费用5万5千元，同时更标志着国产燃驱机组从"亚健康运行"转入正常工作状态。

在夏季，油箱温度能达到64摄氏度，超过了高报值，只能靠人工降温去缓解。通过分析，吕喆明认为热油回流过多是导致这一问题的"罪魁祸首"，并利用孔探仪找到了油冷器的静压回流孔。

经过反复讨论，攻关小组决定先加装一颗限流螺栓试试。试验结果立竿见影，燃机回油温度再未超过55摄氏度，滑油系统经受住了高温的考验。"一颗螺丝钉省掉一座油冷器"也成了烟墩作业区的一句佳话。

与此同时，吕喆明和攻关小组还清除了作动筒失效，变频器超温等多个机组稳定运行的"拦路虎"，累计运行时间在全国仅三家使用国产机组的企业中一直遥遥领先。

耕种这块国产化"试验田"的过程中，吕喆明深深地认识到了培养青年人才的重要性。为了给青年员工提供学习平台，吕喆明自主设计、搭建电气自动化实验室，制订青年学习"海绵"计划，组建2个青年攻关小组。

吕喆明带领青年攻关小组成员先后开展SCADA系统功能性测试140余次；发现并处理隐患80余个，其中包括7个重大安全隐患；还承担了6次国产56寸全焊接球阀工业性试验的组态调试和试验任务，数百次操作无一失误；获得国家级、省级和公司级QC成果多项，获得西部管道公司科技进步一等奖、技术革新二等奖、科技论文二等奖各一项。2018年，在新加坡举办的第43届国际ICQCC大会上，吕喆明所在的团队斩获银奖。

随着烟墩作业区各项工作的逐渐向好，吕喆明命运的齿轮再度开始了转动。还有环境更艰苦、条件更简陋、难题更复杂的地方在等待他。

2018年12月，组织将他调到了雅满苏压气站担任党支部书记。在这座地处罗布泊边缘、常年刮着风沙的西一线戈壁小站上，吕喆明带领全体党员、全体职工一齐喊出了"人员少责任不小、沙浪高斗志更高"的响亮口号，闯出了一片新的天地。

2022年6月，吕喆明又被调到了西部管道担任团委副书记。在这个岗位上，他将团建工程与生产一线技术革新紧紧地联系在一起，力争在西部管道的范围内，助力打造一支勇于创新的队伍，在中国西部刮起一阵青春风暴。

时至今日，吕喆明也只有34岁，新疆维吾尔自治区青年岗位能手、公司第二届"十大杰出青年"等荣誉，让他的青春更加亮丽。但他不会就此驻足，在西气东输等管线的运行过程中，仍然会有无数的问题和难题需要解决，但不管岁月如何流逝，吕喆明的青春永远动力无限。